Die 7 häufigsten Insolvenzgründe erkennen und vermeiden

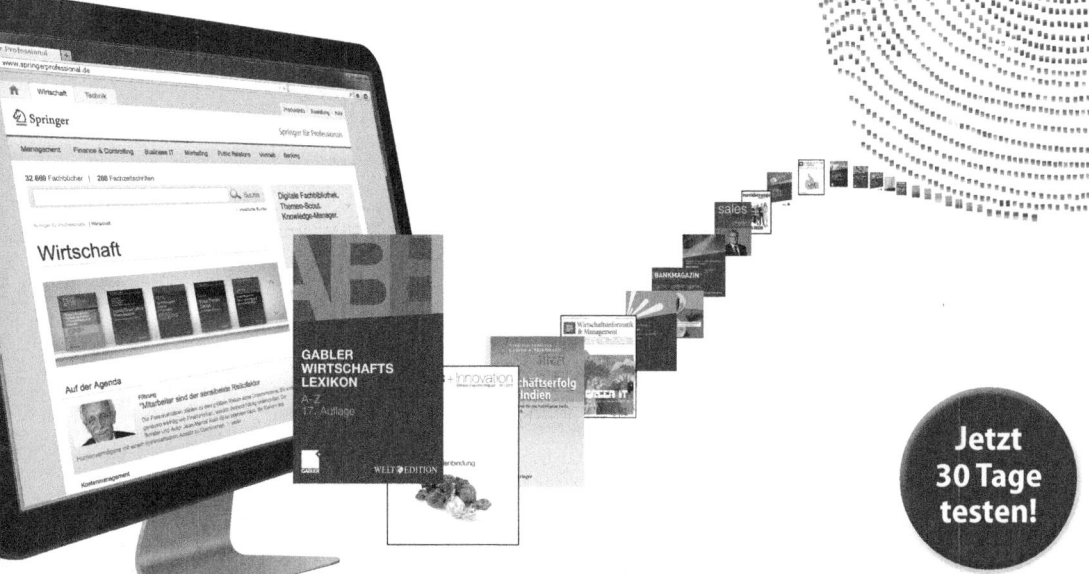

Jürgen Staab

Die 7 häufigsten Insolvenzgründe erkennen und vermeiden

Wie KMU nachhaltig erfolgreich bleiben

Jürgen Staab
Mainz, Deutschland

ISBN 978-3-658-06424-2   ISBN 978-3-658-06425-9 (eBook)
DOI 10.1007/978-3-658-06425-9

Die Deutsche Nationalbibliothek verzeichnet diese Publikation in der Deutschen Nationalbibliografie; detaillierte bibliografische Daten sind im Internet über http://dnb.d-nb.de abrufbar.

Springer Gabler
© Springer Fachmedien Wiesbaden 2015
Das Werk einschließlich aller seiner Teile ist urheberrechtlich geschützt. Jede Verwertung, die nicht ausdrücklich vom Urheberrechtsgesetz zugelassen ist, bedarf der vorherigen Zustimmung des Verlags. Das gilt insbesondere für Vervielfältigungen, Bearbeitungen, Übersetzungen, Mikroverfilmungen und die Einspeicherung und Verarbeitung in elektronischen Systemen.

Die Wiedergabe von Gebrauchsnamen, Handelsnamen, Warenbezeichnungen usw. in diesem Werk berechtigt auch ohne besondere Kennzeichnung nicht zu der Annahme, dass solche Namen im Sinne der Warenzeichen- und Markenschutz-Gesetzgebung als frei zu betrachten wären und daher von jedermann benutzt werden dürften.

Gedruckt auf säurefreiem und chlorfrei gebleichtem Papier.

Springer Gabler ist eine Marke von Springer DE. Springer DE ist Teil der Fachverlagsgruppe Springer Science+Business Media
www.springer-gabler.de

Für meinen Sohn Elias (*02.08.2001), der auch noch später mit seiner Familie eine lebenswerte Umwelt vorfinden soll.

Vorwort

Zur Zeit der Erstellung dieses Buches befand sich die deutsche Volkswirtschaft in einer recht stabilen Phase. Dennoch folgt erwiesenermaßen einem Hoch auch wieder ein Tief, wie die letzte Finanzkrise, die in 2009 kulminierte, gezeigt hat. Der Autor hat das Thema nicht nur wegen möglicher Insolvenzgefahren für das Unternehmen gewählt, sondern es kristallisiert sich aus seiner beraterischen Erfahrung heraus, dass gerade die sieben Hauptursachen für Unternehmensinsolvenzen gleichzeitig die wichtigsten zu optimierenden Aufgaben im Unternehmen darstellen. Es wird hier – anders als in der derzeit erhältlichen Standardratgeberliteratur – nicht von einem Optimalfall ausgegangen, vielmehr ergeben die Gefahren und das dazugehörige Gefahrenbewusstsein die Richtschnur für ein optimales unternehmerisches Handeln. Hinzu kommt noch die Fragestellung, wer in diesem Prozess beratend zur Seite stehen kann (Kap. 4), was bei Restrukturierungen und Sanierungen zu beachten ist (Kap. 5) und welches Verhalten bei drohender Insolvenz angemessen ist (Kap. 6).

Sehr wichtig ist dem Autor außerdem die Erkenntnis, dass nur innovatives Handeln mittelständische Unternehmen auf dem Wachstumspfad halten wird und nicht einseitiges Kostendenken (Kap. 7). Dies setzt wiederum voraus, dass nur nachhaltiges Handeln den innovativen Wachstumspfad unterstützen kann und das Handeln selbst Innovationen beinhaltet.

Die Menschheit wird im Wirtschaften neue Wege finden müssen, um den drohenden Entwicklungen wie Klimawandel, Ressourcenausbeutung und Umweltbelastung entgegenzustehen. Dies betrifft auch die Unternehmen. So werden sowohl zum Thema Energie wie auch Stoffstrommanagement für die Unternehmen neue Kosten, aber auch Chancen entstehen. Der verstärkte Einsatz über die Eigenversorgung über erneuerbare Energien wie auch effizienterer Ressourcengebrauch durch „Cradle to Cradle"-Konzepte kann dabei nachhaltiges Handeln prägen.

Dieses Buch richtet sich primär an Inhaber und Geschäftsführer klein- und mittelständischer Unternehmen und zeigt auf praxisnahe Weise, wie ein gutes Unternehmen besser und damit zukunftsfest werden kann. Aber es richtet sich auch an Unternehmer, die sich bereits in einer Krise befinden und einen Ausweg suchen.

Wie bei seinen anderen Publikationen steht der Autor gerne wieder für Anregungen und Kritik per E-Mail (juerst@web.de) zur Verfügung.

Inhaltsverzeichnis

1	**Einleitung**	1
	1.1 Aktuelle Situation	1
	1.2 Definition klein- und mittelständische Unternehmen	2
	1.3 Markt	2
	1.4 Nachhaltigkeit	3
	Literatur	4
2	**Insolvenzursachen**	5
	Literatur	8
3	**Leitfaden der wichtigsten Insolvenzursachen und ihre Vermeidung**	9
	3.1 Fehlendes Controlling, fehlende Unternehmensplanung	9
	3.1.1 Ziele, Funktionen und Aufgaben des Controllings	9
	3.1.2 Instrumente des Rechnungswesens	13
	3.1.3 Instrumente des strategischen Controllings und der strategischen Planung	20
	3.1.4 Instrumente des operativen Controllings	28
	3.1.5 Bereichscontrolling	33
	3.1.6 (Finanzielle) Kennzahlen	36
	3.2 Finanzierungslücken	43
	3.2.1 Innenfinanzierung	43
	3.2.2 Beteiligungsfinanzierung	49
	3.2.3 Kreditfinanzierung	55
	3.2.4 Sonstige Finanzierungsformen	62
	3.3 Unzureichendes Debitorenmanagement	67
	3.3.1 Einführung ins Forderungs- und Liquiditätsmanagement	67
	3.3.2 Weshalb ein Forderungs- und Liquiditätsmanagement gebraucht wird	69
	3.3.3 Bonitätsprüfung und Rechnungsstellung	70
	3.3.4 Factoring und Debitorenüberwachung	73
	3.3.5 Außergerichtliches und gerichtliches Mahnverfahren	75

		3.3.6	Liquiditätsplanung und Kennzahlen im Kontokorrent	79
	3.4	Autoritäre, rigide Führung		84
		3.4.1	Aspekte der Führung	84
		3.4.2	Führungsstile und Leistungsverhalten	87
		3.4.3	Führungstechniken	91
		3.4.4	Führungsinstrumente	93
		3.4.5	Teamführung	96
		3.4.6	Lautlos führen	99
	3.5	Ungenügende Transparenz und Kommunikation		104
		3.5.1	Kommunikation im Unternehmen	105
		3.5.2	Nachhaltigkeitskommunikation aus Perspektive des Controllings	109
		3.5.3	Finanzkommunikation mithilfe externer Ratings	112
	3.6	Investitionsfehler		113
		3.6.1	Problemdarstellung	114
		3.6.2	Verfahren zur Beurteilung von Einzelinvestitionen	116
	3.7	Falsche Produktionsplanung		121
		3.7.1	Problemdarstellung	122
		3.7.2	Industrie 4.0 oder die selbstlernende Fabrik	124
		3.7.3	Die „Cradle to Cradle"-Ökonomie	125
	3.8	7 weitere Faktoren		126
	Literatur			127
4	**Was bei der Beauftragung von Unternehmensberatungen zu beachten ist**			**129**
	4.1	Typische Merkmale von KMU		129
	4.2	Beratungsbedarf und Beratungsverhalten von KMU		130
	4.3	Beratungszuschüsse für KMU		133
	Literatur			136
5	**Restrukturierung und Sanierung**			**137**
	5.1	Grundlagen		137
	5.2	Das Restrukturierungskonzept		139
		5.2.1	Operative Restrukturierung	139
		5.2.2	Strategische und finanzielle Restrukturierung	140
	5.3	Erfolgsfaktoren für einen Turnaround		147
	5.4	Hausgemachte Krisen		148
	Literatur			148
6	**Wenn die Insolvenz droht**			**149**
	6.1	Das Insolvenzverfahren		149
		6.1.1	Ziele des Insolvenzverfahrens und Insolvenzantrag	149
		6.1.2	Ablauf des Insolvenzverfahrens	150
		6.1.3	Verwertung der Insolvenzmasse	151

	6.2 Neues Insolvenzrecht	151
	6.3 Viele Insolvenzen wären vermeidbar	152
	6.4 Direkte Insolvenzgründe	153
	6.4.1 Zahlungsunfähigkeit	153
	6.4.2 Drohende Zahlungsunfähigkeit	154
	6.4.3 Überschuldung	155
	Literatur	157
7	**Innovationsmanagement statt „Cost Cutting"**	**159**
	7.1 Grundlagen des Innovationsmanagements	160
	7.2 Mitarbeiter als wichtigste Ressource	160
	7.3 Fördermittel für die Entwicklung neuer Produkte und Verfahren	164
	Literatur	170
8	**Unternehmenskrisen im Kontext globaler Entwicklungen**	**171**
	8.1 Klimawandel und Endlichkeit der Ressourcen	171
	8.2 Kapitalismuskritik und Kritik am Mainstream der Wirtschaftswissenschaften	174
	8.3 Auf dem Weg zur Postwachstumsökonomie	176
	Literatur	177

Sachverzeichnis 179

Einleitung 1

1.1 Aktuelle Situation

Eine frohe Botschaft aus Köln-Rodenkirchen steckte Anfang November 2013 in den Briefkästen von mehr als 93.000 Unternehmen: Der Pensionssicherungsverein (PSV) teilte mit, dass er von den Mitgliedsfirmen für 2013 einen sehr viel niedrigeren Beitrag fordern wird als im Jahr zuvor. Knapp 530 Mio. Euro müssen die Unternehmen dafür zahlen, dass der Versicherungsverein im Fall ihrer Insolvenz dafür sorgt, dass die Mitarbeiter weiter ihre Betriebsrente erhalten. So preiswert war dieser Risikoschutz schon lange nicht mehr zu haben. Noch im Jahr zuvor hatten die Unternehmen fast doppelt so viel bezahlen müssen – und auch diese Prämie war in der mehr als 36-jährigen Geschichte der Versicherung keineswegs ein Spitzenwert gewesen.

Der Beitrag, den der PSV erhebt, ist ein gutes Indiz dafür, wie viele Unternehmen in Deutschland pleite gehen. Wenn viele große Betriebe mit Hunderten von Mitarbeitern zahlungsunfähig geworden sind, stellt der Versicherer im November rückwirkend eine hohe Prämie in Rechnung. Umgekehrt ist der Beitrag moderat, wenn es in den Monaten zuvor nur wenige Großinsolvenzen gegeben hat. Die Botschaft, die von dem jüngsten Schreiben des Versicherungsvereins ausgeht, ist somit eindeutig: 2013 herrschte, abgesehen von einigen wenigen bekannten Unternehmen wie Suhrkamp, Loewe, Solon oder Conergy, weitgehend Ruhe.

Insgesamt wurden von den Statistikern im Jahr 2013 26.300 Insolvenzen gezählt, knapp 2.500 weniger als 2012. Ähnlich gut war die Bilanz nur 14 Jahre zuvor gewesen. Die Zeichen stehen gut, dass der positive Trend anhält. Ralf Meurer, Vorsitzender der Kommission Kreditversicherung im Gesamtverband der Deutschen Versicherungswirtschaft, schätzt, dass 2014 möglicherweise nur noch 25.000 Firmen zahlungsunfähig sein werden. Vor allem im Baugewerbe, im Handel und im Dienstleistungsbereich wird es nach seiner Einschätzung weniger Schieflagen geben.

Andere Experten sind dagegen nicht ganz so optimistisch. Creditreform bspw. rechnet erneut mit gut 26.000 Insolvenzen. Und auch der Verband der Insolvenzverwalter

Deutschlands warnt vor übertriebenem Optimismus. „Eine nur leichte Stagnation kann dazu führen, dass selbst bei gestandenen Unternehmen die Luft knapp wird", meint Verbandschef Christoph Niering.

Trotz aller gebotenen Vorsicht ist der Befund der Experten jedoch klar: Die Lage hat sich entspannt. Das ist natürlich maßgeblich der derzeit robusten Konjunktur geschuldet. Deutsche Unternehmen profitieren von ihrer Exportstärke, und auf dem Heimatmarkt sorgt eine gute Binnennachfrage dafür, dass auch Händler, Handwerker und Dienstleister gut zu tun haben (Weber 2014).

1.2 Definition klein- und mittelständische Unternehmen

Kleine und mittelständische Unternehmen (KMU) stehen im Fokus des vorliegenden Buches. So gibt es nach der Auskunftei Creditreform einen Trend zur „Kleinteiligkeit" des Insolvenzgeschehens. Geht man vom Umsatz aus, bestätigt sich das Bild, dass es vornehmlich die kleinen Unternehmen sind, die in Nöte geraten. Zwei Drittel der insolventen Firmen erwirtschafteten einen Umsatz von weniger als 500.000 Euro (Weber 2014).

Laut EU sind klein- und mittelständische Unternehmen in Tab. 1.1 definiert.

Tab. 1.1 Größenklassen kleiner und mittelständischer Unternehmen

Kategorie	Mitarbeiterzahl	Jahresumsatz	Bilanzsumme
Mikrounternehmen	< 10	≤ 2 Mio. Euro	≤ 2 Mio. Euro
Kleine Unternehmen	< 50	≤ 10 Mio. Euro	≤ 10 Mio. Euro
Mittlere Unternehmen	< 250	≤ 50 Mio. Euro	≤ 43 Mio. Euro
		Entweder	Oder

Alles, was über den Schwellenwert der Kategorie „Mittlere Unternehmen" hinausgeht, definiert ein großes Unternehmen. Davon gibt es in Deutschland nicht mehr als rund 2 %.

Auch bei der Vergabe von Fördermitteln stehen KMU, also Unternehmen, die nicht mehr als 250 Mitarbeiter haben UND deren Jahresumsatz unter 50 Mio. Euro ODER deren Bilanzsumme unter 43 Mio. Euro liegt, im Fokus (Rohwedder 2013, S. 20 ff.).

1.3 Markt

KMU machen ca. 98 % der Unternehmen in Deutschland aus. Auch sind diese Unternehmen überdurchschnittlich von Insolvenzen betroffen. Daher richtet sich dieser Ratgeber hauptsächlich an Eigentümerunternehmer und Geschäftsführer mittelständischer Unternehmen, in denen bspw. häufig eine einfache Unternehmensplanung fehlt. Größere Unternehmen können darüber hinaus auf innerbetriebliche Ressourcen von Abteilungen wie Vertrieb, Controlling, Strategie usw. zurückgreifen. Für diese wären die Hinweise zu vielen Insolvenzursachen und deren Behebung zu überblicksartig dargestellt. Ziel ist es hier vielmehr, den Unternehmern schwerpunktartig Gefahren und Fallstricke aufzuzeigen und Lösungen anzubieten, die in kleineren Unternehmen umgesetzt werden können. Das Buch gibt somit einen fundierten Überblick, ohne alle Detailfragen beantworten zu wollen.

1.4 Nachhaltigkeit

Immer mehr Menschen zweifeln am Modell des ewigen Wachstums. Doch nur wenige ziehen die Konsequenzen: Sie verweigern sich dem Konsum – und entdecken dadurch oft neue Werte und Freiheiten.

Allerdings steht das Umdenken Einzelner noch oft im Widerspruch zum unternehmerischen Handeln. Daher soll im Folgenden versucht werden, Nachhaltigkeit als integriertes Konzept den wirtschaftlich Handelnden näherzubringen.

Das Konzept der Nachhaltigkeit knüpft an Wertschätzungen an und ist damit grundsätzlich normativ ausgerichtet. In den Sozialwissenschaften beschreibt normativ den Teil der gesellschaftlichen und kulturellen Strukturen, der die menschlichen sozialen Aktivitäten reguliert.

Eine zentrale Komponente der Nachhaltigkeit bildet die Gerechtigkeit. Diese kann einerseits als intergenerative Gerechtigkeit definiert werden, die auf das Wohl gegenwärtiger und zukünftiger Generationen abstellt. Andererseits kann eine intragenerative Gerechtigkeit determiniert werden, die etwa den Ausgleich zwischen Industrie- und Entwicklungsländern betrifft. Seit dem Brundtland-Bericht im Jahr 1987 werden im Rahmen der Nachhaltigkeitsdiskussion die drei Dimensionen „ökonomisch", „ökologisch" und „sozial" zum sogenannten Dreisäulenmodell zusammengefasst. Die zentrale Idee dabei ist die gleichrangige Berücksichtigung dieser drei Dimensionen. In Anlehnung an das Stabilitätsgesetz und die teilweise konfliktären Beziehungen zwischen diesen Dimensionen wird dann auch von einem „magischen Dreieck" der Nachhaltigkeit gesprochen. Im Kern zielt das Dreisäulenmodell darauf ab, dass eine Umwelt- und Sozialverträglichkeit bei wirtschaftlichem Erfolg realisierbar ist.

Die Nachhaltigkeit wird damit zu einem gesellschaftlichen Leitbild, sodass man in diesem Zusammenhang auch von einer Vision sprechen kann. Letztlich soll eine nachhaltige Entwicklung den Kapitalstock an natürlichen Ressourcen soweit erhalten, dass die Lebensqualität der zukünftigen Generationen gewährleistet werden kann. Hieraus resultiert, dass die natürliche Umwelt nicht um ihrer selbst willen zu schützen ist, sondern im Hinblick auf die Bedeutung für den Menschen. Man könnte etwas pointiert daher zu dem Schluss gelangen, dass es dabei eigentlich um den Schutz des Menschen vor sich selbst ginge. Damit resultiert die Pflicht zu einem behutsamen Umgang mit der Natur letztlich aus dem Eigeninteresse des Menschen.

In einer stärker differenzierenden Betrachtung muss beim unternehmerischen Handeln zwischen Legalität und Legitimität unterschieden werden. Während Legalität die Akzeptanz der staatlichen Institutionen beinhaltet, umfasst die Legitimität die Akzeptanz der übrigen gesellschaftlichen Anspruchsgruppen. Es geht damit insbesondere um die Vermeidung von Konflikten mit den unterschiedlichen Anspruchsgruppen. Hieraus resultiert unmittelbar, dass Unternehmungen in ihren Entscheidungen Forderungen unterschiedlicher Anspruchsgruppen (Stakeholder) berücksichtigen müssen, wenn sie auf Dauer erfolgreich am Markt agieren möchten. Damit wird die soziale Akzeptanz zu einer wichtigen Zielgröße. Vor diesem Hintergrund lassen sich drei Kernelemente der Nachhaltigkeit herausstellen:

- Verantwortungsprinzip: Inter- und intragenerative Gerechtigkeit soll hergestellt werden.
- Kooperationsprinzip: Verhaltensweisen aller Beteiligten sollen abgestimmt werden.
- Kreislaufprinzip: Produktionsprozesse sollen als Kreisläufe organisiert werden.

Diese Prinzipien sind nicht unabhängig voneinander: So bedingt die Realisation des Verantwortungsprinzips die kreislaufförmige Organisation, die in der Regel wieder das Kooperationsprinzip bedingt. Das Kreislaufprinzip setzt letztlich eine konsequente Anwendung des Kooperationsprinzips voraus. Ein entscheidender Grund hierfür ist auch darin zu sehen, dass Wertschöpfungskreisläufe aufgrund des hohen Spezialisierungsgrades von Prozessen nicht von einer einzelnen Unternehmung eingerichtet und betrieben werden können. Tendenziell dürfte der ökologisch optimale Spezialisierungsgrad geringer sein als der aus ökonomischer Sicht optimale, weil die Kosten der Umweltbelastungen und der Spezialisierung und Koordination noch nicht internalisiert, das heißt in die betriebswirtschaftliche Kalkulation eingebracht werden. In diesem Zusammenhang ist zu betonen, dass sich aus einer kreislauforientierten Ausrichtung Kostensenkungsmöglichkeiten, sogenannte „Economies of Redesign", ergeben können. Im Einzelnen kann es sich hierbei um die folgenden Senkungseffekte handeln: Beschaffung und Logistik (Reduktion der Material- und Komponentenvielfalt, geringere Komplexität der Logistik, reduzierte Mengen); Produktion (Reduktion durch Verringerung der Montageschritte); Absatzbereich (Kostensenkungen bei Ersatzteilwechsel, -logistik und Produktwartung); Reduktion (Kostensenkungen bei Demontage, Aufbereitung, Aufarbeitung und Abfallbeseitigung); Induktion (Erlössteigerungen bei Sekundärmaterialen, Kostensenkung durch Wiederverwendung von Komponenten und Stoffen) (Corsten und Roth 2012, S. 1 ff.). Diese Effekte werden in den folgenden Kapiteln noch vertieft.

Literatur

Corsten H, Roth S (2012) Nachhaltigkeit als integriertes Konzept. In: Corsten H, Roth S (Hrsg) Nachhaltigkeit. Unternehmerisches Handeln in globaler Verantwortung. Springer Gabler, Wiesbaden

Rohwedder M (2013) Praxishandbuch Fördermittel. Wegweiser für kleine und mittlere Unternehmen. Erich Schmidt Verlag, Berlin

Weber, Stefan (2014) Kleine Not. Süddeutsche Zeitung vom 31.12.2013/01.01.2014, München

Insolvenzursachen 2

In diesem Kapitel wird zunächst eine Studie vorgestellt, die die wichtigsten Ursachen von Insolvenzen aus der Sicht von Insolvenzverwaltern beleuchtet. Diese Studie ist die umfangreichste Erhebung in der Bundesrepublik Deutschland zu dieser Problematik.

Was sind also die Gründe, warum Unternehmen in Deutschland in so großer Zahl jedes Jahr insolvent werden? Sind es eher übergeordnete Gründe wie die mangelnde Ausstattung des Mittelstandes mit Eigenkapital oder die zunehmenden Finanzierungsprobleme kleiner Unternehmen? Ist es die mangelnde Zahlungsmoral der Kunden? Oder sind es schwerpunktmäßig Managementfehler wie ungenügendes Inkasso- und Debitorenmanagement, mangelnde Unternehmensplanung, fehlende Absicherung gegen Risiken oder einfach schlechte Unternehmensführung?

Um diese und andere Fragen zu beantworten, hat der Kreditversicherer Euler Hermes die bislang umfassendste Untersuchung in Deutschland zu diesem Thema in Auftrag gegeben. Unterstützt wurden sie dabei von dem Anfang des Jahres 2006 gegründeten Zentrum für Insolvenz und Sanierung an der Universität Mannheim (ZIS), das es sich zur Aufgabe gemacht hat, nicht nur die Forschung über Insolvenz und Sanierung zu intensivieren, sondern darüber hinaus auch den Austausch zwischen Wissenschaft und Praxis zu fördern.

In die Auswertung eingegangen sind standardisierte Interviews mit 124 ausgewiesenen Experten, die insgesamt mehrere tausend Unternehmensinsolvenzen abwickeln. Ihre Einschätzungen zu den Insolvenzursachen und den Faktoren, die eine Sanierung begünstigen oder erschweren, haben somit Gewicht.

Herausgestellt sei nur einer der Kernpunkte: Die Insolvenzpraxis lehrt, dass die Sanierungschancen in erster Linie von einer rechtzeitigen Antragstellung abhängen.

Ziel der Untersuchung zu den Unternehmensinsolvenzen war es, empirische Daten über die „Ursachen von Unternehmensinsolvenzen" zu gewinnen und der Öffentlichkeit zu präsentieren.

Durch die entsprechenden Auswahlkriterien wurde dafür gesorgt, dass die Befragten eine Professionalisierung im Bereich der Unternehmensinsolvenzen vorzuweisen hatten. Gut die Hälfte von ihnen arbeitet ausschließlich als Insolvenzverwalter, 44 % hauptsächlich, also mindestens zur Hälfte der Arbeitszeit. Fast zwei Drittel sind seit mindestens acht Jahren als Insolvenzverwalter tätig. 81 % von ihnen sind verantwortlich für 50 bis 500 eröffnete Verfahren, 4 % für mehr als 500 laufende Insolvenzverfahren. Insgesamt bearbeiteten die Befragten zum Befragungszeitpunkt zusammen rund 19.000 Unternehmensinsolvenzen, die sich häufig über mehrere Jahre erstrecken.

Einige Ergebnisse der Studie im Überblick:

1.) Unternehmen verpassen Chance zur Sanierung
    - 72 % der Insolvenzverwalter meinen, Unternehmen stellen einen Antrag auf Eröffnung des Insolvenzverfahrens zu spät.
    - 96 % betonen, die Chancen, das Unternehmen zu sanieren, seien bei früherer Antragstellung am größten.
    - 86 % glauben, eine Liquiditätsverbesserung sei bei früher Antragstellung leichter erreichbar.
    - 58 % sind davon überzeugt, dass die Geschäftsführung bei früherer Antragstellung Anregungen erhielte, an die sie bisher nicht gedacht hat.
    - 56 % der Verwalter rechnen im „typischen Fall" damit, das Unternehmen sanieren zu können.
2.) Abwehr und Angst verhindern rechtzeitiges Handeln
    - 96 % der Insolvenzverwalter glauben, Unternehmer hegten die Hoffnung, es werde „irgendwie von selbst wieder aufwärtsgehen".
    - 95 % halten Angst vor Bloßstellung im Bekanntenkreis und in der Branche für einen Grund, die Insolvenz zu verzögern.
    - 88 % meinen, die Situation werde zu lange als Krise und nicht als Insolvenz eingestuft.
3.) Insolvenzrecht nicht ausreichend bekannt
    - 77 % der Befragten sagen, Insolvenzanträge würden zu spät gestellt, weil das Vertrauen in das Verfahren fehle.
    - 58 % halten fehlende Kenntnis des Verfahrens für einen Hinderungsgrund.
4.) Insolvenz meist Folge mehrerer Managementfehler
    - 79 % der Insolvenzverwalter halten „fehlendes Controlling" für eine häufige Insolvenzursache.
    - 76 % nennen „Finanzierungslücken".
    - 64 % sehen in einem „unzureichenden Debitorenmanagement" einen wichtigen Grund.
    - 57 % bemängeln „autoritäre, rigide Führung".
    - 44 % führen ungenügende Transparenz und Kommunikation als Grund an.
    - 42 % glauben, „Investitionsfehler" und „falsche Produktionsplanung" führten in die Insolvenz.
5.) Externe Faktoren verschlechtern die Situation vor und während der Insolvenz
    - 82 % erkennen in der schlechten Zahlungsmoral der Kunden einen entscheidenden Grund für die Insolvenz.

2 Insolvenzursachen

- 81 % kritisieren die bürokratische Anwendung des Arbeits- und Sozialrechts.
- 73 % sagen, notwendige personelle Umstrukturierungen würden von den Arbeitsgerichten verhindert.
- 60 % machen den negativen Einfluss von Regulierungsvorschriften (Basel II und III) auf die Finanzierungsmöglichkeiten geltend.
- 37 % benennen die Gefahr durch Folgeinsolvenzen.

Die Bereitschaft der angesprochenen Experten war groß, an der Befragung teilzunehmen. Den erfahrenen Insolvenzverwaltern ist bewusst, dass sie für ihre Arbeit nicht nur Fachwissen, sondern auch soziale Kompetenz mitbringen müssen. Sie wollen nicht einfach nur den Betrieb abwickeln und möglichst viel Masse für die Gläubiger herausholen. Sie sehen sich vielmehr zunächst in einer Vermittlerrolle und suchen vor allem erst einmal die Chance, „festgefahrene" Unternehmen wieder flott zu machen und die noch vorhandenen Kräfte zu erkennen und zu bündeln. Sie bedauern deshalb ganz besonders, dass diese Rolle von Unternehmen häufig nicht erkannt wird. Daher werden in diesem Buch in Kap. 5 und 6 Situationen der Restrukturierungsmaßnahmen und der Insolvenzfall an sich behandelt.

Aus einer Diskussion mit Insolvenzverwaltern, Mitarbeitern von Euler Hermes und Professoren des ZIS sowie aus vorliegender Literatur wurden 58 potenzielle Insolvenzursachen ermittelt und dann im Interview mit den Insolvenzverwaltern hinsichtlich ihrer

Die wichtigsten Insolvenzursachen - Ergebnisse einer Faktorenanalyse

	in %
Fehlendes Controlling	79
Finanzierungslücken	76
Unzureichendes Debitorenmanagement	64
Autoritäre, rigide Führung	57
Ungenügende Transparenz und Kommunikation	44
Investitionsfehler	42
Falsche Produktionsplanung	41
Dominanz persönlicher über sachliche Motivation	33
Ungenügende Marktanpassung	29
Egozentrik, fehlende Außenorientierung	28
Mangel an strategischer Reflexion	27
Personalprobleme	25
Unkontrollierte Investition und Expansion	21
Zu viel Wechsel	21

Die 58 untersuchten Ursachen lassen sich aus der Sicht der Insolvenzverwalter auf 14 grundlegende Faktoren zurückführen.

Abb. 2.1 Die wichtigsten Insolvenzursachen – Ergebnisse einer Faktorenanalyse (Quelle: Euler Hermes Kreditversicherung 2006)

Wirkung analysiert. Die Befragten wurden gebeten, jede hypothetische Ursache hinsichtlich der Häufigkeit des Auftretens bei ihren bisher bearbeiteten Verfahren einzustufen. Abbildung 2.1 zeigt die sehr unterschiedlichen Probleme.

Literatur

Corsten H, Roth S (2012) Nachhaltigkeit als integriertes Konzept. In: Corsten H, Roth S (Hrsg) Nachhaltigkeit. Unternehmerisches Handeln in globaler Verantwortung. Springer Gabler, Wiesbaden

Euler Hermes Kreditversicherung (2006) Ursachen von Insolvenzen. Gründe für Unternehmensinsolvenzen aus der Sicht von Insolvenzverwaltern. Wirtschaft Konkret, Bd. 414. Veröffentlichung der Euler Hermes Kreditversicherungs AG, Hamburg

3 Leitfaden der wichtigsten Insolvenzursachen und ihre Vermeidung

In diesem Kapitel werden die wichtigsten internen Faktoren dargestellt, die zu einer Insolvenz führen können. Hierbei werden zunächst die 7 wichtigsten Faktoren abfallend nach ihrer Häufigkeit behandelt. In Abschn. 3.8 wird dann kurz auf die weiteren 7 Insolvenzfaktoren eingegangen. Grundlage zur Auswahl der Insolvenzursachen bildet die Studie, die in Kap. 2 vorgestellt wurde.

3.1 Fehlendes Controlling, fehlende Unternehmensplanung

Der wichtigste ungelöste Faktor ist das fehlende Controlling in Unternehmen. So sahen 82 % der Insolvenzverwalter im Verzicht auf jegliche Unternehmensplanung eine häufige Voraussetzung für die spätere Krise. 77 % der Insolvenzverwalter hatten Unternehmen kennengelernt, in denen es überhaupt keine Kostenrechnung und kein Controlling gab. Daher soll in den folgenden Unterkapiteln insbesondere auf den wichtigen Zusammenhang von Steuerung und Planung wichtiger Unternehmensentscheidungen eingegangen werden (Euler Hermes Kreditversicherung 2006).

3.1.1 Ziele, Funktionen und Aufgaben des Controllings

Bisher gibt es keine einheitliche Definition des Controlling-Begriffs, Controlling wird sowohl in der Praxis als auch in der Wissenschaft mit unterschiedlichen Inhalten belegt. Controlling-Definitionen umfassen verschiedene Aspekte:

Nach Horváth ist Controlling ein „Subsystem der Führung, das Planung und Kontrolle sowie Informationsversorgung systembildend und systemkoppelnd ergebniszielorientiert koordiniert und so die Adaption und Koordination des Gesamtsystems unterstützt." Controlling hat für Horváth eine systembildende Funktion (Gestaltungsaufgabe) und eine systemkoppelnde Funktion (Abstimmungsaufgabe).

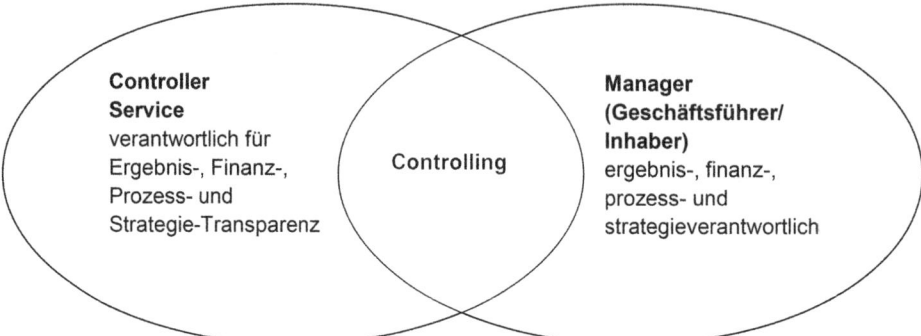

Abb. 3.1 Controller und Controlling (Quelle: (in Anlehnung an) Internationaler Controller Verein e. V. 2007, S. 15)

Lachnit und Müller bringen es auf die prägnante Formel: „Das Controlling stellt eine im Zusammenhang von Praxis und Wissenschaft entwickelte und inzwischen auch erprobte Konzeption zur Wirkungsintensivierung von Unternehmensführung dar."

Ziegenbein subsumiert: „Controlling ist die Auswahl und Nutzung von Methoden (Techniken, Instrumente, Modelle, Denkmuster) und Informationen für arbeitsteilig ablaufende Planungs- und Kontrollprozesse sowie die funktionsübergreifende Koordination (Abstimmung) dieser Prozesse."

Die Liste ließe sich beliebig fortsetzen, der Grenznutzen jeder weiteren Definition würde jedoch abnehmen. Aus den dargestellten Definitionen lässt sich aber erkennen, dass zwischen Controlling-Aufgaben und Controlling-Stellen unterschieden werden muss.

Controlling-Aufgaben dienen der Managementunterstützung, sie umfassen Planung, Kontrolle und Steuerung sowie die Koordination dieser drei Bereiche. Zur Unterstützung dieser Aufgaben sind Informationsbeschaffung und Informationsversorgung unabdingbar. Controlling-Aufgaben unterstützen die Erreichung der Unternehmensziele.

Controlling-Stellen nehmen in den Unternehmen Controlling-Aufgaben war. Controlling-Aufgaben werden im Unternehmen gegebenenfalls nicht nur von Controllern wahrgenommen. Die Controllern übertragenen Aufgaben nennt man Controllership.

Veranschaulicht findet sich der Zusammenhang zwischen Controllern (Controller Service) und Management in Abb. 3.1.

Der Prozess des Controllings findet zwischen Management und Controller Service statt. Das Management verantwortet Entscheidungen und Umsetzung, der Controller Service unterstützt es dabei.

In kleinen und mittelständischen Unternehmen wird es oft der Fall sein, dass mangels Unternehmensgröße keine eigenständige Controlling-Abteilung existiert. Nichtsdestotrotz ist es auch für Kleinbetriebe interessant, eine solche Einrichtung vorzuhalten. Dies kann natürlich auch beim Geschäftsführer/Inhaber selbst angesiedelt sein. Deshalb sind die vorherigen und auch nachfolgenden Ausführungen immer unter der Fragestellung zu sehen, was der Klein- und Mittelunternehmer „daraus macht".

3.1 Fehlendes Controlling, fehlende Unternehmensplanung

Der Controller Service unterstützt das Management bei der Erreichung der Unternehmensziele. Dabei kann man Formalziele und Sachziele unterscheiden.

Sachziele stellen nichtmonetäre Ziele dar, sie beschreiben einen erwünschten „naturalen" Zustand. Als Leistungsziele oder Outputziele definieren sie zu erbringende Leistungen hinsichtlich deren Art, Menge und Qualität zu bestimmter Zeit. Sie streben Effektivität im Sinne von „die richtigen Dinge zu tun (to do the things right)" an. Beispiele für Sachziele können produktbezogene Ziele sein, wie z. B. Erhöhung der Produktionsmenge auf 12.000 Stück oder Senkung der Durchlaufzeit um 3 %, aber auch kundenorientierte Ziele wie Erhöhung der Kundenzufriedenheit oder der Kundenbindung.

Sachziele dienen zur Erreichung von Formalzielen, die oft monetären Charakter haben. Formalziele stellen auf Effizienz ab, also „die Dinge richtig zu machen (to do the things right)". Sie beinhalten Aussagen zu den ökonomischen Zielen eines Unternehmens, wie z. B. Erfolgs-, Liquiditäts- oder Produktivitätsgrößen: Der Jahresüberschuss soll auf 120.000 Euro im Jahr 2014 gesteigert werden, oder der Kartoffelertrag in Doppelzentner pro Hektar Anbaufläche soll 2014 um 3 % erhöht werden.

Soziale Ziele und ökologische Ziele werden bisweilen als dritte Kategorie angesehen. Sie können aber auch als Teil der Formal- oder Sachziele betrachtet werden. Als Beispiel für ein soziales Ziel als Formalziel kann die Mitarbeiterzufriedenheit angeführt werden, ein ökologisches Ziel in Form eines Formalziels ist die Senkung des CO_2-Ausstoßes.

Horváth geht in seinem Controlling-System von den Unternehmenszielen aus, die im Führungssystem spezifiziert und umgesetzt werden. Das Controlling-Ziel „Sicherung und Erhaltung der Koordinations-, Reaktions- und Adaptionsfähigkeit der Führung" wird durch das Controlling-System als Subsystem des Führungssystems unterstützt (Britzelmaier 2013, S. 12 ff.).

Zu Unterstützung der Erreichung der Unternehmensziele kommen die zentralen Controlling-Funktionen „Ermittlung und Dokumentation", „Planung, Prognose und Vorgabe", „Steuerung und Beratung" sowie „(Selbst-)Kontrolle" zum Einsatz. Für jede der Funktionen werden in Abb. 3.2 wesentliche Aufgaben angeführt.

In der Berufspraxis verwenden Controller viel Zeit insbesondere für Berichtswesen, Planung und Kontrolle. Abbildung 3.3 fasst die zeitliche Inanspruchnahme durch spezifische Aufgabenfelder zusammen, die aus einer Studie von Weber aus dem Jahr 2007 hervorgeht.

Wie bereits dargestellt, liegt die Funktion des Controllers je nach Unternehmensgröße manchmal auch in der Geschäftsführung selbst. Je kleiner das Unternehmen ist, desto mehr verschwimmen die Tätigkeiten eines Controllers mit den Aufgaben im Management. Daher ist die in Tab. 3.1 dargestellte Aufgabenteilung eher für größere Betriebe ausgelegt. Bei kleineren Betrieben bis ca. 20 Mitarbeitern existiert in der Regel sowieso kein „Mittelmanagement", das heißt, der Unternehmer als Geschäftsführer oder Inhaber steuert sein Unternehmen selbst.

Controlling

Ermittlungs- und Dokumentationsfunktion	Planungs-, Prognose- und Vorgabefunktion	Steuerungs- und Beratungsfunktion	(Selbst)Kontrollfunktion
1. Beobachtungen der Leistungsfähigkeit des Rechnungswesens 2. Aufbau verantwortungsbezogener Kontrolleinheiten 3. Umgestaltung des Rechnungswesens entsprechend der Zielsetzung des Controllings (z.B. Profit-Center, Deckungsbeitragsrechnung) 4. Aufbau einer aussagekräftigen Kostenrechnung 5. Sonderermittlungen (Wirtschaftlichkeitsuntersuchungen, Investitionsberechnungen, Berichtserstattungen, Betriebsvergleiche)	1. Aufstellen des erfolgswirtschaftlich orientierten Gesamtplanes 2. Koordination der verschiedenen Teilpläne 3. Beobachtung außerbetrieblicher Einflüsse und Trends 4. Engpassorientierung und Zukunftsausrichtung	1. Laufende Beobachtung der Planungsziele 2. Beratung bei der Zielfestlegung (Entwicklung von Zielen, die realisierbar, erreichbar und anspornend sind) 3. Erkennen von Abweichungen und Einleiten von Gegensteuerungsmaßnahmen 4. Innovationsmotor 5. Laufende Berichterstattung 6. Zahlenmäßige Analyse für die Entscheidungsfindung und Entscheidungsunterstützung	1. Planungskontrolle (Erstellen von Teilplänen und Überprüfen auf Übereinstimmung, Realisierbarkeit, formale Richtigkeit) 2. Erfolgskontrolle/ Anleitung zur Selbstkontrolle 3. Feststellen von Abweichungen, Ursachen und Abweichungskontrolle 4. Resultatskontrolle, (Feststellen von Resultaten und Überprüfung der Ergebnisse) 5. Allgemeine Kontrollaufgaben (z. B. Bildung von Richtwerten)

Letztlich: Schaffung eines Informationsinstrumentariums mit der damit verbundenen Datenerhebung und -verarbeitung, das insbesondere durch laufende Steuerungs- und Kontrollinformationen (durch institutionalisierte, permanente Soll-Ist-Vergleiche) die Realisation der formulierten Unternehmungsziele sicherstellen soll.

Betriebswirtschaftliches Gewissen der Unternehmung!

Abb. 3.2 Zentrale Funktionen des Controllings (Quelle: Preißler 2007, S. 33)

Abb. 3.3 Aufgabenfelder von Controllern und zeitliche Inanspruchnahme (Quelle: Wagner et al. 2007, S. 14)

Berichtswesen: 22,3 %

Operative Planung und Kontrolle: 17,6 %

Kostenrechnung: 14,8 %

Sonstige Beratung des Managements: 11,3 %

Spezifische Projekte: 11,2 %

Strategische Planung und Kontrolle: 8,0 %

Investitionscontrolling: 6,7 %

Sonstiges: 8,3 %

Tab. 3.1 Aufgaben- und Verantwortungsteilung zwischen Controller und Manager (Quelle: Britzelmaier 2013, S. 23)

Manager	Controller
Trifft Entscheidungen über Budgetwerte, Leistungsziele und Maßnahmen zur Zielerreichung	Verantwortet den Budgetierungsprozess
Legt Steuerungsmaßnahmen bei Zielabweichungen fest	Koordiniert Planungs- und Entscheidungsgrundlagen
Agiert und reagiert im Sinne einer Anpassung von Zielen und Maßnahmen an sich ändernde Umweltbedingungen	Informiert periodisch über Zielabweichungen (Höhe, Ursachen) im Rahmen des Berichtswesens
Holt betriebswirtschaftliche Unterstützung ein	Wird als betriebswirtschaftlicher Berater tätig
Führt zielorientiert, planungs- und kontrollbasiert	Leistet betriebswirtschaftlichen Methoden- und Instrumentenaufbau
Begreift den Controller als notwendigen Partner im Führungsprozess	Unterstützt und sichert die Entscheidungsabstimmung
	Gestaltet aktiv die Unternehmensentwicklung mit
	Ist Berater und Steuermann des Managers

3.1.2 Instrumente des Rechnungswesens

3.1.2.1 Grundlagen

Da das betriebliche Rechnungswesen ein zentraler Bestandteil des Informationssystems eines Unternehmens ist und die Informationsfunktion eine wesentliche Controlling-Aufgabe darstellt, geht dieses Kapitel vor allem auf das interne Rechnungswesen ein. Aber auch das externe Rechnungswesen als Datenlieferant für das interne Rechnungswesen wird gestreift.

Gegenstand des betrieblichen Rechnungswesens sind

a) alle Vorgänge leistungswirtschaftlicher und finanzieller Art, die sich zwischen dem Unternehmen und seiner Umwelt abspielen,
sowie

b) alle betriebswirtschaftlich relevanten internen Prozesse der Leistungserstellung und Leistungsverwertung, einschließlich des damit verbundenen Einsatzes bzw. Verzehres von Leistungsfaktoren.

Im Einzelnen betrifft dies die drei Bereiche bzw. Ebenen

- Betriebsprozess,
- Finanzprozess und
- den Bereich der Beziehungen des Unternehmens zu den Gebietskörperschaften wie Bund, Länder und Kommunen (von Känel 2008, S. 80 f.).

Als wesentliche Aufgaben des betrieblichen Rechnungswesens können dabei Dokumentation, Rechnungslegungs- und Informationsaufgabe, Kontrollfunktion und Disposition genannt werden.

Geschäftsvorfälle werden in Buchungssätzen dokumentiert, nach erfolgter Rechnungslegung werden Unternehmenseigner und Umwelt durch die Offenlegung von Bilanzen und Gewinn-und-Verlust-Rechnungen informiert. Das betriebliche Rechnungswesen ermöglicht Kontrolle (z. B. Wirtschaftlichkeitskontrolle in der Kostenstellenrechnung) und dient für dispositive Zwecke.

Das betriebliche Rechnungswesen kann in vier Bereiche gegliedert werden, die in Tab. 3.2 aufgeführt sind.

3.1.2.2 Externes Rechnungswesen

Das externe Rechnungswesen übernimmt zur Wahrung der Interessen externer Unternehmensbeteiligter wie Anteilseigner, Arbeitnehmer, Staat, Banken, Lieferanten und Kunden die Funktionen der Dokumentation der Erfolgs-, Vermögens-, Schulden und Liquiditätslage, der Information und Rechenschaftslegung sowie der Bemessung von Steuern, Gebühren, Beiträgen und Dividenden. Es findet einmal im Geschäftsjahr seinen Abschluss in der Steuer- und Handelsbilanz. Das externe Rechnungswesen unterliegt im Sinne des Interessen- und Gläubigerschutzes gesetzlichen Regelungen u. a. des Handels- und Gesellschaftsrechts, des Steuerrechts sowie des Arbeitsrechts (Schmidt 2008, S. 13).

Für das externe Rechnungswesen gelten rechtliche Vorschriften. Für alle in Deutschland ansässigen Unternehmen ist dabei zunächst das Handelsgesetzbuch (HGB) zu beachten. Darin finden sich für die Rechnungslegung wesentliche Abschnitte, die in Tab. 3.3 zusammengefasst sind.

Abhängig von der Rechtsform und der Größe des Unternehmens bestehen unterschiedliche Offenlegungspflichten (Publizitätsgesetz PublG, HGB). Außer den nicht dem PublG unterliegenden Personengesellschaften mit einer natürlichen Person als Vollhafter (Bilanzsumme nicht größer als 65 Mio. Euro, Umsatzerlöse nicht größer als 130 Mio. Euro, nicht mehr als 5000 Arbeitnehmer) müssen alle Unternehmen ihre publizitätspflichtigen Unterlagen beim elektronischen Bundesanzeiger (www.ebundesanzeiger.de) einreichen, wo sie der Öffentlichkeit frei zugänglich sind.

Tab. 3.2 Gliederung des Rechnungswesens (Quelle: Britzelmaier 2013, S. 55)

Bereich	Gebiet	Segment
Finanzbuchhaltung	Inventar	Inventur
	Jahresabschluss	Bilanz
		Gewinn- und Verlustrechnung
		Anhang
	Nebenbuchhaltung	Anlagenbuchhaltung
		Materialbuchhaltung
		Lohnbuchhaltung
Betriebsbuchhaltung (= Kostenrechnung)	Betriebsabrechnung	Kostenartenrechnung
		Kostenstellenrechnung
		Kostenträgerzeitrechnung
		Kurzfristige Erfolgsrechnung
	Selbstkostenrechnung	Kostenträgerstückrechnung (= Kalkulation)
Statistik, Vergleichsrechnung	Statistik	Beschreibende Statistik
		Erklärende Statistik
	Vergleichsrechnung	Zeitvergleich
		Soll-Ist-Vergleich
		Verfahrensvergleich
		Zwischenbetrieblicher Vergleich
Planungsrechnung	Einzelplanung	Absatz-, Produktions-, Beschaffungs-, Finanzplan u. a.
	Gesamtplanung	Integriertes System aller Teilpläne

Tab. 3.3 Wesentliche Abschnitte im HGB (Quelle: Britzelmaier 2013, S. 68)

§§ 238 ff.	Vorschriften für alle Kaufleute
§§ 264 ff.	Ergänzende Vorschriften für Kapitalgesellschaften (AG, KGaA, GmbH) sowie bestimmte Personenhandelsgesellschaften
§§ 336 ff.	Ergänzende Vorschriften für eingetragene Genossenschaften
§§ 340 ff.	Ergänzende Vorschriften für Kreditinstitute usw.
§§ 341 ff.	Ergänzende Vorschriften für Versicherungsunternehmen usw.

Bei den Kapitalgesellschaften werden drei Größenklassen unterschieden. Erfüllt ein Unternehmen an drei aufeinanderfolgenden Abschlussstichtagen jeweils mindestens zwei der drei Merkmalsausprägungen, sind die diese Größenklasse betreffenden Publizitätspflichten zu erfüllen.

Für den Jahresabschluss (JA) ergeben sich damit rechtsform- und größenabhängig die in Abb. 3.4 dargestellten Komponenten.

Ganz rechts in der Übersicht in Abb. 3.4 sind die kapitalmarktorientierten Unternehmen aufgeführt. Unter kapitalmarktorientierten Unternehmen versteht man Unternehmen, die am Kapitalmarkt Wertpapiere ausgegeben bzw. deren Zulassung beantragt haben. Da-

Tab. 3.4 Größenklassen (Quelle: Britzelmaier 2013, S. 68)

Größenklasse	Bilanzsumme (€)	Umsatzerlöse (€)	Arbeitnehmer
Klein	Bis 4,84 Mio.	Bis 9,86 Mio.	Bis 50
Mittelgroß	Bis 19,25 Mio.	Bis 38,5	51–250
Groß	Über 19,25 Mio.	Über 38,5 Mio.	Ab 251

JA-Komponente	Umfang des handelsrechtlichen Jahresabschlusses (JA)					
Eigenkapitalspiegel						
Kapitalflussrechnung						
Prüfung						
Lagebericht						
Offenlegung						
Anhang						
GuV-Rechnung						
Bilanz						
Unternehmensmerkmale	Kleine EF	Sonstige	Kleine	Mittlere	Große	Kapitalmarktorientierte
	Nicht-Kapitalgesellschaften		Kapitalgesellschaften			

Abb. 3.4 Gestufte Vorschriften zum handelsrechtlichen Abschluss (Quelle: Britzelmaier 2013, S. 70)

bei handelt es sich nicht nur um Aktien und ähnliche Eigenkapitalwerte, sondern auch um alle Arten von Schuldverschreibungen. Der Robert-Bosch-Konzern muss nach IFRS bilanzieren, weil Anleihen ausgegeben wurden. Da jedoch der Fokus in diesem Buch auf KMU liegt, soll hier nicht näher auf die internationalen Bilanzierungsrichtlinien eingegangen werden. Grundlage bildet immer noch das HGB, dessen Gliederung in Abb. 3.5 dargestellt wird.

Abschnitt 3.1.2.4 wird noch näher auf den Zusammenhang zwischen dem externen Rechnungswesen und Controlling eingehen (Britzelmaier 2013, S. 68 ff.).

3.1.2.3 Internes Rechnungswesen

Das interne Rechnungswesen wendet sich im Gegensatz zum externen Rechnungswesen vornehmlich an die Unternehmensführung und ist gesetzlich nur für die Erfüllung bestimmter Teilaufgaben geregelt. Es gibt deshalb kein „Kostenrechnungs- und Con-

Aktiva	Passiva
A. Anlagevermögen	A. Eigenkapital
I. Immaterielle Vermögensgegenstände	I. Gezeichnetes Kapital
II. Sachanlagen	II. Kapitalrücklagen
III. Finanzanlagen	III. Gewinnrücklagen
B. Umlaufvermögen	IV. Gewinn-/Verlustvortrag
I. Vorräte	V. Jahresüberschuss/Jahresfehlbetrag
II. Forderungen und sonstige Vermögens-Gegenstände	B. Rückstellungen
	C. Verbindlichkeiten
III. Wertpapiere	D. Rechnungsabgrenzungsposten
IV. Schecks, Kassenbestand, Guthaben bei Kreditinstituten	E. Passive latente Steuern
C. Rechnungsabgrenzungsposten	
D. Aktive latente Steuern	
E. Aktiver Unterschiedsbetrag aus der Vermögensverrechnung	

Abb. 3.5 Gliederung der Bilanz nach § 266 HGB (Quelle: Britzelmaier 2013, S. 80)

trollinggesetz". Somit kann das interne Rechnungswesen so gestaltet werden, dass es die Unternehmensziele adäquat unterstützt, wozu z. B. die Realität möglichst gut abgebildet werden sollte. Zum internen Rechnungswesen gehören die Kosten- und Leistungsrechnung und das darauf aufbauende operative Controlling, die Geldflussrechnung (Liquiditäts-/Cashflow-Rechnung) sowie die Finanzierungsrechnung und die Investitionsrechnung (Varnholt et al. 2009, S. 1 ff.).

In Abb. 3.6 ist das externe sowie interne Rechnungswesen nach organisatorischer Zuordnung aufgeführt (Schmidt 2008, S. 15).

Im Fokus der Kosten- und Leistungsrechnung steht der Kernbereich der Leistungserstellung und Leistungsverwertung entsprechend dem Betriebszweck einschließlich der innerbetrieblichen Prozesse („innerer Wertekreislauf").

Leistungen einzelner Betriebsteile werden unternehmensintern in der Regel zu den Kosten bewertet und verrechnet, die im Rahmen der Leistungserstellung angefallen sind. Sie stellen insofern eine verrechnete Kostengröße dar, sodass der Begriff der Kostenrechnung faktisch auch den Bereich der Leistungsrechnung abdeckt.

Die beiden Hauptzweige des betrieblichen Rechnungswesens sind nicht nur über die gemeinsam genutzten Nebenbuchhaltungen, sondern auch direkt miteinander verbunden. Beispielsweise übernimmt die Kostenrechnung die in der Finanzbuchhaltung verbuchten Beträge für Fremdreparaturen und Versicherungsprämien. Sie liefert ihrerseits Informationen zur bilanziellen Bewertung fertiger und unfertiger Erzeugnisse an die Finanzbuchhaltung.

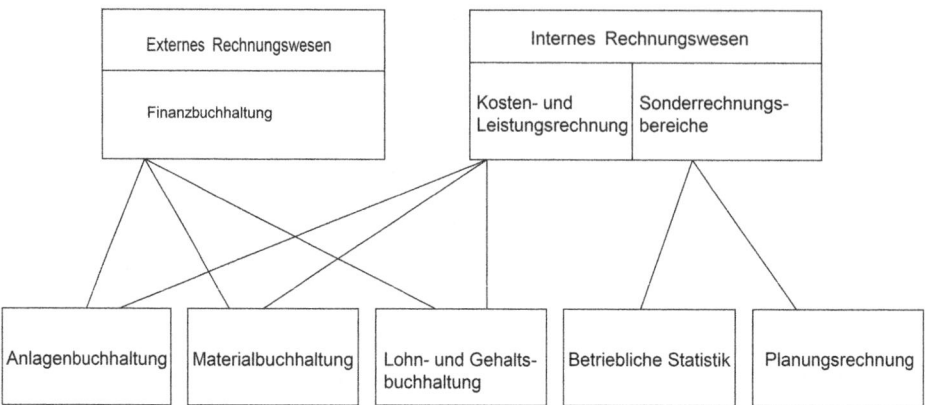

Abb. 3.6 Organisatorische Gliederung des Rechnungswesens (Quelle: Schmidt 2008, S. 14)

Die gesetzlichen Rahmenbedingungen der Finanzbuchhaltung gewähren Gestaltungsspielräume, die die Unternehmensleitung zu einer zielorientierten Jahresabschlusspolitik nutzen kann. Bspw. wird ein besonders erfolgreiches Geschäftsjahr nach außen gern moderater dargestellt, um hohe Steuerzahlungen an das Finanzamt oder hohe Gewinnausschüttungen an die Unternehmenseigner (Aktionäre) zu vermeiden. Oder eine tatsächlich schlechte Unternehmenslage wird besser gezeichnet, um Unternehmenseigner und Gläubiger zu befrieden und Kreditpotenzial zu schaffen. Von derartigen Eingriffen ist die Kostenrechnung frei, denn sie soll die objektive Datenbasis für zukunftsweisende Entscheidungen und Handlungen im Unternehmen liefern und damit originär zur langfristigen Existenzsicherung beitragen (Schmidt 2008, S. 13).

Im Unterschied zur Buchführung, die das gesamte Unternehmensgeschehen in den drei Bereichen Betriebsprozess, Finanzprozess und Beziehungen „Unternehmen – Gebietskörperschaften" zahlenmäßig abzubilden hat, konzentriert sich die Kosten- und Leistungsrechnung ausschließlich auf den Betriebsprozess. Zu den wichtigsten Aufgaben der Kosten- und Leistungsrechnung (KLR) gehören daher vor allem

- die Ermittlung des Betriebsergebnisses,
- die Ermittlung von Deckungsbeiträgen (vor allem nach Produkt- und Kundengruppen),
- die Kontrolle der Wirtschaftlichkeit und Rentabilität des Betriebsprozesses,
- die Erarbeitung von Grundlagen der Kalkulation der Selbstkosten und der Preise sowie
- die Bewertung der Vorräte im Rahmen der Jahresabschlussarbeiten und anderes mehr.

Die Betriebsstatistik und die Vergleichsrechnung befassen sich mit der Aufbereitung und Auswertung des Zahlenmaterials der Buchführung sowie der Kosten- und Leistungsrechnung mit dem Ziel, der Unternehmensleitung Informationen zuzuarbeiten, die diese in die Lage versetzt, das Unternehmensgeschehen besser zu überwachen und notwendige Entscheidungen aus der Kenntnis von Zusammenhängen und Trends sowie auf der Grundlage des Vergleichs zu anderen Betrieben zu treffen.

Ein wichtiges Arbeitsergebnis im Sinne der Statistik und Vergleichsrechnung ist die „Betriebswirtschaftliche Auswertung" (BWA), die automatisch, gewissermaßen im Nachgang zur Finanzbuchführung mithilfe moderner EDV-Buchführungsprogramme erstellt wird.

Die in einer BWA oder in anderen statistischen Aufbereitungen enthaltenen Informationen können jedoch nur dann voll erschlossen werden, wenn im Hinblick auf die Bestimmung und Interpretation betriebswirtschaftlicher Kennzahlen, die Ermittlung und Analyse von Trends und dergleichen ausreichende Kenntnisse vorliegen.

Softwareprodukte der Tabellenkalkulation wie MS Excel bieten hierfür einen großen Reichtum an Funktionen und Grafik-Tools an.

Planungsrechnungen dienen vor allem dazu, Entscheidungsvorschläge (in Varianten) für die Festlegung von Zielen, Budgets sowie von Maßnahmen zur Zielerreichung zu erarbeiten und zu begründen. Sie stützen sich auf das Zahlenmaterial der Buchführung, der Kosten- und Leistungsrechnung sowie der Statistik. Sie sind ihrem Inhalt nach Vorschaurechnungen und ermöglichen es, den Unternehmensprozess mit dem „Blick nach vorn" zu steuern.

Dies betrifft z. B. Themen wie Plankostenrechnung, das Zielkostenmanagement (Target Costing), Verfahren der Engpassanalyse, der Deckungsbeitragsrechnung, Investitionsrechnung u. v. m.

Planungsrechnungen stehen in unmittelbarem Zusammenhang mit den Aufgaben und Instrumenten des strategischen und operativen Controllings (vgl. Abschn. 3.1.3 und 3.1.4 sowie von Känel 2008, S. 89 ff.).

3.1.2.4 Externes Rechnungswesen und Controlling

Die Schnittstellen zwischen externem Rechnungswesen und internem Rechnungswesen bzw. Controlling haben nicht zuletzt wegen der Entwicklung der handelsrechtlichen Vorschriften in den letzten Jahren zugenommen. In Deutschland wird seit etwa Mitte der 1990er Jahre diskutiert, ob eine Konvergenz zwischen den beiden Rechnungskreisen (intern, extern) anzustreben ist. Diese Diskussion soll hier weder aufgegriffen noch fortgesetzt werden. Stattdessen seien hier nachfolgend Schnittstellen zwischen externem und internem Rechnungswesen genannt (Britzelmaier 2013, S. 117 ff.):

- Herstellkosten und Herstellungskosten, auch im Konzern,
- selbst erstellte immaterielle Vermögensgegenstände des Anlagevermögens,
- Completed-contract-method (HGB),
- Segmentberichterstattung.

Diese Punkte werden hier nicht näher erläutert, da diese – auch in Verbindung mit der Anwendung der Internationalen Rechnungslegungsvorschriften – weit über das hinausgehen, was für KMU relevant ist. Allerdings erscheint es trotzdem sinnvoll, kurz zu diskutieren, ob externes und internes Rechnungswesen nicht stärker zusammenwachsen sollten.

Die oben gezeigten Schnittstellen zwischen externem und internem Rechnungswesen könnten theoretisch auf drei Arten gelöst werden. Zwei davon sind rechtskonform. Eine ausschließliche Verwendung von Daten des internen Rechnungswesens ist ausgeschlossen, da dieses nicht den gesetzlichen Vorschriften entspricht. Eine ausschließliche Verwendung von Daten des externen Rechnungswesens im internen wird bisweilen vorgeschlagen. Dies hätte den Vorteil einer einheitlichen Information. Allerdings folgen externes und internes Rechnungswesen anderen Zielsetzungen. Das externe Rechnungswesen dient primär der Information Unternehmensexterner und ist für interne Steuerungszwecke wenig geeignet, während das interne Rechnungswesen nicht vorschriftenkonform für die Information nach außen ist. Zudem sollen interne Daten nicht nach außen dringen. Eine Zusammenführung beider Systeme würde zu Informationsverlusten führen.

Externes und internes Rechnungswesen bauen auf den selben Daten auf, eine Überleitungsrechnung ist damit möglich und kann in modernen Enterprise-Ressource-Planning (ERP) gut organisiert werden. Allerdings sind die Ergebnisunterschiede in der Praxis oftmals schwer vermittelbar.

Ein gangbarer Weg dürfte die Nutzung einer gemeinsamen Datenbasis darstellen, auf der kontextspezifische Regeln und Auswertungen zu entscheidungsorientierten Views führen. Der Wirtschaftswissenschaftler Eugen Schmalenbach hat den Gedanken einer „zweckneutralen Grundrechnung" im Jahre 1948 – lange vor der Einführung von Datenbanken – vorgeschlagen. Seine Grundrechnung stellt die Daten bereit, ohne sie bereits in irgendeiner Form zwangsläufig zuzurechnen. Die Verrechnung erfolgt bei ihm in sogenannten Sonderrechnungen. Die Grundrechnung bildet damit die zweckneutrale gemeinsame Basis für eine Vielzahl von Sonderrechnungen. Näheres zu diesem System ist nachzulesen u. a. in Britzelmaier (2013, S. 123 ff.).

3.1.3 Instrumente des strategischen Controllings und der strategischen Planung

Gegenstand der strategischen Planung ist die Sicherung bestehender und Schaffung neuer Erfolgspotenziale als Vorsteuerungsgrößen für den finanziellen Erfolg.

Der Planungsprozess ist vom Controlling zu gestalten. Ferner sind die Prozessbeteiligten bei der Durchführung und Umsetzung der strategischen Planungsaufgaben zu unterstützen und zu koordinieren.

Was den Planungshorizont angeht, haben empirische Untersuchungen ergeben, dass viele Unternehmen ihrer strategischen Planung einen 5-Jahreszeitraum zugrunde legen, weil das Wirksamwerden von Geschäftsstrategien (z. B. eine Produktneuentwicklung) in etwa so lange dauert. Da aber im Wettbewerb nur der gewinnt, der schnell Ideen entwickelt und Innovationen umsetzt (siehe Kap. 7), kann es sein, dass der Horizont der strategischen Planung in Abhängigkeit von der konkreten Branchen- und Marktlage auch kürzer ist.

Der vielfach bestehenden Notwendigkeit einer über den Planungshorizont hinausgehenden Betrachtungsweise wird durch Fortschreibung der strategischen Pläne zu begegnen versucht. Erfolgt die Fortschreibung in jährlichen Abständen, wird von einer rollenden bzw. rollierenden Planung gesprochen, indem mit dem zeitlichen Näherrücken an die Gegenwart die gesamte Bezugszeit, etwa der 5-Jahreszeitraum, um ein weiteres Planjahr in die Zukunft verschoben wird.

Die strategische Planung sollte flexibel sein, um bezüglich der vorgesehenen Strategien auf Überraschungen zeitnah reagieren zu können. Eine Strategie gilt dann als flexibel, wenn durch sie nur ein jeweils „erster Schritt" festgelegt wird, der robust sein sollte. Ein Schritt wird dann als robust angesehen, wenn er möglichst wenig zukünftige Richtungen verbaut. Eine Einschränkung der Flexibilität erfährt das Unternehmen oft durch historische Kräfte, d. h. bestehende Strukturen, traditionelle Sichtweisen und die eingeschränkte Bereitschaft des Managements in Bezug auf an sich notwendige Änderungen. Damit werden Strategien der Gegenwart leicht zu Determinanten der Zukunft.

Die für Strategien wichtige Flexibilität steht sowohl in komplementärer als auch in konflikträchtiger Beziehung zum Streben nach Gewinn: Einerseits erlauben flexibilitätssteigernde Maßnahmen die schnelle Nutzung von Chancensituationen, was die Opportunitätskosten durch potenziellen Gewinnverlust sinken lässt, andererseits führen sie zu Mehrkosten, wenn Leistungspotenziale aus Vorsorgegründen in Reserve gehalten werden und damit ungenutzt bleiben. Dieses Dilemma der Flexibilitätsplanung erfordert die Offenlegung der eingangs genannten Absichten und die Risikobereitschaft des Managements (Ziegenbein 2007, S. 211).

Spezifische Instrumente des strategischen Controllings sind Methoden zur Beschaffung, Analyse und Prognose von Umwelt- und Unternehmungsinformationen. Diese sind stark mit dem strategischen Planungs- und Kontrollprozess verbunden.

- Strategische Alternativen lassen sich erst im Lichte von Umwelt- und Unternehmungsinformationen beurteilen.
- Die Bedeutung von Umwelt- und Unternehmungsinformationen erhellt sich durch Kenntnis der strategischen Alternativen.

Zunehmend werden Informationen des Rechnungswesens für Zwecke der strategischen Planung und Kontrolle aufbereitet. Daher auch die Ausführungen in den Unterkapiteln vorher.

Das spezifische Instrumentarium des strategischen Controllings betrifft zwei Gebiete:

- Instrumente zur Analyse der Unternehmenssituation,
- Instrumente zur Erarbeitung von Strategien.

Diese Instrumente stellen in erster Linie Instrumente der Informationsversorgung dar, da sie der Informationsaufbereitung dienen (Horváth 2006, S. 240).

Ein Teil dieser Instrumente wird nachfolgend vorgestellt:

- Lebenszyklen-Analyse,
- Portfolio-Analyse,

- Balanced Scorecard,
- Risikomanagement.

Lebenszyklen-Analyse

Hinter der Lebenszyklen-Analyse verbirgt sich die Vorstellung, dass ein Produkt im Laufe der Zeit verschiedene Entwicklungsphasen durchläuft. Durch die Ermittlung der jeweiligen Phase, in der sich das Produkt befindet, lassen sich Hinweise auf den Bedarf an Neu- oder Weiterentwicklungen von Produkten ableiten. Für Produkte in der Reifephase sollten dringend Forschungs- und Entwicklungsmaßnahmen eingeleitet werden. Damit ist es oft möglich, vor der Sättigungsphase eine erneute Wachstumsphase einzuleiten.

Alle Produkte, Dienstleistungen, Märkte, Absatz- und Beschaffungswege, Prozesse und Technologien haben eine begrenzte Lebenserwartung. Den Lebenszyklus eines Produktes kann man in folgende Phasen einteilen:

- Einführung,
- Wachstum,
- Reife,
- Sättigung,
- Degeneration.

Die Einführungsphase ist die Phase, in der die Produktinnovation das erste Mal auf den Markt gebracht wird. Die Umsätze sind wegen des mangelnden Bekanntheitsgrades des neuen Produktes noch gering. Die Konsumenten sind noch nicht bereit, das neue, unbekannte Produkt zu kaufen, und verhalten sich abwartend. Ein Grund für die abwartende Haltung ist, dass diese Produkte noch Kinderkrankheiten aufweisen können. In dieser Phase ist ein hoher Werbeaufwand erforderlich, um das Produkt bekannt zu machen.

Nicht jede Produktinnovation schafft es bis in die Wachstumsphase. Doch wenn sich ein Produkt wegen eines immer höheren Bekanntheitsgrads durchsetzen kann, steigen auch die Absatzmengen.

Allerdings treten parallel aufgrund des Erfolgs des Produktes langsam die ersten Konkurrenten auf, die das Produkt nachbauen. Sie können das Produkt oftmals wesentlich günstiger anbieten, da sie keine Forschungs- und Entwicklungskosten hatten, die sie durch den Verkauf der Produkte zusätzlich decken müssen.

Die Reifephase ist dadurch gekennzeichnet, dass die Absatzmengen zwar absolut gesehen noch ansteigen, aber die Zuwachsraten immer kleiner werden. Lagen die Umsatzsteigerungen in der Wachstumsphase bspw. noch bei 8 %, betragen sie in der Reifephase nur noch 2 oder 3 %. Die sinkenden Zuwachsraten sind die Folge immer stärker werdender Konkurrenz. Durch den stärkeren Wettbewerb kommt es zu einem Kampf um die Marktanteile.

In der Sättigungsphase ist das maximale Absatzvolumen erreicht. Der Markt ist in dieser Phase gesättigt, was bedeutet, dass keine zusätzlichen Wachstumsraten mehr erreicht werden können.

Spätestens in der Sättigungsphase sollte das Controlling auf die Notwendigkeit neuer Produktinnovationen hinweisen. Fehlen diese Impulse, überaltern nicht nur mit der Zeit einzelne Produkte, sondern das gesamte Sortiment eines Unternehmens.

Die Degenerationsphase ist durch rückläufige Umsätze gekennzeichnet. Der Umsatzrückgang kann damit begründet sein, dass durch technischen Fortschritt eine Veralterung des Produktes eingetreten ist. Ein Beispiel hierfür ist der Ersatz der Schreibmaschine durch Computer. Aufgrund des gesättigten Marktes werden oftmals die Preise gesenkt. Ziel ist es, den Marktanteil zu halten oder vorhandene Restbestände abzusetzen. Die Preissenkung einzelner Unternehmen kann allerdings einen ruinösen Preiskampf auslösen. Das Unternehmen muss in dieser Phase entscheiden, ob das Produkt vom Markt genommen wird, da es durch die niedrigen Preise möglich ist, dass eine Kostendeckung nicht mehr erreicht werden kann.

Für die Unternehmen ist es wichtig, festzustellen, in welcher Phase des Lebenszyklus sich ihre Produkte befinden. Hat ein Unternehmen bspw. zu viele Produkte, die im Lebenszyklus weit fortgeschritten sind, gefährdet das sowohl die langfristige Sicherheit des Unternehmens als auch die Einlage der Gesellschafter sowie die Arbeitsplätze der Beschäftigten. Schon Peter Drucker formulierte den Anspruch an innovative Unternehmen folgendermaßen: „Das Unternehmen muss Totes, Abgetragenes, Veraltetes, nicht mehr Produktives, Gescheitertes und Fehlgeleitetes systematisch abstoßen" (Drucker 1986, S. 223).

In der Realität aber vernachlässigt ein großer Teil der Unternehmen die Entwicklung von Innovationen. Zu diesem Ergebnis kam u. a. die Unternehmensberatung McKinsey bei einer Untersuchung von weltweit 3000 Großunternehmen (Eglau et al. 2000, S. 105 f.). Im trügerischen Vertrauen auf die ungebrochene Zugkraft ihrer Produkte und Dienstleistungen wird die Bedeutung des rechtzeitigen Aufbaus neuer Geschäftsfelder oder Leistungen unterschätzt (Disselkamp 2012, S. 132 ff.). Die Wirkung der richtigen Mischung von Innovationsmanagement mit Fokus auf KMU wird noch in Kap. 7 näher untersucht.

Portfolio-Analyse
Portfolio-Analysen gibt es in vielfältigen Ausprägungen. Im Finanzbereich war Markowitz der Begründer der Portfolio-Theorie. Er zeigte, dass durch eine geeignete Portfolio-Mischung von Wertpapieren die Verzinsung des eingesetzten Kapitals optimiert werden kann. Beachtet werden dabei die Dimensionen „Erwartungswert der Kapitalrendite" und „Standardabweichung der Kapitalrendite".

Im Rahmen der strategischen Planung werden in der Portfolio-Analyse die Ergebnisse der Umweltanalyse und der Unternehmensanalyse zusammengeführt. Es sollen Felder gefunden und bearbeitet werden, bei denen eigene Stärken im Wettbewerb und Chancen aus der Unternehmensumwelt kombiniert und genutzt werden können.

Neben absatzmarktorientierten Portfolios kommen auch ressourcenorientierte zum Einsatz, die zukünftig an Bedeutung gewinnen könnten, da viele Ressourcen knapper werden.

Abb. 3.7 Absatzmarktorientierte Portfolios (Quelle: Britzelmaier 2013, S. 180)

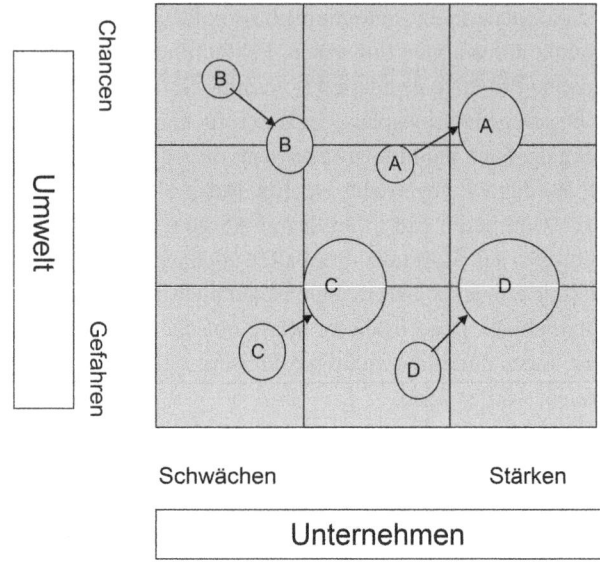

Ressourcenorientierte Portfolio-Analysen können z. B. die Chancen aus der Marktattraktivität von Produkten mit der Verfügbarkeit von Ressourcen kombinieren. Beschaffungs- und Absatzmarkt werden aufeinander abgestimmt, es entsteht ein Geschäftsfeld-Ressourcen-Portfolio. Gute Möglichkeiten ergeben sich z. B. für Produkte zu Beginn ihres Lebenszyklus in attraktiven Märkten verbunden mit einer guten und günstigen Ressourcenverfügbarkeit.

Eine weitere Möglichkeit für ein ressourcenorientiertes Portfolio stellt das Technologie-Portfolio dar. Hier werden eigene technologische Stärken und Schwächen kombiniert mit technologischen Chancen und Risiken, die sich aus der Unternehmensumwelt ergeben.

Für die strategische Analyse und Planung sind absatzmarktorientierte Portfolios von hoher Bedeutung. Sie kombinieren eigene Stärken und Schwächen einzelner strategischer Geschäftsfelder mit den sich aus der Umwelt ergebenden Chancen und Gefahren.

Dabei wird auf der X-Achse die Unternehmensanalyse verarbeitet, die Y-Achse ist den Ergebnissen der Umweltanalyse gewidmet. Objekt der Betrachtung sind die strategischen Geschäftsfelder – in der Regel Produkt-Markt-Kombinationen –, die in Abb. 3.7 als Kreise dargestellt sind. Die gewünschte Entwicklung von Istzustand zum Sollzustand ist in der Grafik als Pfeil dargestellt (Britzelmaier 2013, S. 179 ff.).

Balanced Scorecard

Das Konzept der Balanced Scorecard (BSC) als Instrument des Controllings wurde Anfang der 1990er Jahre von Robert S. Kaplan und David P. Norton in enger Kooperation mit zwölf amerikanischen Unternehmen entwickelt. Eine erste Veröffentlichung des Konzeptes erfolgte 1993 im Rahmen eines Artikels von Kaplan und Norton in der Zeitschrift „Harvard Business Review" (Kaplan und Norton 1993).

Die Grundidee der BSC von Kaplan und Norton ist, die traditionellen Controllingberichte (englisch Scorecard, also Berichts- und Kennzahlenbogen) mit ihren rein finanziellen Kennziffern um weitere unternehmensrelevante Kriterien zu ergänzen. Denn während die traditionellen, rein finanzwirtschaftlichen Kennzahlensysteme lediglich Aussagen bspw. über die Kosten, den Umsatz und den Erfolg eines Unternehmens in der Vergangenheit treffen, sagen sie nichts über die verschiedenen Erfolgsfaktoren sowie die Stellung im Wettbewerbsumfeld. Doch erst diese weiteren Informationen sichern die Existenz eines Unternehmens für die Zukunft.

Die BSC ergänzt die traditionelle, finanzwirtschaftliche Betrachtung eines Unternehmens nun um Informationen über die Kunden, betriebsinternen Prozesse sowie eine Innovations- und Wissensperspektive. Damit werden alle für eine Strategie kritischen Faktoren in diesen vier Perspektiven dargestellt, miteinander vernetzt, Synergien gefunden und für die Zukunft nutzbar gemacht. Die vier Perspektiven der BSC sind demnach:

Finanzen: Die finanzielle Dimension eines Unternehmens wird traditionell in Jahres- oder Quartalsabschlüssen dargestellt. Sie beinhaltet Informationen über die Vermögens-, Finanz- und Ertragslage eines Unternehmens. Kennziffern dieser Perspektive sind bspw. Umsatz, Gewinn und Eigenkapitalrendite.

Kunden: Eine kundenorientierte Sichtweise liefert Informationen über die Positionierung des Unternehmens in bestimmten Marktsegmenten, über die Kundenzufriedenheit oder die Kundenbindung. Kennzahlen sind unter anderem Marktanteile, Wiederkaufsrate, Weiterempfehlungsraten und das Verhältnis von Stammkunden zu Neukunden.

Geschäftsprozesse: Auf Ebene der Geschäftsprozesse erfolgt die Beschreibung des Unternehmens anhand der einzelnen im Unternehmen implementierten Arbeitsabläufe. Klassische Kennziffern für die Bewertung von Geschäftsprozessen sind z. B. Ausschuss, Produktivität und Durchlaufzeit.

Lernen/Wachstum: Die vierte Dimension beinhaltet eher weiche Erfolgsfaktoren. Hierzu gehören z. B. die Motivation, Zufriedenheit und der Ausbildungsstand der Mitarbeiter, der Zugang zu relevanten externen Informationsquellen und die Organisation des Unternehmens. Zu den Indikatoren gehören Angstindikatoren, Krankenstand, Kosten für die Weiterbildung und die Ergebnisse von Mitarbeiterbefragungen. In dieser Perspektive wird auch die Innovationsfähigkeit des Unternehmens betrachtet.

Festzuhalten ist, dass die Balanced Scorecard auf der Erkenntnis beruht, dass finanzielle Erfolge (z. B. Rentabilität oder Umsatzsteigerung) nur mit zufriedenen Kunden erzielt werden können. Damit die Kunden aber mit den Leistungen eines Unternehmens zufrieden sind, müssen die Prozesse effizient und Mitarbeiter motiviert sowie qualifiziert sein.

Die Verknüpfung der vier Balanced Scorecard-Perspektiven folgt der Logik einer Ursache-Wirkungs-Beziehung. Demnach müssen alle Ziele und Kennzahlen der BSC mit einem oder mehreren Zielen der finanziellen Perspektive verbunden sein. Denn die aus den Erwartungen der Kapitalgeber abgeleiteten monetären Ziele stehen an oberster Stelle. Aus ihnen lassen sich in dieser Reihenfolge die weiteren Zieldimensionen ableiten.

Die BSC ist mehr als ein neues Kennzahlensystem, das auch nichtfinanzielle Kennzahlen integriert. Nach den beiden Urhebern Robert S. Kaplan und David P. Norton soll es als umfassendes Managementsystem gesehen werden, das zwar finanzielle Ziele verfolgt, aber gleichzeitig den Fortschritt im Auge behält. Kompetenzen werden gefördert und immaterielle Vermögenswerte als Grundlage für zukünftiges Wachstum geschaffen.

Daher dient die BSC auch als Messinstrument für die Güte von Innovationsprojekten (siehe Kap. 7). Sie beurteilt bspw. die Qualität von Prozessinnovationen auf der Prozessebene bis hinauf zur Finanzebene. Verbesserungen wie z. B. im Forderungsmanagement wirken damit sowohl auf die Prozessebene (Schnelligkeit, Genauigkeit etc.) als auch auf die Finanzebene (Rentabilitäts- und Liquiditätssteigerung).

In der Literatur existiert bereits eine Vielzahl an Modifikationen der BSC, um den Nachhaltigkeitsgedanken zu integrieren. Generell lassen sich dabei die folgenden Vorgehensweisen unterscheiden:

- Integration von Ökologie und Sozialem in jeder der vier Dimensionen der klassischen BSC (siehe oben),
- Erweiterung um eine fünfte Dimension „Nicht-Markt-Perspektive", wobei die strategisch relevanten Umwelt- und Sozialaspekte aus dieser fünften Dimension dann in allen anderen Perspektiven der konventionellen BSC wirksam werden können,
- Formulierung einer abgeleiteten Umwelt- und/oder Sozialscorecard, d. h. letztlich einer untergeordneten Scorecard. Diese Vorgehensweise stellt keine eigenständige Alternative dar, sondern ist als Erweiterung der zuerst genannten Vorgehensweise zu interpretieren. Mit ihr sollen dann die über die BSC verteilten umwelt- und sozialrelevanten Elemente koordiniert werden (Corsten und Roth 2012, S. 7 f.).

Risikomanagement
Unter dem Begriff „Risikomanagement" versteht man die systematische Vorgehensweise der Unternehmensführung, die Risiken des Unternehmens zu erkennen, zu analysieren, zu bewerten und zu steuern. Das Risikomanagement, welches gesetzlich geschützt ist, soll alle Risikopotenziale für ein Unternehmen identifizieren und entsprechende Gegensteuerungsmaßnahmen bereitstellen. Diese beiden Aufgaben können auch dem Innovationsmanagement direkte Impulse geben.

Gemäß dem durch den Deutschen Bundestag am 5. März 1998 verabschiedeten und am 30. April 1998 im Bundesgesetzblatt verkündeten Gesetz zur Kontrolle und Transparenz im Unternehmensbereich (KonTraG) sind Publikumsgesellschaften verpflichtet, ein System zur frühzeitigen Erkennung bestandsgefährdender Entwicklungen zu errichten. Der neue § 91 Abs. 2 AktG fordert von der Geschäftsführung ein angemessenes Risikomanagement. § 317 HGB legt fest, dass bei Aktiengesellschaften mit amtlich notierten Aktien der Abschlussprüfer zu überprüfen hat, ob diese Maßnahmen auch in geeigneter Form getroffen worden sind und ob das eingerichtete Überwachungssystem seine Aufgaben erfüllen kann.

Die Regelung des § 91 Abs. 2 AktG gilt analog für GmbH bei entsprechender Größe, Branche, Struktur usw. Das Risikomanagement ist zudem Bestandteil der Sorgfaltspflicht eines jeden GmbH-Geschäftsführers gemäß § 43 I GmbHG, dies kann auch aus den Pflichten der Aufsichtsräte aus dem Corporate Governance Kodex abgeleitet werden. Die Wirtschaftsprüfer attestieren in ihrem Bericht die Funktionalität eines Risikomanagements. Dieser Aspekt muss im Prüfungsbericht gesondert dargestellt und gegebenenfalls um Maßnahmen zur Verbesserung ergänzt werden.

Das Risikomanagement versucht, die unternehmensweiten Risiken zu erkennen, zu analysieren, zu bewerten und zu steuern. Dies erfordert folgende Arbeitsschritte:

- Risikoidentifizierung,
- Risikobewertung,
- Risikohandhabung bzw. -steuerung,
- Risikodokumentation.

Gerade die Risikoidentifikation kann die Basis für Prozess-, Struktur-, Kultur-, aber auch Produktinnovationen darstellen. Sie ist der erste Schritt des Risikomanagements. Dieser Phase obliegt die vom KonTraG geforderte systematische Identifikation aller auf das Unternehmen einwirkenden Risiken – insbesondere der bestandsgefährdeten Risiken. Dabei sind folgende Risikofelder zu betrachten: strategische Risiken, Marktrisiken, Finanzmarktrisiken, rechtliche und politische Risiken, personelle Risiken sowie Leistungsrisiken aus der Leistungserbringung/Produktion. Die Risikoidentifikation sucht nicht nur nach den einzelnen Risiken, sondern analysiert jedes Risiko hinsichtlich seiner Ursachen und die Wechselwirkungen auf das Unternehmen.

Bei den identifizierten Risiken geht es darum, diese zu begrenzen und zu managen. Grundsätzlich gibt es mehrere Strategien zum Umgang mit Risiken (Risikohandhabung und -steuerung):

- Risikovermeidung (z. B. Ausstieg aus „gefährlichem" Geschäftsfeld),
- Risikoreduzierung durch ursachenorientierte Minderung der Eintrittswahrscheinlichkeit (z. B. neue Produkte als Umsatzsicherung in einem veralteten Sortiment) oder eine wirkungsorientierte Minderung der Schadenshöhe (z. B. Einführung neuer Prozesse zur Senkung der Kosten),
- Überwälzen von Risiken (z. B. durch eine Versicherung, geeignete Verträge mit Kunden und Lieferanten),
- Risiko selbst tragen und Schaffung eines adäquaten Risikodeckungspotenzials (z. B. in Form ausreichender Eigenkapital- und Liquiditätsreserven) (Disselkamp 2012, S. 139 ff.).

Weiterhin gibt es insbesondere zum Kostenmanagement noch Instrumente wie „Target Costing", „Prozesskostenrechnung", „Gemeinkostenwertanalyse" und „Zero-Base-Budgeting", die aber hier nicht weiter beleuchtet werden sollen.

3.1.4 Instrumente des operativen Controllings

Das operative Controlling oder auch die operative Planung dient der Umsetzung der strategischen Planung. Manchmal wird neben der operativen und strategischen Planung die taktische Planung erwähnt. In der Unternehmenspraxis dürfte sich diese jedoch explizit nur selten finden. Während die strategische Planung langfristige Ziele beinhaltet, weist die operative Planung in der Regel einen Zeithorizont von einem Jahr auf.

Entscheidungsrechnungen auf kurze Sicht können einmal Break-even-Analysen sein. So kann es für ein Unternehmen interessant sein zu wissen, welche Absatzmenge nötig ist, um Gewinne zu erzielen. Entsprechen sich Kosten und Erlöse, entsteht weder Verlust noch Gewinn. Trägt man Kosten und Erlöse in Abhängigkeit von der Menge in ein Koordinatensystem ein, so liegt die Gewinnschwelle (Break-even-Punkt) im Schnittpunkt von Kosten- und Erlösfunktion. Anders ausgedrückt entspricht der erwirtschaftete Deckungsbeitrag hier den Fixkosten. Bei Überschreiten der Gewinnschwelle entstehen Gewinne, bei Unterschreiten Verluste. Einfach lässt sich der Break-even-Punkt im Einproduktunternehmen berechnen. Der Zusammenhang wird in Abb. 3.8 grafisch veranschaulicht.

Die Berechnung des Break-even-Punkts in der dargestellten Form funktioniert nur, wenn eine Aufteilung der Kosten in fixe und variable Anteile möglich ist, wenn sich Produktions- und Absatzmenge entsprechen und in der betrachteten Periode Preise und Kosten konstant bleiben.

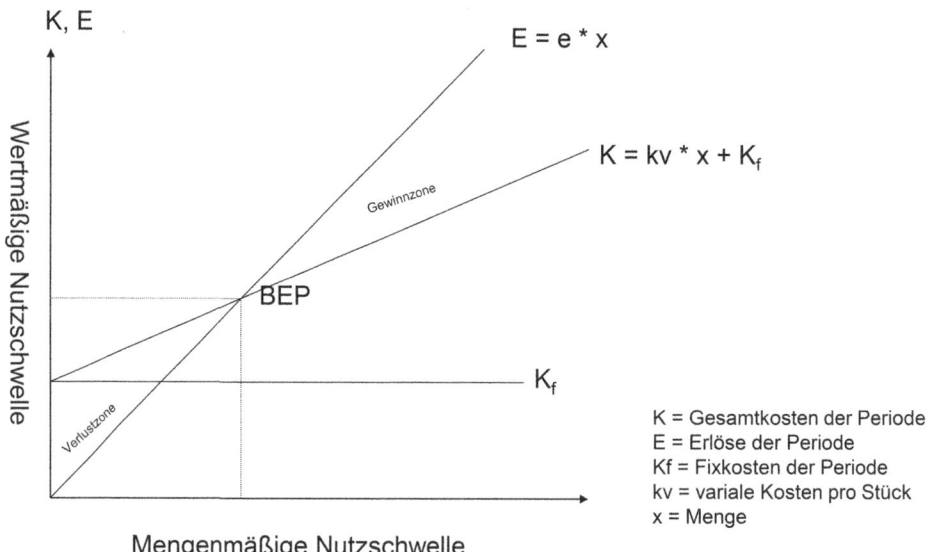

Abb. 3.8 Break-even-Punkt im Einproduktunternehmen (Quelle: Britzelmaier 2013, S. 323)

Die wertmäßige Gewinnschwelle stellt den Umsatz dar, bei dem sich Kosten und Erlöse entsprechen. Er kann durch die Multiplikation der Break-even-Menge mit dem Verkaufspreis berechnet werden.

Das Modell lässt sich modifizieren, indem z. B. die zur Erzielung eines vorgegebenen Gewinns oder zur Deckung nur der liquiditätswirksamen Kosten nötige Menge berechnet wird.

Im Mehrproduktunternehmen ist die Berechnung des Break-even-Punkts schwieriger, da die Fixkosten für verschiedene Produkte anfallen. Die Fixkosten müssen auf die Produkte verteilt werden, was bei Erzeugnisfixkosten kein Problem darstellt, bei Produktgruppen-, Bereichs- oder Unternehmensfixkosten jedoch nur durch eine relativ willkürliche Zurechnung derselben zu den Produkten erfolgen kann. Man geht dabei in der Praxis gerne von einem fixen Produktmix aus und berechnet den zur Erreichung der Gewinnschwelle nötigen Umsatz (Britzelmaier 2013, S. 300 ff.).

Ein weiteres Instrument zur Entscheidung auf die kurze Sicht sind Make-or-buy-Entscheidungen. So sehen sich Unternehmen oft mit einem Entscheidungsproblem konfrontiert, ob sie sich bei der Beschaffung von Gütern auf die eigene Leistungserstellung fokussieren sollen.

Ist es daher aus strategischer Sicht und auch aus Kostengründen besser, bestimmte Produkte (Halbfabrikate, Zubehörteile, aber auch Dienstleistungen) im Unternehmen selbst herzustellen (Eigenfertigung) oder doch von außen zu beziehen (Fremdbezug)?

Beide Lösungen haben Vor- und auch Nachteile: Vorteile der Eigenfertigung können darin begründet sein, dass vorhandene eigene Kapazitäten in der Leistungserstellung (z. B. im Bereich Forschung und Entwicklung, im Werkzeug- und Musterbau, im Vertrieb u. a.) besser und mit hoher Flexibilität genutzt werden können und man zudem diesen Prozess selbst „im Griff" hat und nicht von Zulieferern oder Dienstleistern abhängig ist.

Dem stehen als Nachteil in der Regel erhöhte Kosten gegenüber, da spezialisierte Zulieferer oder Dienstleister die betreffenden Güter aufgrund größerer Auftragsmengen und spezieller Technologien einfach produktiver und damit kostengünstiger erstellen können.

Der Fremdbezug weist allerdings den Nachteil der Abhängigkeit von Zulieferern und Dienstleistern auf, und fast jeder Finalproduzent kann über Probleme berichten, die aus einer solchen Abhängigkeit im Hinblick auf die Erfüllung eigener Verpflichtungen und Zusagen gegenüber Kunden entstanden sind (von Känel 2008, S. 358 f.).

Generell führt die Entscheidung für den Fremdbezug in der Regel ausschließlich zu variablen Kosten, wohingegen die Eigenfertigung variable und fixe Kosten verursacht.

Bei Make-or-buy-Entscheidungen sind nicht nur Berechnungen anzustellen, es gilt, weitere Faktoren zu berücksichtigen. Eigenfertigung ist immer dann anzustreben, wenn Betriebsgeheimnisse gewahrt bleiben sollen; sie ist in der Regel nicht möglich, wenn der Lieferant Schutzrechte wie Patente besitzt. Die Qualität beider Varianten sollte verglichen werden, wie auch die terminliche Realisierbarkeit.

In Abb. 3.9 werden verschiedene Entscheidungssituationen unterschieden.

Bei kurzfristigen Entscheidungen kann der Produktionsapparat nicht verändert werden, die Fixkosten bleiben konstant. Kurzfristig können z. B. keine zusätzlichen Produktions-

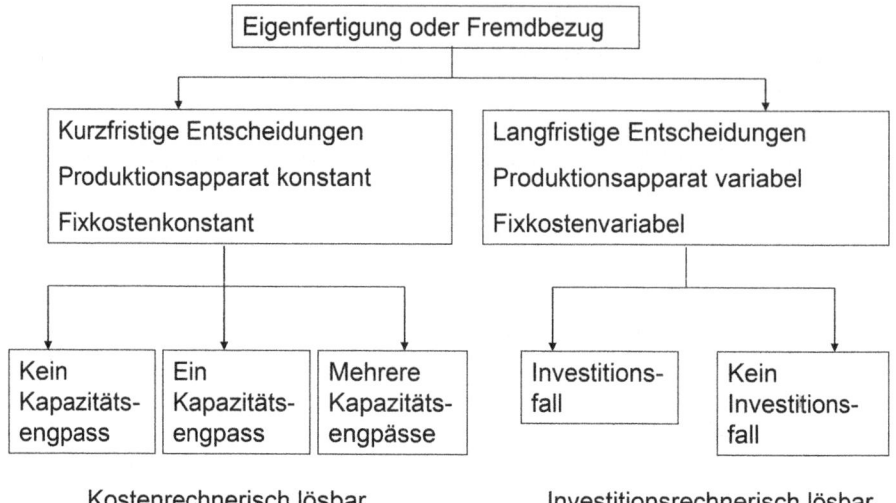

Abb. 3.9 Praktische Eigenfertigung – Fremdbezug – Entscheidungen (Quelle: Britzelmaier 2013, S. 333)

stätten eröffnet werden, die Kapazität kann nur langfristig im größeren Stil verändert werden. Damit fallen die Fixkosten sowohl bei Eigenfertigung als auch bei Fremdbezug in gleicher Höhe an.

Bei langfristigen Entscheidungen steht der Produktionsapparat zur Disposition. Fixkosten können aufgebaut (Investition) oder abgebaut (Desinvestition) werden. Langfristige Entscheidungen werden mittels Investitionsrechnungen beurteilt. Wendet man z. B. das statische Verfahren des Kostenvergleichs an, so sind die vollen Kosten aller Handlungsalternativen zu berücksichtigen.

Bei den kurzfristigen Entscheidungen ist zu prüfen, ob ein Kapazitätsengpass vorliegt und wenn ja, in welchem Ausmaß. Liegt kein Kapazitätsengpass vor, so bekommt – sofern nicht andere Gründe dagegen sprechen – der Lieferant nur den Zuschlag, wenn er unter den Grenzkosten (in der Regel also den variablen Kosten) des eigenen Unternehmens anbietet. Auf den Einbezug von Verwaltungs- und Vertriebskosten in den Vergleich kann in der Regel verzichtet werden, da diese bei Eigenfertigung und Fremdbezug in selber Höhe anfallen. Die Fixkosten finden ebenfalls keine Berücksichtigung, da sie auch bei Eigenfertigung und Fremdbezug in selber Höhe anfallen. Das folgende Beispiel dient der Veranschaulichung.

3.1 Fehlendes Controlling, fehlende Unternehmensplanung

Make-or-buy-Entscheidung ohne Kapazitätsengpass

Ein Unternehmen, das genügend Kapazitäten frei hat, überlegt, Teile fremd zu beziehen oder selbst herzustellen. Der Controller stellt folgende Daten zur Verfügung:

Teil	Menge in Stück pro Monat	Günstigster Fremdbezugspreis Pf	Variable Stückkosten Kv	Gesamte Stückkosten K
A	500	28 €	22 €	30 €
B	200	34 €	32 €	40 €
C	300	25 €	24 €	32 €
D	600	7 €	8 €	14 €

Die Analyse ergibt, dass A, B und C eigengefertigt werden sollen, da der günstigste Fremdbezugspreis höher ist als die eigenen variablen Kosten. D sollte, sofern nicht andere Gründe wie z. B. Know-how-Verlust dagegen sprechen, fremdbezogen werden.

Der Beleg für diese Analyse kann rechnerisch erbracht werden. Zunächst werden die fixen Kosten der Periode offengelegt:

Teil	Menge in Stück pro Monat	Gesamte Stückkosten K	Variable Stückkosten Kv	Fixe Kosten je Stück Kf	Gesamte Fixkosten
A	500	30 €	22 €	8 €	4000 €
B	200	40 €	32 €	8 €	1600 €
C	300	32 €	24 €	8 €	2400 €
D	600	14 €	8 €	6 €	3600 €
Gesamte Fixkosten pro Periode					11.600 €

Folgt man der Analyseempfehlung, so ergeben sich folgende Kosten:

Teil	Menge in Stück pro Monat	Fremdbezugskosten Pf	Variable Stückkosten Kv
A	500		11.000 €
B	200		6400 €
C	300		7200 €
D	600	4200 €	
Summe pro Produkt		4200 €	23.600 €
Summe		27.800 €	
Fixkosten		11.600 €	
Gesamtkosten		29.400 €	

29.400 € ist die Kostenuntergrenze, niedrigere Kosten sind in der vorliegenden Situation nicht realisierbar (Quelle: Britzelmaier 2013, S. 334).

Liegt eine kurzfristige Entscheidung mit einem Kapazitätsengpass vor, so bedeutet dies, dass die Kapazitäten nicht ausreichen, alle benötigten Teile oder Produkte selbst herzustellen. Ein Teil muss fremdbezogen werden. Was soll nun zugekauft, was selbst hergestellt werden? Die durch den Fremdbezug entstehenden Mehrkosten sind zu minimieren, damit werden die Gesamtkosten minimal. Das folgende Beispiel illustriert das Vorgehen.

Beispiel zu Make-or-buy-Entscheidungen bei Vorliegen eines Kapazitätsengpasses
Die Bottleneck GmbH produziert Flaschen der Typen A, B, C, D und E. Für Monatsbedarf, benötigte und vorhandene Kapazitäten, Kosten und Preise gelten folgende Daten:

Flaschentyp	Menge in Tsd. je Monat	Produktionszeit je Tsd. Stück in Minuten	Benötigte Kapazitäten	Preis bei Fremdbezug in €	Variable Kosten bei Eigenfertigung in €	Verkaufspreis in €
A	100	50	5000	30	25,0	50
B	500	40	20.000	25	22,0	35
C	400	25	10.000	20	18,5	40
D	200	30	6000	22	20,0	45
E	150	20	3000	10	11,0	15
Benötigte Gesamtkapazität	44.000					
Verfügbare Gesamtkapazität	30.000					

Welche Flaschen soll die Bottleneck GmbH fremd beziehen, welche selbst fertigen? Um diese Frage zu beantworten, wird zunächst jeweils die Ersparnis bei Eigenfertigung gegenüber Fremdbezug pro Stück berechnet. Die Fixkosten werden dabei nicht berücksichtigt, da sie sowohl bei Eigenfertigung als auch bei Fremdbezug anfallen.

Flaschentyp	Preis bei Fremdbezug in €	Variable Kosten bei Eigenfertigung in €	Ersparnis bei Eigenfertigung in €
A	30	25,0	5,0
B	25	22,0	3,0
C	20	18,5	1,5
D	22	20,0	2,0
E	10	11,0	−1,0

Damit wird klar, dass E fremdbezogen werden soll, da der Einkaufspreis unter den eigenen variablen Kosten liegt. E bindet jedoch nur 3000 Kapazitätseinheiten, daher sind weitere Flaschen fremd zu beziehen. Das zu optimierende knappe Gut sind die zur Verfügung stehenden Kapazitätseinheiten, die Ersparnis je Kapazitätseinheit ist zu maximieren, um die Gesamtkosten minimal zu halten. Daher wird die Ersparnis je Stück nun in eine Ersparnis je Kapazitätseinheit transformiert.

Flaschentyp	Menge in Tsd. je Monat	Produktionszeit je Tsd. Stück in Minuten	Benötigte Kapazitäten	Ersparnis je Stück bei Eigenfertigung	Ersparnis je Kapazitätseinheit	Rang	Eigenfertigung Menge	Belegte Kapazitäten	Fremdbezug Menge
A	100	50	5000	5,0	0,1	1	100	5000	
B	500	40	20.000	3,0	0,075	2	500	20.000	
C	400	25	10.000	1,5	0,06	4			10.000
D	200	30	6000	2,0	0,067	3	2500	5000	500
Benötigte Gesamtkapazität			44.000					30.000	
Verfügbare Gesamtkapazität			30.000						

Die niedrigsten Gesamtkosten sind damit in folgendem Mix aus Eigenfertigung und Fremdbezug zu erreichen:

Flaschentyp	Eigenfertigung Menge	Fremdbezug Menge
A	100	
B	500	
C		10.000
D	2500	500
E		150

Bei kurzfristigen Entscheidungen mit mehreren Engpässen können Lösungen mittels linearer Optimierung gefunden werden. Diese und auch noch andere Instrumente des operativen Controllings können hier aus Platzgründen nicht weiter behandelt werden. Es sei hier auf die einschlägige Literatur verwiesen (Quelle: Britzelmaier 2013, S. 335–337).

3.1.5 Bereichscontrolling

Die Spezialisierung des Controllings hat im Zuge der Dezentralisierung eine große Vielfalt erreicht. Aufgrund des Unternehmensfokus auf die KMU soll hier nachfolgend exemplarisch auch aufgrund des besonders komplexen Aufgabengebietes auf das Controlling in Forschung und Entwicklung (F&E) eingegangen werden.

Die Einmaligkeit und Neuartigkeit der F&E-Tätigkeiten sowie ihre Unsicherheit und Komplexität stellen hohe Anforderungen an die Führung dieses Bereiches, wobei Forschungsprojekte eine größere Unsicherheit und ein höheres Ausmaß an Komplexität aufweisen als Entwicklungsprojekte. Da F&E-Erfolge besonders für forschungsintensive KMU entscheidende Wettbewerbsfaktoren bilden, wirken sich Fehler unmittelbar negativ auf die Wettbewerbsposition aus. Das generelle Ziel der F&E ist die Sicherung der Wettbewerbsfähigkeit und damit Überlebensfähigkeit des Unternehmens durch die Schaffung von Erfolgspotenzialen durch möglichst effektive und effiziente F&E-Prozesse (Eberhardt 2006, S. 107 ff.).

So gewinnt im Zuge fortschreitender Differenzierung der Controlling-Aufgaben insbesondere die Funktion Forschung und Entwicklung in der Praxis eine besondere Bedeutung. Insofern kann heute davon ausgegangen werden, dass die Notwendigkeit eines F&E-Controllings prinzipiell akzeptiert ist und eher die konkrete Ausgestaltung diverse Probleme mit sich bringt.

Zwischen Forschung und Entwicklung ist begrifflich zu differenzieren:

- Die Grundlagenforschung ist ausschließlich auf die Gewinnung neuer wissenschaftlicher Erkenntnisse ausgerichtet.
- Die angewandte Forschung ist ebenfalls auf die Gewinnung neuer wissenschaftlicher Erkenntnisse gerichtet. Sie fragt jedoch nach der Verwertbarkeit der Erkenntnisse.
- Die Entwicklung ist die Nutzung wissenschaftlicher Erkenntnisse, um zu neuen Produkten, Verfahren oder Dienstleistungen zu gelangen.

Die Notwendigkeit des F&E-Controllings leitet sich aus folgenden Entwicklungen ab:

- Ständig steigender F&E-Aufwand,
- Sich verkürzende Produktlebenszyklen,
- Großteil der Kosten kann nur in den frühen Produktentstehungsphasen beeinflusst werden,
- Entwicklungszeiten entscheiden über den Zeitpunkt des Markteintritts und somit über das Ertragspotenzial,
- Innovationen bestimmen den dauerhaften Markterfolg und sind somit ein strategischer Faktor,
- Aufgabenstellung und Instrumentarium des F&E-Controllers haben sich im Zuge der Entwicklung gewandelt.

Operatives F&E-Projektcontrolling
Ausgangspunkt des F&E-Controllings war die operative kosten- und termingerechte Steuerung von einzelnen F&E-Projekten und -Projektphasen, wobei der Schwerpunkt auf der Entwicklung lag. In der Praxis sind die Termine noch vor den Kostengrößen die entscheidende Zielgröße.

Operatives Bereichs- und Programmcontrolling
Die isolierte Steuerung einzelner Entwicklungsprojekte führt zu zwei beträchtlichen Problemen:

- Terminverschiebungen bei einzelnen Projekten führen zu Terminüberschreitungen bei anderen Projekten, weil Ressourcenengpässe entstehen können,
- Die nur projektweise erfolgende F&E-Planung vernachlässigt die Kapazitätsplanung des F&E-Bereiches als Ganzes.

Das operative F&E-Bereichscontrolling hat sich folglich mit der bereichsorientierten Projektprogramm- und Kapazitätsplanung zu befassen. Auch hier stehen Termine und Kosten sowie zusätzlich der Kapazitätsabgleich im Vordergrund. Rückgrat des Controllingprozesses ist die F&E-Budgetierung.

Marktzielorientiertes F&E-Controlling
Weder F&E-Projektcontrolling noch F&E-Bereichscontrolling gewährleisten einen Markterfolg. Der wesentliche Entwicklungssprung des F&E-Controllings ist deshalb die Hinwendung zum Markt bzw. Kunden. Denn gerade deutsche Unternehmen haben in der Vergangenheit häufig technisch perfekte Lösungen entwickelt, die vom Kunden oft nicht erwartet wurden. Ein solches Overengineering belastet die Kostenseite für Funktionen, die der Kunde nicht bezahlen möchte. Vielversprechend ist deshalb der Ansatz des Target Costing sowie die Überwindung der bereichsbezogenen Schnittstellen durch eine konsequente Prozessorientierung.

F&E-Strategiecontrolling
Die Planung und Kontrolle der Strategie obliegt natürlich auch im F&E-Bereich dem Management. Jedoch bedarf es auch im F&E-Bereich der Unterstützung des Controllings. So hat das strategische F&E-Controlling die Aufgabe der Gestaltung des strategischen Planungsprozesses (nicht der strategischen Planung selbst!), der Auswahl der geeigneten Planungsinstrumente und der Koordination des strategischen Planungsprozesses. Ein strategisches, wertorientiertes F&E-Controlling muss auch die durch F&E-Projekte erworbenen Optionen mit berücksichtigen. Denn wenn man den (erwarteten) Wert eines F&E-Projekts berechnen will, müssen alle finanziellen Auswirkungen einkalkuliert werden, somit auch die geschaffenen (Real-)Optionen. Insbesondere F&E-Aktivitäten schaffen häufig indirekte Werte, indem sie z. B. ermöglichen, weitere Produkte schnell folgen zu lassen, wenn der Markt sich günstig entwickelt. Der Gesamtwert eines F&E-Projekts ergibt sich somit aus dem Wert des direkten Projekts und dem Wert der geschaffenen Option.

Innovationscontrolling
Forschung und Entwicklung sind eine Phase eines unternehmensweiten Innovationsprozesses. Die Schaffung von Ergebnistransparenz entlang der gesamten Innovationswertschöpfungskette ist hier die zentrale Controlling-Aufgabe. Mit ihr sind operative und strategische Aspekte verbunden (Horváth 2006, S. 844 ff.).

Kapitel 7 widmet sich ausführlicher dem gesamten Komplex des Innovationsmanagements, sodass hier von generellen Ausführungen zum Thema Innovation abgesehen werden soll.

Tab. 3.5 Wichtige Planungs- und Zielgrößen (Quelle: Vollmuth 2007, S. 30)

Planungs- oder Zielgrößen	Erforderliche Daten	Grundlagen
Rentabilität	Umsatzerlöse, Aufwendungen	Bilanz, Gewinn- und Verlustrechnung
Liquidität	Einzahlungen, Auszahlungen	Liquiditätsplanung
Wirtschaftlichkeit	Leistungen, Kosten	Kosten- und Leistungsrechnung
Cashflow	Einnahmen, Ausgaben	Finanzplanung

Andere Bereiche eines Unternehmens sollten natürlich ebenfalls entsprechende Controllingmaßnahmen vorsehen. Eine enge Verknüpfung ist hier immer zur betriebswirtschaftlichen Abteilung gegeben.

3.1.6 (Finanzielle) Kennzahlen

In diesem Kapitel werden verschiedene Kennzahlen vorgestellt, die für das Controlling relevant sind. Außerdem wird gezeigt, wie diese in der Planung eingesetzt werden können.

Jedes Unternehmen setzt sich kurzfristige und längerfristige Ziele. So entwirft die Unternehmensleitung in der Regel in enger Abstimmung mit dem oberen Management (sofern vorhanden) Pläne, deren Vorgaben dann an die Führungskräfte der einzelnen Bereiche delegiert werden.

Die Verantwortlichen müssen die Pläne im Rahmen ihres Handlungsspielraums umsetzen. Zur Erfüllung ihrer Aufgaben brauchen sie jedoch Orientierungshilfen. Dazu sind Kennzahlen sehr geeignet. Bestimmte Ziele oder Vorgaben in den Plänen lassen sich mit ihnen ganz konkret formulieren. So kann also die Unternehmensleitung die Zielvorgaben für das kommende Geschäftsjahr und die nächsten fünf Jahre mithilfe bestimmter Kennzahlen an seine Mitarbeiter weitergeben. Die verantwortlichen Führungskräfte müssen dann die betroffenen Mitarbeiter in ihrer Abteilung über die Vorgaben informieren.

Für alle Kennzahlen, die in die Planung für das kommende Geschäftsjahr aufgenommen werden, sollte man vorher Vergleichswerte aus der Vergangenheit ermitteln; es empfiehlt sich, die entsprechenden Kennzahlen für die vergangenen drei Geschäftsjahre zu errechnen. Steht die Planung, müssen dann natürlich auch alle Beteiligten entsprechend informiert werden.

Zu den wichtigsten Zielgrößen der Planung gehören die Kennzahlen zur Rentabilität, Liquidität, zur Wirtschaftlichkeit und zum Cashflow.

Um die Rentabilität eines Unternehmens einschätzen zu können muss man wissen, dass die Rentabilität im Finanzbereich durch nachfolgende Maßnahmen beeinflusst werden kann:

- kostengünstigere Finanzierung (niedrigere Zinsen),
- geringere Haltung von Liquiditätsreserven wegen der niedrigen Verzinsung,
- zinsbringende Anlagen von liquiden Mitteln (z. B. Festgeld).

Zu den wichtigsten Renditekennzahlen gehört einmal die Eigenkapitalrentabilität. Diese Kennzahl bringt die Verzinsung des eingesetzten Kapitals durch seinen Einsatz im Unternehmen zum Ausdruck. Bei der Eigenkapitalrentabilität muss wegen des Leverage-Effekts (wird in Abschn. 3.2.3 noch näher beleuchtet) auch auf den Anteil des Eigenkapitals am Gesamtkapital geachtet werden.

Die Kennzahl errechnet sich wie folgt:

$$\text{Eigenkapitalrentabilität} = \frac{\text{Bilanzgewinn}}{\text{Eigenkapital}} \times 100.$$

Hierbei ist darauf zu achten, dass die Eigenkapitalrentabilität auf jeden Fall erheblich über dem marktüblichen Zins für langfristige Kapitalanlagen liegen sollte, da der Gewinn zusätzlich eine Vergütung für das Risiko des Unternehmens enthält.

Eine weitere Größe ist die Gesamtkapitalrentabilität, die für die Beurteilung eines Unternehmens aussagefähiger ist als die Eigenkapitalrendite, da sie die Verzinsung des gesamten im Unternehmen investierten Kapitals angibt. Das Gesamtkapital (Bilanzsumme) setzt sich aus dem Eigen- und dem Fremdkapital zusammen.

Bei der Berechnung dieser Kennzahl sind neben dem Gewinn auch die Zinsen zu berücksichtigen, die für das eingesetzte Fremdkapital bezahlt werden, da sie den Gewinn in der Gewinn- und Verlustrechnung reduzieren. Diese Summe aus dem Gewinn und den Fremdkapitalzinsen wird auch als Kapitalgewinn bezeichnet.

Die Renditezahl errechnet sich dann wie folgt:

$$\text{Gesamtkapitalrentabilität} = \frac{\text{Gewinn} + \text{Zinsen für Fremdkapital}}{\text{Gesamtkapital}} \times 100.$$

Die Umsatzrentabilität als weitere Renditegröße stellt die Verzinsung des Umsatzes im Unternehmen dar.

$$\text{Umsatzrentabilität} = \frac{\text{Gewinn} + \text{Zinsen für Fremdkapital}}{\text{Umsatz}} \times 100$$

Diese Kennzahl lässt also erkennen, wie ein Unternehmen in Bezug auf den Umsatz gearbeitet hat. Sie gibt Auskunft über den Erfolg der betrieblichen Tätigkeit, der beim Verkauf der hergestellten Produkte und der betrieblichen Leistungen am Markt erzielt wird. Die Umsatzrentabilität wird in der Literatur oft nur unter Berücksichtigung des Gewinns errechnet. Diese Art der Berechnung ist allerdings irreführend, da der Umsatz unter Einsatz des Eigen- und Fremdkapitals erzielt wird. Deshalb sollten zu dem Gewinn auch noch die Fremdkapitalzinsen hinzugezählt werden, die für den Einsatz des Fremdkapitals bezahlt werden müssen.

Bei der Umsatzrentabilität spielt die Größe des Unternehmens eine Rolle: Je größer das Unternehmen ist, desto niedriger ist generell diese Rendite. Kleinere und mittlere Unternehmen sollten eine Umsatzrentabilität in Höhe von 5 % bis 6 % erzielen.

Kennzahlen zur Liquidität sind für die Zahlungsfähigkeit eines Unternehmens wichtige Zielgrößen. Ziel ist dabei, Schlussfolgerungen auf die zukünftige Zahlungsfähigkeit zu ziehen. Dazu werden im Wesentlichen verschiedene bilanzierte Vermögenswerte den bilanzierten kurzfristigen Verbindlichkeiten (Schulden) gegenübergestellt. Dafür werden Zahlen aus dem Jahresabschluss benötigt.

Liquidität kann man zu einem bestimmten Zeitpunkt untersuchen, und zwar hinsichtlich der kurzfristigen oder langfristigen Liquidität.

Dabei kommt es darauf an, ob Daten verwendet werden, die sich bereits einen Tag nach dem Jahresabschluss schnell verändern können oder nicht.

Liquidität kann auch über einen bestimmten Zeitraum hinweg untersucht werden.

Die kurzfristige Liquiditätsanalyse befasst sich mit den Verhältnissen von flüssigen Mitteln, kurzfristigen Forderungen und Vorräten zu den kurzfristigen Verbindlichkeiten.

- Die flüssigen Mittel umfassen: Kasse, Bankguthaben, Schecks und diskontfähige Wechsel
- Zu den kurzfristigen Verbindlichkeiten gehören: Verbindlichkeiten aus Lieferungen und Leistungen, Kontokorrentkredit, kurzfristige Rückstellungen, erhaltene Anzahlungen, Schuldwechsel, der Posten „Sonstige Verbindlichkeiten" sowie der Bilanzgewinn, der ausgeschüttet wird

Einzelne Grade der Liquidität erlauben eine Bewertung, wie rasch das Unternehmen seinen kurzfristigen Zahlungsverpflichtungen nachkommen kann. Es lassen sich folgende Kennzahlen unterscheiden:

Liquidität 1. Grades
Bei der Liquidität 1. Grades werden die flüssigen Mittel ins Verhältnis zu den kurzfristigen Verbindlichkeiten gesetzt.

$$\text{Liquidität 1. Grades} = \frac{\text{Flüssige Mittel}}{\text{Kurzfr. Verbindlichkeiten}} \times 100$$

Die Liquidität 1. Grades sollte zwischen 5 und 10 % liegen. Eingehende flüssige Mittel sollten möglichst schnell zur Bezahlung der kurzfristigen Verbindlichkeiten verwendet werden, um bei Lieferantenrechnungen den Skontoabzug vornehmen zu können.

Liquidität 2. Grades
Bei der Liquidität 2. Grades kommen zu den flüssigen Mitteln noch die kurzfristigen Forderungen hinzu.

$$\text{Liquidität 2. Grades} = \frac{\text{Flüssige Mittel} + \text{Kurzfristige Forderungen}}{\text{Kurzfr. Verbindlichkeiten}} \times 100$$

Dies sind meist nur die Forderungen aus Lieferungen und Leistungen. Die Zielvorgabe sollte etwa 100 bis 120 % betragen. Liegt die Kennzahl unter dieser Zielvorgabe, könnten im Unternehmen Probleme bei der Wertschöpfung bestehen oder verschiedene Produkte falsch kalkuliert sein. Es ist aber auch möglich, dass zu viele Halb- und Fertigfabrikate auf Lager liegen, weil sie noch nicht verkauft werden konnten.

Liquidität 3. Grades

Die Liquidität 3. Grades berücksichtigt neben den flüssigen Mitteln und den kurzfristigen Forderungen auch noch die Vorräte im Zähler (der Nenner bleibt bei allen Liquiditätsgraden gleich).

$$\text{Liquidität 3. Grades} = \frac{\text{Flüssige Mittel } + \text{ Kurzfristige Forderungen } + \text{ Vorräte}}{\text{Kurzfr. Verbindlichkeiten}} \times 100$$

Der Finanzmanager oder Geschäftsführer bei kleineren Unternehmen sollte versuchen, als Zielgröße 120 bis 150 % anzustreben. Liegt das Ergebnis darunter, könnte es Probleme mit der Preisgestaltung im Unternehmen geben. Übersteigt die Liquidität 3. Grades 150 %, dann sind die Bestände im Lager zu hoch und binden zu viel Kapital.

Working-Capital

Im Zähler der Kennzahl „Liquidität 3. Grades" steht das Umlaufvermögen. Wenn man von diesem die „Kurzfristigen Verbindlichkeiten" abzieht, erhält man die Kennzahl „Working-Capital".

$$\begin{aligned} &\text{Umlaufvermögen} \\ &\underline{- \text{ Kurzfristige Verbindlichkeiten}} \\ &= \text{Working-Capital} \end{aligned}$$

Ziel sollte ein möglichst positiver Wert sein. Dies würde nämlich bedeuten, dass ein Teil des Umlaufvermögens mit langfristig zur Verfügung stehendem Kapital finanziert wird (Eigenkapital oder langfristiges Fremdkapital) – was umgekehrt bedeutet: Nicht alles kurzfristig verfügbare Vermögen ist zur Deckung der kurzfristigen Verbindlichkeiten erforderlich. Somit ermöglicht die Kennziffer „Working-Capital" auch eine Beurteilung der Bonität eines Unternehmens. Sollte das Working-Capital negativ sein, ist dieses Ergebnis ein Anzeichen dafür, dass ein Teil des Anlagevermögens kurzfristig finanziert wurde. Dadurch kann ein Unternehmen schnell in Liquiditätsschwierigkeiten geraten.

Die zukünftige Liquidität eines Unternehmens ist umso eher gesichert, je höher das Working-Capital ist. Denn die Liquidität wird besser beurteilt, wenn die Mehrzahl der Zahlungsverpflichtungen längerfristig sind. Die Höhe des Working-Capital ist deshalb ein Ausdruck für die finanzielle Beweglichkeit des Unternehmens.

Bei den Kennzahlen zur langfristigen Liquidität ist darauf zu achten, dass die finanzielle Struktur des Unternehmens so beschaffen sein sollte, dass die Banken oder andere Fremdkapitalgeber das Unternehmen für kreditwürdig halten. Ist dies nicht mehr der Fall, könnte ein Teil des Fremdkapitals abgezogen werden oder zusätzlich erforderliches Fremdkapital nicht mehr zur Verfügung gestellt werden. Die Folge wäre dann, dass das Unternehmen in seiner Existenz gefährdet würde. Daher sind bestimmte Finanzierungsregeln einzuhalten.

Die Finanzierungsregeln besagen, dass bspw. langfristig gebundene Vermögensgegenstände auch durch langfristige Mittel zu finanzieren sind. Die Fristigkeit der Finanzierungsmittel sollte der Nutzungsdauer der damit finanzierten Investitionsobjekte entsprechen. Hieraus kann die Regel abgeleitet werden, dass zumindest das Anlagevermögen eines Unternehmens langfristig, also durch Eigenkapital und durch langfristiges Fremdkapital zu finanzieren ist.

Die langfristige Liquidität untersucht die Deckungsrelationen, die auch Deckungsgrade genannt werden. Dabei werden bestimmte Positionen der Passivseite mit bestimmten Positionen der Aktivseite der Bilanz verglichen. Die Kennzahlen der Anlagendeckung bringen zum Ausdruck, in welchem Umfang die Finanzierungsregeln tatsächlich eingehalten wurden. Je höher die Prozentsätze ausfallen, umso größer ist die finanzielle Stabilität des Unternehmens. Nach Möglichkeit sollte auch ein Teil des Umlaufvermögens, zumindest aber der durchschnittliche Bestand an Vorräten, langfristig finanziert sein.

Wenn die Finanzierungsregeln eingehalten werden, die Deckungsgrade also den Richtwerten entsprechen, kann man davon ausgehen, dass die langfristige Liquidität des Unternehmens gesichert ist. Allerdings muss berücksichtigt werden, ob es sich um anlage- oder umlaufvermögensintensive Unternehmen handelt. Deshalb müssen zum Vergleich neben den eigenen Kennzahlen auch Branchenkennzahlen herangezogen werden.

Deckungsgrad 1

Der Deckungsgrad 1 drückt aus, inwieweit das Anlagevermögen durch Eigenkapital gedeckt ist.

$$\text{Deckungsgrad 1} = \frac{\text{Eigenkapital}}{\text{Anlagevermögen}} \times 100$$

Zielvorgaben: 80 bis 100 %

Deckungsgrad 2

Beim Deckungsgrad 2 wird untersucht, ob das Anlagevermögen durch das langfristige Fremdkapital abgedeckt ist.

$$\text{Deckungsgrad 2} = \frac{\text{Eigenkapital} + \text{langfristiges Fremdkapital}}{\text{Anlagevermögen}} \times 100$$

Zielvorgaben: 100 bis 120 %

Deckungsgrad 3

Der Deckungsgrad 3 gibt Auskunft darüber, ob das Anlagevermögen und die Vorräte durch das Eigenkapital und das langfristige Fremdkapital finanziert werden oder nicht.

$$\text{Deckungsgrad 3} = \frac{\text{Eigenkapital} + \text{langfristiges Fremdkapital}}{\text{Anlagevermögen} + \text{Vorräte}} \times 100$$

Zielvorgabe: 100 %

3.1 Fehlendes Controlling, fehlende Unternehmensplanung

Als hier letzte zu untersuchende Kennzahl beziffert der Cashflow den Überschuss, der sich ergibt, wenn man von den Einnahmen die Ausgaben abzieht. Er lässt erkennen, in welchem Maße ein Unternehmen Finanzmittel aus eigener Kraft erwirtschaftet hat. Diese Kennzahl zeigt, wie stark das Unternehmen von innen heraus finanzieren kann (Innenfinanzierung), wie groß also das finanzielle Potenzial ist, das aus seiner erfolgreichen Tätigkeit in der Wirtschaft erwächst.

Die selbst erwirtschafteten Mittel stehen dem Unternehmen frei zur Verfügung. Es kann damit

- Investitionen finanzieren,
- Schulden tilgen,
- Gewinne ausschütten,
- die liquiden Mittel aufstocken.

Je höher der Cashflow ist, desto positiver ist die Liquiditätslage des Unternehmens zu beurteilen. Somit kann ein hoher Cashflow die Kreditwürdigkeit eines Unternehmens verbessern – und damit gewinnt das Unternehmen auch die Möglichkeit, zusätzliche Kredite am Geld- und Kapitalmarkt aufzunehmen, um weitere Investitionen zu finanzieren (Außenfinanzierung).

Somit ist der Cashflow ein Indikator für die Ertrags- und Finanzkraft eines Unternehmens.

Es gibt zwei Methoden, den Cashflow zu berechnen:

1.) direkte Ermittlung,
2.) indirekte Ermittlung.

Zur Ermittlung des Cashflows müssen alle Positionen der Gewinn- und Verlustrechnung (GuV) herangezogen werden. Die einzelnen Positionen dürfen aber nur einmal für die direkte oder für die indirekte Ermittlung verwendet werden; das Ergebnis beider Methoden muss gleich sein.

1.) Direkte Ermittlung des Cashflow

Der Cashflow ist der Teil der Einnahmen einer Periode, der dem Unternehmen nach Abzug aller Ausgaben in diesem Zeitraum zur Verfügung steht.

In der Gewinn- und Verlustrechnung werden von den Erträgen die Aufwendungen abgezogen, um den Jahresüberschuss (Gewinn) zu erhalten. Einige Erträge sind nicht zahlungsbedingt (finanzwirksam), wie z. B. die Erhöhung der Bestände an fertigen und unfertigen Erzeugnissen. Auch nicht alle Aufwendungen sind zahlungsbedingt, etwa die Abschreibungen und die Bildung der Rückstellungen. Der Cashflow ergibt sich also aus der Differenz der zahlungsbedingten Erträge (Einnahmen) minus der zahlungsbedingten Aufwendungen (Ausgaben).

- Die zahlungsbedingten Erträge umfassen bspw. die Umsatzerlöse und die Zinsen für Festgelder.
- Zu den zahlungsbedingten Aufwendungen gehören z. B. die Löhne und Gehälter, die Fremdkapitalzinsen und der Materialverbrauch.

Die Formel sieht demnach folgendermaßen aus:

$$\begin{aligned}&\text{Zahlungsbedingte Erträge (Einnahmen)}\\ &\underline{-\text{ Zahlungsbedingte Aufwendungen (Ausgaben)}}\\ &=\text{Cashflow.}\end{aligned}$$

2.) Indirekte Ermittlung des Cashflow
Der Cashflow kann auch indirekt ermittelt werden. Dabei werden zum Gewinn die nicht zahlungsbedingten Aufwendungen hinzugenommen; dies sind bspw. die Abschreibungen und die Bildung von Rückstellungen. Außerdem müssen die nicht zahlungsbedingten Erträge abgezogen werden; dazu gehören Bestandserhöhungen an Halb- und Fertigfabrikaten, die aktivierten Eigenleistungen sowie die Auflösung von Rückstellungen. Dann sieht die Berechnung wie folgt aus:

$$\begin{aligned}&\text{Gewinn (Jahresüberschuss), Verlust (Jahresfehlbetrag)}\\ &+\text{ nicht zahlungsbedingte Aufwendungen}\\ &\underline{-\text{ nicht zahlungsbedingte Erträge}}\\ &=\text{Cashflow.}\end{aligned}$$

Da die Eigenkapitalquote in vielen Unternehmen rückläufig ist, spielt der Cashflow für die Beurteilung der Kreditwürdigkeit eines Unternehmens eine immer größere Rolle. Die Banken überprüfen, ob das Unternehmen insbesondere bei zunehmendem Verschuldungsgrad einen ausreichenden Cashflow erwirtschaftet, um die Zinsen und Tilgungen zahlen zu können. Der Cashflow übernimmt zum Teil die Haftungsfunktion des Eigenkapitals.

Dynamischer Verschuldungsgrad
Der Cashflow ist ein Indikator für die Kreditwürdigkeit eines Unternehmens. Aus ihm lässt sich eine weitere Kennzahl ableiten, die den dynamischen Verschuldungsgrad beziffert; der Zusammenhang liegt auf der Hand, denn letztlich können die Schulden nur aus dem Cashflow getilgt werden. Die Kennzahl wird wie folgt errechnet:

$$\text{Dynamischer Verschuldungsgrad} = \frac{\text{Fremdkapital}}{\text{Cashflow}} \times 100.$$

Der dynamische Verschuldungsgrad ist ein Maßstab für die Möglichkeiten zur Schuldentilgung und wird daher auch als Entschuldungskraft eines Unternehmens bezeichnet. Die gesamte Verschuldung eines Unternehmens sollte das 3,5-fache des durchschnittlichen Cashflows der letzten drei Geschäftsjahre nicht überschreiten (dynamische Verschuldungsregel).

Wird diese Regel nicht eingehalten, hat das negative Auswirkungen auf die Kreditwürdigkeit des Unternehmens (Vollmuth 2007).

Abschließend sei darauf hingewiesen, dass es noch vielerlei andere Kennzahlen für die Unternehmensbewertung gibt, auf die hier aus Platzgründen nicht näher eingegangen werden kann.

In den nächsten Kapiteln werden jedoch noch mehr Bewertungsmaßstäbe und Richtlinien für Bewertungen hinzukommen, abhängig von der jeweiligen Insolvenzursache.

3.2 Finanzierungslücken

Eine weitere wichtige Insolvenzursache sind Finanzierungslücken im Unternehmen. So verfügen viele Unternehmen über zu wenig Eigenkapital, haben eine zu geringe Kreditwürdigkeit, eine zu hohe Zinsbelastung und verfügen über zu geringe Rückstellungen für unerwartete Ereignisse.

Daher soll im Folgenden zunächst auf verschiedene Finanzierungsformen eingegangen werden, bei denen immer wieder die Fragestellung Eigenkapital- versus Fremdkapitalfinanzierung auftaucht, wobei in Abschn. 3.2.4 „Sonstige Finanzierungsformen" auch die Mischfinanzierungen behandelt werden, die nicht so ohne Weiteres in die vorher genannten und bearbeiteten Kategorien fallen.

3.2.1 Innenfinanzierung

Insbesondere bei kleinen und mittelständischen Unternehmen sind die Unternehmensziele an den Zielen der Anteilseigner, das heißt, an den Eigenkapitalgebern auszurichten. Da oft auch die Ziele der Anteilseigner konkurrieren, soll zunächst einmal auf die Maximierung des Unternehmenswertes abgestellt werden. Als Unternehmenswert ist der „Marktwert des Eigenkapitals", ermittelt als Barwert der künftig an die Anteilseigner fließenden Zahlungen (Gewinnausschüttungen und Kapitalrückzahlungen), zu verstehen.

Dem Ziel der Unternehmenswertmaximierung ist das Unterziel „Aufrechterhaltung der Liquidität" zugeordnet, da der Wert des Unternehmens gerade von seiner Fähigkeit determiniert wird, erwirtschaftete (Buch-)Gewinne auch tatsächlich auszahlen zu können. Mittel- und langfristig kann dieses Unterziel nur durch die Innenfinanzierungsquellen eines Unternehmens sichergestellt werden.

Die Innenfinanzierung ist neben der Außenfinanzierung (Folgekapitel) ursächlich für den Cashflow (vgl. auch hierzu die Cashflow-Definitionen in Abschn. 3.1.6) eines Unternehmens. Die Finanzierungsquellen zeigen, woher die Finanzmittel stammen (Mittelherkunft). Grundsätzlich können die Finanzmittel für Investitionsauszahlungen, die Bedienung von Fremdkapital oder Ausschüttungen verwendet werden (Mittelverwendung). Letzteres gilt allerdings nicht für die Innenfinanzierungsquellen, die auf Ausschüttungssperren beruhen.

Die wichtigste Innenfinanzierungsquelle (im Sinne der originären Selbstfinanzierung) stellt der operative Cashflow dar. Dieser wird gespeist aus dem Cashflow der am Absatzmarkt veräußerten Güter- und Dienstleistungen und optimiert durch das Working-Capital-Management (Cash-Cycle-Management und Rationalisierungsmaßnahmen zur Verringerung des Cash-Out-Flow). Dieses Working-Capital-Management soll im Folgenden näher erläutert werden.

Das Working-Capital-Management (WCM) trägt zur Verbesserung der situativen Liquidität eines Unternehmens durch ein koordiniertes Debitoren- und Kreditorenmanagement sowie ein Management der Vorratshaltung bei. Es beeinflusst den Cashflow aus der operativen Geschäftstätigkeit insbesondere dadurch, dass der Cash-Cycle und somit der Finanzmittelbedarf durch zeitliche Verschiebung von Auszahlungen sowie frühzeitige Realisierung von Einzahlungen verringert wird. In der Folge wird der zum Realgüterzyklus korrespondierende Nominalgüterzyklus so gestaltet, dass eine Verringerung der Kapitalbindung für den Beschaffungs- und Produktionsbereich erreicht wird. Die Working-Capital-Rechnung stellt daher eine wichtige Ergänzungsrechnung im Rahmen der Finanzplanung dar.

Durch eine zusätzliche Verkürzung des Realgüterzyklus mittels optimierter Vorratshaltung und rationellerer Produktionsverfahren (z. B. Just-in-Time-Produktionsverfahren) kann der Finanzmitteleinsatz weiter reduziert werden. Ergänzt durch ein Cash-Pooling können Gemeinkosten- und Zinseinsparungen häufig Aufwandssenkungen von mehreren Prozent des Umsatzes erreichen. Der Dispositionsspielraum der finanziellen Führung kann nicht selten in der Größenordnung von 10 bis 30 % des Beteiligungskapitals oder 50 bis 100 % der jährlichen Investitionen in Sachanlagen erweitert werden.

Rationalisierung ist dabei ein Teilbereich des WCM. Ziel der Rationalisierung ist es, ein bestehendes oder ein höheres Produktions- und Absatzvolumen eines Unternehmens mit einem geringeren Finanzmitteleinsatz sowie einer geringeren Finanzmittelbindung zu realisieren und damit Finanzmittel für andere Zwecke einzusparen oder freizusetzen.

Rationalisierungsmaßnahmen erfordern einen vergleichsweise geringen Finanzmitteleinsatz. Gleichzeitig können signifikante Effekte erzielt werden. Bei einem Periodenumsatz von bspw. 1 Mio. Euro, dem ein Finanzmitteleinsatz von 500.000 Euro zugrunde liegt, wird das Kapital zweimal umgeschlagen. Wird durch Rationalisierungsmaßnahmen die Umschlagshäufigkeit auf z. B. vier gesteigert, dann steht bereits die Hälfte des ursprünglichen Kapitaleinsatzes für eine alternative Finanzmittelverwendung zur Verfügung.

Rationalisierungsmaßnahmen sind in allen Unternehmensbereichen möglich. Dazu zählen insbesondere der Einkauf (Verringerung der Lagerbestände), die Fertigung (Kostenreduktion durch neue Fertigungsverfahren und Produktionsabläufe) und der Vertrieb (z. B. Vertragsmanagement). Insbesondere im Personalbereich bestehen oft wesentliche

3.2 Finanzierungslücken

Rationalisierungspotenziale, so z. B. durch das Outsourcing solcher Funktionen, die von externen Dritten besser und billiger ausgeführt werden können als durch das Unternehmen selbst (z. B. Marktforschung, Werbung, Mahnwesen, Inkasso, Datenverarbeitung etc.).

Auch die Selbstfinanzierung aus dem operativen Cashflow soll nachfolgend näher erläutert werden:

Eigentümer von Unternehmen haben Anspruch auf Gewinnausschüttungen. Werden Gewinne ausgeschüttet, gehen die Finanzmittel für das Unternehmen verloren.

Der Gewinn ist die erfolgswirksame Veränderung des Eigenkapitals eines Unternehmens innerhalb einer betrachteten Periode. Erfolgswirksam sind alle Eigenkapitaländerungen, die nicht auf Einlagen oder Entnahmen der Gesellschafter basieren.

Während bei Einzelunternehmen und Personengesellschaften keine kodifizierten Entnahmebeschränkungen existieren, haben Shareholder von Kapitalgesellschaften keinen direkten Zugriff auf das Gesellschaftsvermögen (Trennung der Vermögensebene von Kapitalgesellschaft und Anteilseignern). Gesellschafter von Gesellschaften mit beschränkter Haftung (GmbH) haben grundsätzlich Anspruch auf den Jahresüberschuss zuzüglich eines Gewinnvortrags und abzüglich eines Verlustvortrags (§ 29 Abs. 1 GmbHG). Gesellschafter von Aktiengesellschaften (AG) hingegen auf den Bilanzgewinn (§ 58 Abs. 4 AktG).

Die mittels der Gewinnthesaurierung gebundenen Finanzmittel erhöhen das Eigenkapital (Kapitalrücklagen sowie Gewinnrücklagen) und verbessern die Bonität und die Kreditfinanzierungsmöglichkeiten. Dabei bedeutet Gewinnthesaurierung, dass Finanzmittel, vor allem die des operativen Cashflow, der Ausschüttung an die Eigentümer entzogen und dem Unternehmen langfristig zur Verfügung gestellt werden.

Das Volumen der Gewinnthesaurierung ist dann zu begrenzen, wenn es bei ausreichender Liquidität keine weiteren sinnvollen Verwendungsmöglichkeiten mehr gibt. Das ist dann der Fall, wenn das Unternehmen die Mittel nicht mehr rentabel investieren kann.

Eine weitere Innenfinanzierungsmöglichkeit ist die Finanzierung aus ausschüttungsgesperrten Beträgen, wie die Finanzierung aus Abschreibungen.

Abschreibungen dienen der Rückgewinnung des investierten Kapitals (Transformation von Sachanlagen in Finanzmittel). Die Abschreibungsbeträge müssen daher über die Marktleistung des Unternehmens erwirtschaftet werden.

Investitionen (Transformation von Finanzmitteln in Sachanlagen) erfordern Auszahlungen. Daher stellen die später im Rechnungswesen berücksichtigten Abschreibungen nicht zahlungswirksamen Aufwand dar.

Voraussetzungen für eine Amortisation von Investitionen über Abschreibungen sind:

- Ein Teil des operativen Cashflows des Unternehmers entfällt auf die Abschreibungsbeträge,
- Die auf die Abschreibungsbeträge entfallenden Finanzmittel dürfen nicht entnommen bzw. ausgeschüttet werden.

Insbesondere die letzte Voraussetzung ist nur bei Kapitalgesellschaften sichergestellt, da Abschreibungen den ausschüttbaren Gewinn mindern. Die Ausschüttungsrestriktion ermöglicht zumindest die nominale Kapitalerhaltung bei Kapitalgesellschaften.

Der so gebildete Finanzmittelbestand kann bis zum Zeitpunkt einer Reinvestition der noch genutzten Vermögensgegenstände für Zahlungen aller Art, insbesondere zur Finanzierung anderer Investitionen, verwendet werden.

In diesem Zusammenhang ist der in der Praxis kaum nachweisbare Kapazitätserweiterungseffekt (oft auch Lohmann-Ruchti-Effekt) zu sehen, der bereits von Marx angedeutet, insbesondere aber 1926 von Polak beschrieben wird.

Der Kapazitätserweiterungseffekt entsteht insbesondere dadurch, dass die kumulierten Abschreibungsgegenwerte aus mehreren Investitionsobjekten, in die noch nicht reinvestiert wird, für die Erweiterung der betrieblichen (Perioden)Kapazität eingesetzt werden. Voraussetzungen für eine stetige Reinvestition der Abschreibungsgegenwerte sind:

- die Abschreibungen müssen durch Einzahlungen gedeckt sein und
- die Abschreibungen müssen dem Abbau der Totalkapazität entsprechen.

Beispiel
Ein Unternehmen plant unter folgenden Prämissen:

- Anschaffung jeweils einer Maschine pro Periode über einen Zeitraum von vier Perioden,
- 8000 € Anschaffungskosten pro Maschine,
- vier Jahre Maschinennutzungsdauer,
- lineare Abschreibung (Abschreibungsbetrag pro Periode und Maschine 2000 €).

Das Unternehmen ist ab der vierten Periode in der Lage, seine Kapazität aus den Abschreibungsgegenwerten zu erhöhen. Nach einer Ersatzinvestition kann in der sechsten Periode erneut eine Kapazitätserweiterung erfolgen.

Tabelle 3.6 zeigt die Struktur des gesamten Kapazitätserweiterungseffektes.

Eine weitere Innenfinanzierungsmöglichkeit besteht in der Finanzierung aus Rückstellungen. Definitionsgemäß sind Rückstellungen Schulden eines Unternehmens, die hinsichtlich ihres Be- und Entstehens und/oder der Höhe nach unsicher sind. Sie stellen eine wirtschaftliche Belastung für das Unternehmen dar. Die Bildung/Erhöhung einer Rückstellung (Zuführung zu Rückstellungen) korrespondiert mit einem Aufwand, der nicht auszahlungswirksam ist.

Die Auszahlung erfolgt erst im späteren Zeitpunkt der Fälligkeit der Schuld. Daher kommt es zu einer Gewinnminderung, die bei Kapitalgesellschaften eine wirksame Ausschüttungssperre in Höhe der Zuführungsbeträge bewirkt. Damit verbunden ist ein steuerlicher Effekt. Trotz späterer Auszahlung wird eine sofortige Steuerminderzahlung bewirkt.

Die dadurch verfügbaren Finanzmittel stehen, je nach Fristigkeit, in der freien Disposition der finanziellen Führung. Grundsätzlich sind unter finanzwirtschaftlichen Aspekten kurz-, mittel- und langfristige Rückstellungen zu unterscheiden.

3.2 Finanzierungslücken

Tab. 3.6 Struktur des Kapazitätserweiterungseffektes (Quelle: Schmeisser et al. 2012, S. 108)

Maschine \ Jahr	1	2	3	4	5	6	7	8	9
1	2.000	2.000	2.000	2.000	2.000	2.000	2.000	2.000	2.000
2		2.000	2.000	2.000	2.000	2.000	2.000	2.000	2.000
3			2.000	2.000	2.000	2.000	2.000	2.000	2.000
4			2.000	2.000	2.000	2.000	2.000	2.000	2.000
Erweiterungsinvestition									
5					2.000	2.000	2.000	2.000	2.000
6						2.000	2.000	2.000	2.000
Jährliche Abschreibungserlöse (€)	2.000	4.000	6.000	10.000	10.000	12.000	12.000	12.000	12.000
Kumulierte Abschreibungserlöse abzgl. in Vorperioden reinvestierte Beträge (€)	2.000	6.000	10.000	10.000	12.000	12.000	12.000	12.000	12.000
Abzgl. notwendige Ersatzinvestitionen (€)		-	-	8.000	8.000	8.000	16.000	8.000	16.000
Kapitalfreisetzung (€)	2.000	6.000	12.000	6.000	8.000	4.000	-	4.000	-
Verwendung der Kapazitätserweiterung (€)	-	-	8.000	-	8.000	-			

Das Schwergewicht der finanzwirtschaftlichen Bedeutung liegt allerdings bei den langfristigen Rückstellungen, insbesondere den Pensionsrückstellungen, die aufgrund von Direktzusagen an Arbeitnehmer gebildet werden müssen. Diese bewirken eine länger dauernde Bindung der Finanzmittel an das Unternehmen und stehen daher für eine Finanzmittelverwendung auch langfristiger Art zur Verfügung. Hinsichtlich der Finanzmittelverwendung ist die Unternehmensleitung, abgesehen von den Pflichtbeiträgen an den Pensions-Sicherungs-Verein (PSVaG) frei, da weder Eigentümer noch Gläubiger mitbestimmen können.

Eine andere Innenfinanzierungsmöglichkeit besteht in der Selbstfinanzierung aus Desinvestitionen (Investiver Cash-In-Flow). Per Definition werden durch Desinvestitionen die in Vermögensgegenständen gebundenen Finanzmittel freigesetzt. Dabei handelt es sich überwiegend um solche Vermögensgegenstände, die dem Unternehmen ursprünglich dauerhaft zur Verfügung stehen sollten. Desinvestitionen gehören nicht zum Kerngeschäft eines Unternehmens und stellen daher keinen Umsatzprozess dar.

Die Finanzierung aus Desinvestitionserlösen vollzieht sich – im Gegensatz zur laufenden bzw. schrittweisen Desinvestition im Rahmen der Abschreibungsfinanzierung –

in einem abschließenden Verkaufsakt. Gründe für Desinvestitionsentscheidungen können unterschiedliche Ursachen haben:

a) planmäßige Desinvestitionen
Eine planmäßige Liquidation von Vermögensgegenständen erfolgt dann, wenn sich deren wirtschaftliche Nutzungsmöglichkeit aus der Sicht des Unternehmens verringert hat, die Vermögensgegenstände von anderen Wirtschaftseinheiten jedoch noch sinnvoll einsetzbar sind.
Dies gilt ebenso für solche Finanztitel, die nur als vorübergehende rentable Finanzmittelanlage vorgesehen waren und daher die Desinvestition bereits beim Kauf für einen bestimmten Zeitpunkt geplant war. Bei Forderungspapieren in Form von Schuldverschreibungen erfolgt hingegen eine „selbstständige" Desinvestition zum Tilgungszeitpunkt aufgrund der durch Endfälligkeit ausgelösten Rückzahlung durch den Schuldner.

b) außerplanmäßige bzw. außerordentliche Desinvestitionen
Darunter fallen Verschrottungen aufgrund von Havarien u. ä. sowie spontane (nicht planmäßige) Desinvestitionen aufgrund von Notlagen.
Desinvestitionen in Notlagen werden dann erforderlich, wenn ein Unternehmen nicht in der Lage ist, sich Finanzmittel aus anderen Quellen zu beschaffen und daher zur Aufrechterhaltung der Zahlungsbereitschaft Vermögensgegenstände verkaufen muss. In einem solchen Fall werden zunächst die Realgüter monetisiert, das heißt zu Geld gemacht, die nicht direkt zur Leistungserstellung benötigt werden und als Liquiditätsreserve dienen, z. B. Wertpapiere oder Edelmetalle, die mit dem Ziel gehalten werden, in Zeiten angespannter Liquiditätslage in Nominalgüter umgewandelt zu werden (nicht notwendiges Betriebsvermögen).

Reicht das Desinvestitionsvolumen nicht aus, so sind Verkäufe von Realgütern unausweichlich, die für die Leistungserstellung erforderlich sind (betriebsnotwendiges Vermögen). Dazu zählen neben Einsatzstoffen auch Potenzialfaktoren. Damit verbunden ist die Gefahr einer Einschränkung der Leistungserstellung oder eine Erhöhung ihrer Störanfälligkeit, wenn bspw. der „eiserne Bestand" veräußert wird und das Unternehmen dadurch den „Realgüterpuffer" verliert. Ein zunehmendes Ausmaß der Notverkäufe hat häufig die Liquidation der Unternehmung zur Folge, da ab einem bestimmten Mindestbestand an Potenzial- und Repetierfaktoren die Leistungserstellung nicht mehr sinnvoll oder überhaupt nicht mehr möglich ist.

Die Finanzierung aus Desinvestitionserlösen hat somit unterschiedliche Qualitäten. Sie ist unter den oben dargelegten Aspekten zu beurteilen. Grundsätzlich besteht das Problem, im Rahmen des Entscheidungsprozesses den zu erwartenden Desinvestitionserlös zu schätzen. Dieser ist abhängig vom Desinvestitionsanlass und den Marktverhältnissen, sodass Notverkäufe für seltene Spezialanlagen unter Umständen zu Einnahmen führen, die weit unter dem tatsächlichen Zeitwert des Desinvestitionsobjektes liegen. Dagegen werden marktgängige Vermögensgegenstände keine Verwertungsprobleme aufweisen und erlauben eine gute Abschätzung des Desinvestitionserlöses (Schmeisser et al. 2012, S. 98 ff.).

3.2.2 Beteiligungsfinanzierung

Das Grundmerkmal der privaten Beteiligungsfinanzierung ist die Bereitstellung von Eigenkapital durch einen Kapitalgeber. Die Kapitalgeber sind private oder institutionelle Investoren (Kapitalanleger). Die Bezeichnung privates Eigenkapital bezieht sich auf nicht öffentliches, also außerbörsliches Eigenkapital. Im weiteren Sinne gehört zur Beteiligungsfinanzierung auch die Gewährung von eigenkapitalähnlichen Mitteln, wie stille Beteiligungen, Genussrechtskapital und nachrangige Darlehen. Diese Finanzierungsformen werden allerdings teilweise in Abschn. 3.2.4 (sonstige Finanzierungsformen) des vorliegenden Bandes behandelt. Eine Beteiligungsfinanzierung ist für den Kapitalgeber mit einem erhöhten Risiko verbunden, deshalb müssen diesem Risiko entsprechende Ertragschancen gegenüberstehen. Aus diesem Grund ist eine Beteiligungsfinanzierung nur für Unternehmen interessant, die diese besonderen Erfolgsaussichten bieten. Beteiligungsfinanzierungen sind daher erstens für stark wachsende Unternehmen von Bedeutung. Ein schnelles Unternehmenswachstum erfordert einerseits entsprechendes Eigenkapital, verspricht andererseits durch das Wachstum schnell ansteigende Erträge. Zweitens sind Beteiligungsfinanzierungen für innovative Unternehmen von Bedeutung, weil die Entwicklung und Etablierung der innovativen Idee am Markt Kapitaleinsatz erfordert, gleichzeitig aber der technische Vorsprung bzw. die Einmaligkeit der Idee nach der Markteinführung eine hohe Gewinnspanne versprechen. Damit sind bei innovativen bzw. dynamisch wachsenden Unternehmen die Voraussetzungen für eine Überrendite auf das eingesetzte Kapital gegeben, die dem Risiko der Fehlinvestition gegenüberstehen. Allgemein beinhaltet die Beteiligungsfinanzierung eine Haftungsübernahme und die Miteigentümereigenschaft. Dabei ist es die Absicht der Beteiligungsfinanzierer, das Kapital lediglich befristet zur Verfügung zu stellen. Nach erfolgreicher Unternehmensentwicklung ist der Ausstieg der Beteiligungsfinanzierer vorgesehen. Es handelt sich in der Regel auch um Minderheitsbeteiligungen, die lediglich unterstützenden Charakter haben und nur eine begrenzte unternehmerische Mitspracheausübung beabsichtigen (Tolkmitt 2007, S. 242 ff.).

Das deutsche Recht bietet zahlreiche Möglichkeiten der Beteiligungsfinanzierung. Diese Möglichkeiten sind inhaltlich abhängig von der Rechts- bzw. Gesellschaftsform, an der sich ein Finanzier mit seinem Kapital beteiligt. Beteiligungsformen wie die offene Handelsgesellschaft, Kommanditgesellschaft, die GmbH, die GmbH & Co. KG, die Unternehmergesellschaft, wie auch die Aktiengesellschaft, die Kommanditgesellschaft auf Aktien oder die eingetragene Genossenschaft bieten je nach ihrem Geschäfts- und Tätigkeitsbereich sehr unterschiedliche Alternativen der Beteiligungsfinanzierung.

Ursache der sehr unterschiedlichen rechtlichen Gestaltung ist die vom Recht festgelegte mehr oder weniger enge Beziehung der Gesellschafter untereinander: Während die stille Gesellschaft, die AG oder auch die KG (sogenannte Personengesellschaften) ihre

Mitglieder in eine enge wirtschaftliche Kooperation zusammenfasst, und damit eng aneinander bindet, schwächt die Rechtsform der eG und der GmbH diese starke persönliche Bindung und geschäftliche Kooperation ihrer Mitglieder ab. Nahezu aufgegeben ist die enge persönliche Verbundenheit und Zusammenarbeit der Mitglieder untereinander bei der AG. Hier kommt es nicht so sehr auf die Person des Mitglieds und seine geschäftliche Erfahrung, sondern auf seinen Kapitalbeitrag an.

Entsprechend dem Kriterium der persönlichen Verbundenheit ergeben sich Unterschiede der einzelnen Rechts- und Gesellschaftsformen insbesondere hinsichtlich ihrer Gründungsvoraussetzungen, der Haftung ihrer Mitglieder, der Partizipation der Mitglieder am Gewinn oder am Verlust der Unternehmung, der Möglichkeit der Mitglieder zur Geschäftsführung, Vertretung und Mitwirkung. Letztlich existieren wesentliche Unterschiede zwischen den einzelnen Rechts- und Gesellschaftsformen hinsichtlich der Kapitalaufbringung, der Übertragbarkeit der Mitgliederanteile sowie bezüglich der Möglichkeit der Kapitalerhöhung bzw. der Aufnahme weiterer Gesellschafter.

Nachfolgende Tabelle gibt eine knappe Übersicht der wesentlichen Rechts- und Gesellschaftsformen hinsichtlich der für die Beteiligungsfinanzierung essentiellen Unterschiede.

3.2 Finanzierungslücken

	Stille Gesellschaft	OHG	KG	GmbH	AG	Genossenschaft
Wesen	Beteiligung am Handelsgewerbe eines anderen	Personengesellschaft Betrieb eines kaufm. Handelsgewerbes	Wie OHG	Kapitalgesellschaft Verfolgung sämtl. Zwecke Mindestkapital 25.000 €	Kapitalgesellschaft Verfolgung industrieller Wirtschaftszwecke; Mindestkapital 50.000 € Möglichkeit zur Börsennotierung	Mischform Zweck: keine eigene Gewinnerzielung sondern: Förderung der Wirtschaft ihrer Mitglieder
Entstehen	Formfreie Gründung	Aufnahme des kaufm. Handelsgewerbes	Vertrag (formfrei) + Aufnahme des kaufm. Handelsgewerbes	Notarieller beurkundeter Gesellschaftsvertrag und Eintragung	Wie GmbH	Gesellschafts-Vertrag (schriftl.), + Eintragung
Haftung der Mitglieder	Nur mit Anteil	Mit Gesellschaftsanteil und mit Privatvermögen	Komplementäre mit Gesellschaftsanteil und mit Privatvermögen Kommanditist (−)	(−) (ggf. Nachschusspflicht)	(−)	Ggf. Nachschusspflicht bei Insolvenz der Genossenschaft
Gewinn-/Verlustbeteiligung	Nur Gewinnbeteiligung	Nach Gesellschaftsvertrag oder nach Köpfen	Nach Gesellschaftsvertrag bzw. angemessene Beteiligung	Gewinnbeteiligungen nach Jahresüberschuss Verlustbeteiligung ggf. mit eventueller Nachschusspflicht	Gewinnbeteiligungen Dividende grundsätzlich Verlustbeteiligung erst durch Verlust des Anteils bei Insolvenz der AG	Förderleistungen der Genossenschaft: Rückvergütungen, Preisnachlässe etc. Verlustbeteiligung nach Statut: evtl. Abzug von Geschäftsguthaben ggf. mit eventueller Nachschusspflicht

	Stille Gesellschaft	OHG	KG	GmbH	AG	Genossenschaft
Geschäftsführung	(–)	Jeder Gesellschafter	Nur Komplementär	(–)	(–)	(–)
Vertretung	(–)	Jeder Gesellschafter	Nur Komplementär	(–)	(–)	(–)
Mitwirkung (Stimmrechte)	(–)	Jeder Gesellschafter	Jeder Gesellschafter	Mitglieder in Mitglieder(Haupt)-Versammlung	Mitglieder in Mitglieder(Haupt)-Versammlung	Mitglieder in Mitglieder(Haupt)-Versammlung Mitglied nur eine Stimme
Kapitalaufbringung (Eigen-/Fremdfinanzierung)	Mitgliedschaftserwerb: Privatvermögen der Gesellschafter Selbstfremdfinanzierung der stillen Gesellschafter z. B.: durch Gewinne, o. Kredite Neuaufnahme neuer stiller Gesellschafter (Problem: Zunahme des Unternehmensleitungsrechts) Kapitalerhöhung	Mitgliedschaftserwerb: Privatvermögen der Gesellschafter Selbstfremdfinanzierung der stillen Gesellschafter z. B.: durch Gewinne, o. Kredite Neuaufnahme neuer stiller Gesellschafter (Problem: Zunahme des Unternehmensleitungsrechts) Kapitalerhöhung	Mitgliedschaftserwerb: Privatvermögen der Gesellschafter Selbstfinanzierung der stillen Gesellschafter z. B.: durch Gewinne, oder Kredite (bei begrenzter Zahl persönlich haftenden Komplementären nicht so kreditwürdig wie OHG) Neuaufnahme von Gesellschaftern insbesondere Kommanditisten Kapitalerhöhung	Anteilserwerb Selbstfremdfinanzierung (aufgrund beschränkter Haftung der Gesellschaft und keine Haftung ihrer Mitglieder Eingeschränkte, ggf. teure Kreditvergabe) Nachschusspflicht Mögl. Aufnahme weiterer Gesellschafter; Kapitalerhöhung	Anteilserwerb der Gründungsmitglieder Anteilserwerb über Aktionäre ggf. über Börse/bei Börsenzulassung Selbst-Fremdfinanzierung: Gewinne, Kredite (i. d. R. große Kreditwürdigkeit wegen Gläubigerschutzvorschriften bei Börsenzulassung) Aufnahme weiterer Gesellschafter; Kapitalerhöhung	Anteilserwerb der Genossen Selbstfremdfinanzierung Aufnahme weiterer Gesellschafter (als Beteiligungsgesellschaft unbeliebt, da unabhängig der Höhe der Anteile nur eine Stimme) (in der Praxis Bedeutung der Nachschusspflicht in der Insolvenz der Genossenschaft)

3.2 Finanzierungslücken

	Stille Gesellschaft	OHG	KG	GmbH	AG	Genossenschaft
Fungibilität: Übertragung der Anteile	Nur mit Zustimmung der Gesellschafter	Nur mit Zustimmung der Gesellschafter	Nur mit Zustimmung der Gesellschafter	Nur mit Zustimmung der Gesellschafter	Unproblematisch Ggf. institutionell über Markt oder Börse	Nur mit Zustimmung der Gesellschafter
Kapitalerhöhung/ Aufnahme weiterer Gesellschafter	i. d. R. formfrei, Zustimmung aller Gesellschafter					Satzungsänderung = 3/4 Mehrheit, Publizierung Eintragung ins Handelsregister

Quelle: Schmeisser et al. 2012, S. 134 f.

Da dem Gesetzgeber die Möglichkeiten der Unternehmensfinanzierungen insbesondere in den 1960er bis 1980er Jahren nicht ausreichend erschienen, hat er mit der Unternehmensbeteiligungsgesellschaft (UBG), der Investmentgesellschaft, Kapitalgesellschaft, der sogenannten Fondsgesellschaft sowie der Investmentaktiengesellschaft Unternehmensformen geschaffen, die Anlegern eine mittelbare Beteiligungsfinanzierung ermöglichen. Diese beteiligen sich an der Gesellschaft, die dann das hierdurch erlangte Kapital zur Finanzierung anderer Unternehmen einsetzt. Das geschäftliche Risiko der wirtschaftlichen Erfolgslosigkeit bzw. der Insolvenz des von der Gesellschaft finanzierten Unternehmens geht darin auf die oben genannte Gesellschaft über, wobei diese den Vorteil nutzt, durch die Zusammenfassung zahlreicher Anleger das Verlustrisiko des Einzelnen zu minimieren (Schmeisser et al. 2012, S. 133 ff.).

Wie man sehen konnte, stehen Beteiligungsfinanzierungen in unterschiedlicher Form zur Verfügung. Diese verschiedenen Formen sind in den unterschiedlichen Phasen der Unternehmensentwicklung nicht gleichartig geeignet. Zur Seed-Phase eines Unternehmens gehört die Entwicklung der Unternehmenskonzeption, des Produktkonzeptes und der Marktanalyse. Daran schließt sich die Start-Up-Phase an, die die Unternehmensgründung, den Personalaufbau, die Produktentwicklung und vieles mehr zum Gegenstand hat. In der Frühphase (Seed- und Start up-Phase) einer Unternehmensfinanzierung sollten die Eigenmittel aus dem Kreis der Unternehmensgründer fließen (Family & Friends). Da üblicherweise die Mittelaufbringung aus diesem Bereich eng begrenzt ist, sind an dieser Stelle öffentliche Fördermittel (als Eigenkapital) ein wesentliches, ergänzendes Finanzierungsinstrument. In späteren Kapiteln des vorliegenden Bandes wird noch näher auf die Fördermittelthematik eingegangen werden. In dieser Frühphase der Unternehmensentwicklung können ebenfalls bereits Risikokapitalgesellschaften als Kapitalgeber eingebunden sein. Die Finanzmittel, die Risikokapitalgesellschaften bereitstellen, werden auch als Venture Capital bezeichnet. In der Expansionsphase eines Unternehmens soll das Wachstum eines am Markt eingeführten Unternehmens finanziert werden. Zusätzliches Kapital soll dem Unternehmen, das bereits die Gewinnzone erreicht haben sollte, weiter Potenziale erschließen. In dieser Phase ist das sogenannte Venture Capital von großer Bedeutung. Das Venture Capital kann entweder direkt durch die Risikokapitalgesellschaften investiert werden oder durch zu diesem Finanzierungszweck aufgelegte Beteiligungsfonds bereitgestellt werden. Im Verlauf der Expansionsphase sollte das Unternehmen auch bonitätsstark genug für die Aufnahme von Fremdmitteln sein, die im nächsten Kapitel behandelt werden.

Die Form stiller Beteiligungen und nachrangiger Darlehen – sowie bedingt die Schaffung von Genussrechtskapital – sind einerseits für innovative Wachstumsunternehmen in einer Phase der Etablierung typisch. Diese Instrumente der Beteiligungsfinanzierung sind somit für alle Mittelstandsunternehmen wichtige Möglichkeiten, die Eigenmittel zu stärken. Die Funktion dieses Mezzanine-Kapitals ist insbesondere in Phasen niedriger Eigenkapitalquoten und begrenzter Fremdmittel von großer Bedeutung. Daher werden diese sonstigen Finanzierungsformen in Abschn. 3.2.4 noch einmal gesondert aufgelistet (Tolkmitt 2007, S. 244 f.).

3.2.3 Kreditfinanzierung

Abgesehen von Sonderformen der Finanzierung, auf die im nächsten Kapitel eingegangen wird, stellt sich zunächst einmal die Frage, ob die Finanzierung einer Investition oder eines anderen Vorhabens mit Eigenkapital, also mit eigenen Mitteln erfolgen soll, oder ob man auf Kredite zurückgreifen sollte.

Auch wenn genügend eigene Mittel vorhanden sind, kann es sinnvoll sein, nicht die gesamte Investitionssumme über eigenes Kapital zu finanzieren. Dies hat mit dem sogenannten Leverage-Effekt zutun, dessen Definition folgendermaßen lautet:

Als Leverage wird die Hebelwirkung der Finanzierungskosten des Fremdkapitals auf die Eigenkapitalverzinsung verstanden. So kann durch Einsatz von Fremdkapital die Eigenkapitalrendite einer Investition gesteigert werden. Dies trifft jedoch nur zu, wenn ein Anleger Fremdkapital zu günstigeren Konditionen aufnehmen kann, als die Investition an Gesamtrentabilität erzielt.

In dem folgenden Beispiel soll dies veranschaulicht werden. Es ist also durchaus möglich, durch den Einsatz von Fremdkapital eine höhere relative Rendite trotz Kreditzinsen zu erwirtschaften.

Beispielrechnung	Beispiel 1	Beispiel 2
Investitionssumme	100.000 €	100.000 €
Rendite auf Investition	6000 €	6000 €
Eigenkapital-Anteil	100.000 €	20.000 €
Fremdkapital-Anteil	0 €	80.000 €
Zinsen für Fremdkapital 4 %	0 €	3200 €
Rendite auf Eigenkapital absolut	6000 €	2800 €
Rendite auf Eigenkapital relativ	6 %	14 %

Quelle: Staab (2013, S. 98).

Hier hat also der Leverage-Effekt zu einer mehr als doppelt so hohen Eigenkapitalrendite geführt.

Insbesondere bei der Finanzierung größerer Projekte ist es nicht immer möglich, gleich zu Beginn das gesamte Eigenkapital über die Gesellschafter hereinzuholen. Hier empfiehlt es sich, solange das Zinsniveau es zulässt, über die Hereinnahme von Krediten die Rendite sukzessive zu erhöhen.

Als Faustformel kann gelten:

Wenn die Investition in ein neues Projekt mehr Zinsen bringt, als für das Fremdkapital zu zahlen ist, lohnt sich in den meisten Fällen eine Fremdfinanzierung.

Darüber hinaus kann eine Finanzierung über Kredit bewirken, dass die relativen Anlagekosten sinken, da ein größeres Projekt als bei reiner Eigenkapitalfinanzierung umgesetzt werden kann.

Nachteil eines höheren Fremdfinanzierungsanteils kann aber auch sein, dass aufgrund der „größeren Räder", die durch die Unternehmenstätigkeit gedreht werden, das Risiko für Ausfälle des Investitionsobjektes oder zumindest von Teilen davon steigt. Aus diesem Grund soll nachfolgend zunächst auf das Risikomanagement bei Projektfinanzierungen eingegangen werden.

Hat man sich für eine Fremdfinanzierung entschieden, handelt es sich meist um eine Projektfinanzierung, da Unternehmen meist mittels Investitionsprojekten ihren Umsatz generieren.

Je größer ein unternehmerisches Vorhaben, desto größer sind in aller Regel dessen Chancen, desto schwerwiegender aber auch die Folgen seines Scheiterns für diejenigen, die es finanziert oder sich anderweitig verpflichtet haben. Übersteigt ein Vorhaben die Finanzkraft oder Risikobereitschaft eines Unternehmens, erscheint das Vorhaben aber gleichwohl als wirtschaftlich attraktiv, so bietet es sich an, Chancen und Risiken auf mehrere Schultern zu verteilen. Gegenüber den Kapitalgebern kann dann allein das Projekt mit seinem Cashflow haften. Diese beiden zentralen Überlegungen – Cashflow-Orientierung einerseits und Risikoteilung zwischen den Projektbeteiligten andererseits – sind die zentralen Strukturelemente einer Projektfinanzierung.

Es ist das Vorhaben und dessen Cashflow, nicht aber ein bestimmtes Unternehmen, das für die Finanzierung geradesteht. Das Vorhaben muss daher ein geschlossener, in sich wirtschaftlich, technisch und rechtlich tragfähiger Kreis sein, der den Investoren eine glaubwürdige Aussicht auf eine angemessene Eigenkapitalverzinsung und den Fremdkapitalgebern ausreichende Sicherheit auf Rückführung des eingesetzten Kapitals bietet: Das Projekt sollte sich selbst tragen, sich selbst finanzieren. Dies ist die Grundidee einer Projektfinanzierung und wird auch noch einmal deutlich in der folgenden Definition:

▶ **Definition** Projektfinanzierung ist die Finanzierung eines Vorhabens, bei der ein Darlehensgeber zunächst den Fokus der Kreditwürdigkeitsprüfung auf die Cashflows des Projekts als einzige Quelle der Geldmittel, durch die die Kredite bedient werden, legt (Staab 2013, S. 97 ff.).

Im Folgenden soll noch einmal kurz auf die Grundlagen des Kreditgeschäfts insbesondere für Firmenkunden eingegangen werden.

Das Wort Kredit bezeichnet definitionsgemäß

- das Vertrauen in die Fähigkeit und Bereitschaft, Schulden ordnungsgemäß zurückzuzahlen (lateinisch credere = glauben, vertrauen),
- die befristete Überlassung von Kaufkraft,
- die als Kapital überlassenen Geldwerte.

Rechtlich gesehen ist jeder Kredit, mit dem Bar- oder Buchgeld zur Verfügung gestellt wird, ein Darlehen (Gelddarlehen). Ein Darlehen ist nach § 488 ff. Bürgerliches Gesetzbuch (BGB) die Überlassung von Geld mit der Verpflichtung des Darlehensnehmers zur Zahlung der vereinbarten Zinsen und zur vertragsgemäßen Rückzahlung des Geldbetrages. Die Zinsen sind, soweit nichts anderes vereinbart ist, jährlich am Jahresende und bei Rückzahlung des Darlehens fällig.

Kreditinstitute verwenden im Kreditgeschäft Mittel, die sie von Sparern und anderen Einlegern entgegengenommen haben und an diese Kunden zurückzahlen müssen. Sie sind den Einlegern daher in besonderem Maße verpflichtet, sowohl die Kreditfähigkeit als auch die Kreditwürdigkeit der Kreditnehmer sorgfältig zu prüfen.

Per Definition ist die Kreditfähigkeit die Fähigkeit, rechtswirksam Kreditverträge zu schließen. Kreditfähig sind natürliche Personen, die voll geschäftsfähig sind, juristische Personen des privaten und öffentlichen Rechts und Personenhandelsgesellschaften (OHG, KG).

Die Kreditwürdigkeit bezieht sich auf Personen und Unternehmen, von denen die vertragsgemäße Erfüllung der Kreditverpflichtungen erwartet werden kann. Unterschieden wird dabei in persönliche und materielle (wirtschaftliche) Kreditwürdigkeit.

Persönliche Kreditwürdigkeit ist gegeben, wenn derjenige, der für sich selbst oder sein Unternehmen einen Kredit in Anspruch nimmt, aufgrund seiner Zuverlässigkeit, seiner beruflichen und fachlichen Qualifikation sowie seiner unternehmerischen Fähigkeiten Vertrauen verdient.

Materielle Kreditwürdigkeit ist gegeben, wenn die gegenwärtigen und künftig erwarteten wirtschaftlichen Verhältnisse Zins- und Rückzahlungsleistungen als gesichert erscheinen lassen.

Die richtige Entscheidung eines Kreditengagements aus Bankensicht, insbesondere seiner Risiken, setzt die Einsichtnahme des Kreditinstituts in die wirtschaftlichen Verhältnisse des Kreditnehmers voraus. So muss sich eine Bank nach § 18 Kreditwesengesetz (KWG) die wirtschaftlichen Verhältnisse des Kreditnehmers offenlegen lassen, wenn der Kredit insgesamt 750.000 Euro oder 10 % des haftenden Eigenkapitals des Kreditinstituts übersteigt.

Die Offenlegung kann bei Firmenkunden insbesondere durch die Vorlage der Jahresabschlüsse erfolgen. Von der Offenlegung kann abgesehen werden, wenn sie aufgrund der gestellten Sicherheiten oder aufgrund der für diesen Kredit mitverpflichteten Personen offensichtlich unbegründet ist.

Von der laufenden Offenlegung kann das Kreditinstitut absehen, wenn

- der Kredit durch erstrangige Grundpfandrechte auf Wohneigentum, das vom Kreditnehmer selbst genutzt wird, gesichert ist,
- der Kredit vier Fünftel des Beleihungswertes nicht übersteigt
- und der Kreditnehmer die Zins- und Tilgungsleistungen störungsfrei erbringt.

Kreditsicherheiten können grob in folgende Oberbegriffe eingeteilt werden:

- Bürgschaft (Stellung eines Bürgen),
- Sicherungsabtretung (Sicherungszession, Abtretung von Forderungen und anderen Rechten),
- Pfandrecht (Verpfändung von Gegenständen, Forderungen und Rechten sowie Grundstücken),
- Sicherungsübereignung (Übereignung von beweglichen Sachen).

Kreditarten werden im Firmenkundengeschäft von den Banken und Sparkassen meist nach der Fristigkeit untergliedert.

a) Kurzfristige Kredite an Firmenkunden:
- Kontokorrentkredit,
- Diskontkredit,
- Akzeptkredit,
- Avalkredit.

b) Langfristige Kredite an Firmenkunden und öffentliche Haushalte:
- Investitionskredite,
- Kommunaldarlehen.

Nachfolgend sollen die aufgeführten Kreditarten im Firmenkundengeschäft näher beschrieben werden.

Bei der Kreditwürdigkeitsprüfung des **Kontokorrentkredits** werden neben einzureichenden Unterlagen, wie z. B. Steuerbescheide, Auskünfte der Kontoführung über die Umsatzentwicklung etc., Unternehmensbeurteilungen herangezogen. Im Mittelpunkt stehen Informationen zu

- Produkten und Märkten des Unternehmens,
- Planung der Unternehmensentwicklung,
- aktueller Situation des Unternehmens sowie
- Unternehmensführung.

Eine Unternehmensanalyse anhand der Jahresabschlüsse (Bilanzanalyse und Analyse der Gewinn- und Verlustrechnung) kann dabei nur einen Teil der durch die oben erwähnten Themenkomplexe aufgeworfenen Fragen beantworten. Die Unternehmensanalyse liefert gegenwartsbezogene Informationen (statische Betrachtungsweise). Darüber hinaus ist eine zukunftsbezogene Analyse erforderlich.

So soll die Unternehmensanalyse durch die Auswertung von Kennziffern Informationen zur Beurteilung der Finanz- und Erfolgslage liefern. Zusätzlich kann eine Kapitalflussrechnung, z. B. als Bewegungsbilanz oder als fondsgebundene Kapitalflussrechnung, durchgeführt werden.

Ein weiteres Instrument ist das Kreditrating bei Firmenkunden als standardisiertes Verfahren zur Beurteilung der wirtschaftlichen Fähigkeiten eines Kreditnehmers, in Zukunft seinen Zahlungsverpflichtungen termingerecht nachzukommen. Das Rating ermittelt das wahrscheinliche Gesamtrisiko eines Kreditengagements.

Im Rahmen eines Kreditratings werden verschiedene Themenkomplexe abgebildet und bewertet:

- Jahresabschlussanalyse (Bilanzanalyse),
- Mittelfristige Unternehmensplanung,

- Bilanzpolitik,
- Liquiditätsrating,
- Qualitatives Rating (Management, Unternehmensumfeld),
- Branchenrating.

Die einzelnen Bewertungsergebnisse werden zu einer Gesamtbewertung der wirtschaftlichen Bonität, dem Rating, zusammengefasst. Diese Zusammenfassung der Einzelbewertungen erfolgt mithilfe eines komplexen Rechenwerks. Das Rating wird auf einer Punkte- oder Buchstabenskala (z. B. 1–12 Punkte oder AA, A+, A, BB, B+, B, C, D) abgebildet.

Da auch die Erstellung eines externen Ratings, auch für Mittelständler, interessant sein kann, insbesondere was die Unternehmenskommunikation damit nach außen angeht, sei hier auf Abschn. 3.5 verwiesen, wo die Vorteile eines externen Ratings noch einmal aufgeführt werden.

Die Besicherung des Kontokorrentkredites erfolgt vor allem über Bürgschaften, Sicherungsabtretungen von Forderungen aus Warenlieferungen und Dienstleistungsgeschäften, Sicherungsübereignung von Maschinen, Waren und Vorräten sowie Grundschulden (Sicherungsgrundschulden).

Der **Wechselkredit** ist ein Kredit, den der Kreditnehmer durch den Verkauf von Wechseln bis zur vereinbarten Kreditgrenze in Anspruch nehmen kann. Das Kreditinstitut kauft noch nicht fällige Wechsel an und gewährt damit dem Verkäufer der Wechsel für die Zeit vom Ankaufstag bis zum Verfalltag einen Kredit. Der Verkäufer erhält den Barwert des Wechsels (Wert des Wechsels am Ankauftag) gutgeschrieben. Die Differenz zwischen dem Barwert und dem Nennwert (Wert des Wechsels am Verfalltag) ist der beim Ankauf des Wechsels abgezogene Zins für den Kredit. Er wird als Diskont bezeichnet. Die Rückzahlung des Wechselkredits erfolgt nicht durch den Kreditnehmer, sondern durch den Bezogenen, der den Wechsel bei Fälligkeit einlöst. Da Handelswechsel im Allgemeinen eine Höchstlaufzeit von drei Monaten haben, handelt es sich bei Wechselkrediten um eine kurzfristige Kreditgewährung.

Ein Kreditinstitut gewährt einen **Akzeptkredit**, indem es bis zu einer vereinbarten Kreditgrenze vom Kreditnehmer ausgestellte Wechsel akzeptiert. Durch die Akzeptierung stellt die Bank dem Kunden ihre eigene Kreditwürdigkeit zur Verfügung (Kreditleihe).

Die Akzeptkreditverträge sehen fast immer vor, dass die Akzepte von dem Akzept gebenden Kreditinstitut selbst angekauft werden. Der Ankauf durch die Akzeptbank ist eine zusätzliche Barkreditgewährung (Geldleihe).

Mit Akzeptkrediten werden vor allem kurzfristig abzuwickelnde Warengeschäfte größeren Umfangs finanziert, bei denen die Zahlungsfrist der Laufzeit der Bankakzepte entspricht, sodass die Wechsel aus dem Verkaufserlös der finanzierten Ware eingelöst werden („self-liquidating"). Der Akzeptkredit ist ein Betriebskredit.

Im Außenhandel werden Akzeptkredite zur Finanzierung von Ein- und Ausfuhrgeschäften in Anspruch genommen.

Der **Avalkredit** ist ein Kredit, den eine Bank durch Übernahme einer Bürgschaft oder Stellung einer Garantie gewährt. Das Kreditinstitut stellt keine liquiden Mittel, sondern die eigene Kreditwürdigkeit zur Verfügung (Kreditleihe).

Das Bankaval dient zur Sicherung einer Verbindlichkeit des Kreditnehmers gegenüber seinem Gläubiger.

Beispiele für Bankavale sind:

- Bürgschaft für Stundungen von Kaufgeldern,
- Bürgschaft für Stundungen von Steuern und Zöllen,
- Bürgschaft gegenüber einem anderen Kreditgeber,
- Anzahlungsgarantie,
- Lieferungs- und Leistungsgarantie,
- Gewährleistungsgarantie.

Bei den langfristigen Krediten an Firmenkunden sind die **Investitionskredite** zu nennen, die als langfristige Darlehen zur Produktionsfinanzierung dienen. Dabei können Banken Investitionskredite aus eigenen Mitteln wie auch aus fremden Mitteln geben.

Investitionskredite, die an Unternehmen vergeben werden, dienen zur Finanzierung der Herstellung oder der Beschaffung von Anlagegütern (Gebäude, Produktionsanlagen, Maschinen oder Transporteinrichtungen) und der Beschaffung von Vorräten (Vergrößerung der Vorräte).

Investitionskredite zur Anlagenfinanzierung haben eine Laufzeit von bis zu 15 Jahren. Die Laufzeit entspricht meistens dem Abschreibungszeitraum. Damit soll sichergestellt werden, dass die Tilgungen aus den Abschreibungserlösen finanziert werden. Als Sicherheiten für Investitionskredite kommen Grundschulden und Bürgschaften infrage. Kreditgarantiegemeinschaften geben Ausfallbürgschaften für langfristige Investitionskredite. Dies sind Selbsthilfeeinrichtungen der mittelständischen Wirtschaft zur Stützung von Unternehmen, die keine ausreichenden Kreditsicherheiten bieten können.

Investitionskredite für gewerbliche Bauvorhaben werden wie Realkredite für den privaten Wohnungsbau abgewickelt. Die Darlehen werden durch Eintragung von Grundschulden gesichert. Sie werden auch als standardisierte Kredite angeboten. Bei der Ermittlung des Beleihungswertes gewerblich genutzter Grundstücke gelten Wertermittlungsgrundsätze wie im privaten Wohnungsbau. Die Nachhaltigkeit der Erträge aus gewerblich genutzten Grundstücken ist aber nicht in gleicher Weise gewährleistet wie bei Wohnungsbauprojekten. Außerdem verlieren gewerblich genutzte Gebäude stärker und schneller an Wert. Diese Tatsachen müssen bei der Festsetzung der Bewirtschaftungskosten bzw. bei der Festsetzung des Kapitalisierungszinsfußes berücksichtigt werden.

Besondere Formen der gewerblichen Investitionskredite:

- standardisierte Investitionskredite (Programmkredite),
- Schuldscheindarlehen,
- nachrangige Darlehen.

Standardisierte Investitionskredite (Programmkredite) bieten die Banken für den mittel- und langfristigen Kreditbedarf der mittelständischen Wirtschaft an. Übliche Bezeichnungen sind: Gewerblicher Anschaffungskredit, Mittelstandskredit, Industriedarlehen usw.

Die Laufzeit von **standardisierten Investitionskrediten** beträgt im Allgemeinen bis zu 12 Jahre. Sie kann bei großen Investitionsfinanzierungen bis auf 20 Jahre ausgedehnt werden. Innerhalb der einzelnen Kreditprogramme legen die Banken Obergrenzen fest. Bei der Verzinsung können variable oder feste Zinssätze vereinbart werden. Die Kredite können als Annuitäten-, Abzahlungs- oder Festdarlehen in Anspruch genommen werden. Als Sicherheiten kommen die zu finanzierenden Gegenstände selbst (Sicherungsübereignung) oder der gewerbliche Grundbesitz (Grundschulden) infrage. Bei grundbuchlicher Absicherung sind die Besonderheiten bei der Beleihung gewerblich genutzter Grundstücke zu beachten.

Große Investitionskredite werden häufig als **Schuldscheindarlehen** gewährt.

Zwischen dem Kreditinstitut und dem Kreditnehmer wird ein Darlehensvertrag geschlossen, in dem die Kredithöhe (in der Regel Beträge über eine Million Euro), die Rückzahlung (in einer Summe), die Verzinsung und die Sicherheiten (in der Regel Gesamtgrundschulden) festgelegt werden. Vereinbart wird außerdem, ob die Bank die Darlehensforderung im Ganzen oder in Teilbeträgen an andere Kreditgeber abtreten kann. Die Kreditinstitute refinanzieren sich überwiegend bei Kapitalsammelstellen.

Nachrangige Darlehen sind mit einer Rangrücktrittserklärung gegenüber anderen Gläubigern versehen und werden aufgrund ihrer hybriden Formen im nächsten Kapitel vorgestellt.

Investitionskredite an Selbstständige, z. B. Ärzte, Rechtsanwälte, Notare, Wirtschaftsprüfer oder Steuerberater, sind langfristige, im Allgemeinen standardisierte Darlehen zur Finanzierung der Praxiseinrichtung (Praxisdarlehen). Sie werden als Annuitäten- oder Festdarlehen gewährt und haben eine Laufzeit von bis zu 18 Jahren.

Von den Kreditnehmern wird eine bestimmte Eigenbeteiligung an den Finanzierungsaufwendungen zur Praxiseinrichtung verlangt.

Als Sicherheiten kommen infrage: Sicherungsübereignung der Praxiseinrichtung, Abtretung der Ansprüche aus Lebensversicherungen und Bürgschaften. Bei Ärzten lassen sich die Banken die Honorarforderungen abtreten.

Investitionskredite an die Landwirtschaft: Bei der Ermittlung des Beleihungswertes landwirtschaftlich genutzter Grundstücke gelten Wertermittlungsgrundsätze wie bei der Finanzierung des privaten Wohnungsbaus. Die Banken haben auf die Besonderheiten landwirtschaftlicher Betriebe zu achten (unterschiedlicher Bodenwert, unterschiedliche Nutzungsart, Hoflage, flächenmäßige Geschlossenheit oder Zersplitterung des Betriebes, Spezialkulturen usw.). Wohn- und Wirtschaftsgebäude können bei Kleinbetrieben gesondert bewertet werden, wenn eine flächenunabhängige Verwertung möglich erscheint.

Als Sicherheiten können die zu finanzierenden Gegenstände selbst (Sicherungsübereignung) oder der landwirtschaftliche Grundbesitz (Eintragung von Grundschulden) dienen.

Weitergeleitete Kredite oder **Investitionskredite aus fremden Mitteln** sind langfristige Darlehen, die vom Bund oder den Bundesländern aus besonderen Kreditprogrammen zur Verfügung gestellt werden. Sie dienen z. B. bei konjunkturell schwacher Entwicklung der öffentlichen Förderung bestimmter Wirtschaftszweige oder bestimmter Investitionen. Außerdem sollen mit den Mitteln dieser Programme Existenzgründungen, bestimmte neue Technologien, der Umweltschutz und die Sicherung von Arbeitsplätzen gefördert werden.

Die Kreditmittel aus öffentlichen Förderungsprogrammen werden über die Banken mit Sonderaufgaben vergeben, vor allem über die Kreditanstalt für Wiederaufbau (KfW). Die Kreditanträge werden dabei über die Hausbank gestellt und die Mittel werden ebenfalls unter Einschaltung der Hausbanken ausgezahlt. Aus der Sicht der Hausbanken sind es daher weitergeleitete Kredite.

Von besonderer Bedeutung sind die Kreditmittel, die von der KfW aus dem ERP-Programm gewährt werden.

ERP-Kredite sind durchgeleitete Kredite. Die KfW gewährt die Kredite nicht unmittelbar an den Endkreditnehmer, sondern ausschließlich über Kreditinstitute, die für die von ihnen durchgeleiteten Kredite die volle Haftung übernehmen.

Der Schwerpunkt der Förderung durch ERP-Kreditmittel liegt in

- der Finanzierung bestimmter Investitionsvorhaben kleinerer und mittlerer Unternehmen der gewerblichen Wirtschaft,
- der Finanzierung von Struktur- und Anpassungsmaßnahmen,
- der Finanzierung von Umweltschutzinvestitionen (Grill und Perczynski 2006).

3.2.4 Sonstige Finanzierungsformen

Neben den in den vorherigen Kapiteln vorgestellten Finanzierungsformen über Eigenkapital und Fremdkapital gibt es noch hybride Formen, wie **Mezzanine-Finanzierungen**, **Public-Private-Partnership (PPP)** und verschiedene Versionen des **Contracting** sowie Finanzierungen über **Leasing**. Darüber hinaus gibt es **Forfaitierung** und **Factoring**.

Sind größere Vorhaben geplant oder besteht aus einem anderen Grund ein Engpass beim Eigenkapital, können **Mezzanine-Finanzierungen oder Nachrangdarlehen** das richtige Mittel sein. Dabei handelt es sich um eine Form, die Eigenschaften von Eigens- als auch Fremdkapital aufweist.

Mezzaninekapital kann eher eigenkapitalnah (equity mezzanine) oder fremdkapitalnah (debt mezzanine) ausgestaltet werden. Zu den eigenkapitalähnlichen Instrumenten zählen insbesondere atypische stille Beteiligungen und – je nach Ausgestaltung – Genussscheine. Zu den fremdkapitalähnlichen Instrumenten werden vor allem typisch stille Beteiligungen und Nachrangdarlehen gezählt.

Mezzaninkapital zeichnet sich dadurch aus, dass es sehr flexibel strukturiert werden kann. Die konkrete Ausgestaltung der Instrumente hängt von der Zielsetzung ab, die Mez-

3.2 Finanzierungslücken

zaningeber und -nehmer verfolgen. Als Motive zur Nutzung von Mezzaninkapital werden in der Literatur genannt:

- die Verbesserung des (internen und externen) Ratings des Unternehmens durch Stärkung der Eigenkapitalquote,
- die Beschaffung von Eigenkapital ohne Ausgabe von Anteilen und damit ohne Verwässerung der Anteile der Altmitglieder,
- die Optimierung der Kapitalstruktur (insbesondere unter steuerlichen Gesichtspunkten),
- eine Diversifikation des Fremdkapitals,
- ein Fremdkapitalschnitt bei Sanierungen sowie
- die Lösung von Problemen asymmetrischer oder ungleicher Informationsverteilung.

Bei der Analyse der Nutzung von Nachrangdarlehen durch Unternehmen ist folglich zunächst zu fragen, welcher Zweck damit verfolgt wird. Wenn es sich bei Unternehmen um Neugründungen handelt, die zum Teil erst vor kurzer Zeit gegründet wurden und damit zum ersten Mal Kapital eingeworben haben, kommen in erster Linie die Optimierung der Kapitalstruktur durch Nutzung steuerlicher Vorteile eine günstigere Risiko-Rendite-Relation für die Mitglieder bzw. für die Mezzaninkapitalgeber und damit eine verbesserte Position bei der Suche nach Kapitalgebern sowie die Gewinnung langfristigen Kapitals, das günstigere Charakteristika aufweist als kurz- und mittelfristig gehaltene Einlagen infrage.

Zur Bewertung aus bilanzrechtlicher, wirtschaftlicher und steuerrechtlicher Perspektive sei auf die einschlägige Literatur verwiesen, da dies den Rahmen des vorliegenden Buches sprengen würde. Außerdem sind hier für das Unternehmen spezifische Kriterien zu berücksichtigen, bei denen die Expertise eines Steuerberaters bzw. Wirtschaftsanwalts zur Erstellung der Verträge und Bilanzierung herangezogen werden sollte.

Allerdings bleibt festzustellen, dass Nachrangdarlehen als Form mezzaninen Kapitals unternehmensrechtlich zulässig und handels- wie auch steuerrechtlich als Fremdkapital zu qualifizieren sind. Sie können von den Kreditinstituten im Rahmen des internen Ratings als wirtschaftliches Eigenkapital anerkannt werden – mit positiven Effekten auf Bilanzkennzahlen, die Bonität und das Ratingergebnis. Auf diese Weise kann ein Steuervorteil genutzt werden: Die Zinszahlungen können steuerlich als Betriebsausgaben geltend gemacht werden. Nachrangdarlehen dienen damit der Optimierung der Kapitalstruktur. Zum zweiten kann durch eine längerfristige Kapitalbindung als bei Einlagen der Mitglieder eine größere Planungssicherheit erzielt werden. Dies dürfte gerade bei Projekten mit Laufzeiten von über 20 Jahren ein wichtiges Argument für den Einsatz dieses Finanzierungsinstruments sein – mehr noch als die Verringerung des Risikos für potentielle Eigenkapitalgeber.

Plant ein Unternehmen mit einer Kommune eine gemeinsame Finanzierung eines größeren Projekts, so kommen hier sogenannte **PPP-Finanzierungen** infrage.

Zunehmend kommt PPP daher auch bei Gebietskörperschaften zur Anwendung, deren Verschuldungssituation nach Auffassung der staatlichen Aufsichtsbehörden eine kreditfinanzierte Sanierung von Gebäuden oder andere Finanzierungen nicht mehr zulässt.

So könnte ein Unternehmen dafür sorgen, dass kommunale Einrichtungen mit neuen Heizsystemen ausgestattet werden, die auf erneuerbarer Basis funktionieren. Die Zuschüsse wie auch die Finanzierung könnte dann hälftig aufgeteilt werden. Die Kommune hätte den Vorteil, dass Sie, wenn das eigene Budget knapp ist, Fremdkapital sparen kann. Weiterhin bestünde der Vorteil für die Kommune, dass sie von der Expertise des Unternehmens profitieren könnte, da diese vielleicht schon die Nachbarkommune mit derlei Anlagen versorgt hat.

Eine weitere Finanzierungsmöglichkeit besteht in der Einschaltung sogenannter **Contracting**-Modelle. Hier könnten sowohl die Unternehmen wie auch die Kommunen eventuell ganz auf die Aufnahme von Fremdkapital verzichten. Da der Contractor für die Beschaffung und Installation der Energieanlage sorgt sowie die Energie daraus liefert, entstehen für die Kommune oder auch die Unternehmung Aufwendungen regelmäßiger Art, die über die Laufzeit der Anlage bei unterstellt gleicher Wärme- und Stromabnahme nahezu gleich bleiben. Die Finanzierung würde der Contractor übernehmen, der sich, da es sich um sichere Zahler handelt, recht günstig am Markt refinanzieren könnte.

Grundsätzlich handelt es sich beim Contracting um die Übertragung von Aufgaben eines Contractingnehmers auf ein Dienstleistungsunternehmen (Contractor). Das bedeutet, dass der Contractor dem Contractingnehmer bestimmte Leistungen bereitstellt. Beim Contracting gibt es verschiedene Unterarten. Allen gemein ist der Versuch, eine Anlage oder Einrichtung durch den Cashflow (Liquiditätsfluss), der sich aus dem laufenden Betrieb ergibt, zu finanzieren und dabei auch eine Rendite zu erzielen. Die einfachste Art ist das Betriebsführungscontracting, bei dem eine Genossenschaft die Betriebsführung von Anlagen übernehmen kann. Dabei kann es sich sowohl um die technische als auch um die kaufmännische Betriebsführung handeln. Beim Finanzierungscontracting beteiligt sich z. B. ein weiterer Investor neben z. B. einer Genossenschaft am Bau der Anlagen, da bspw. die Genossenschaft allein das Projekt nicht finanzieren kann. Gleichzeitig erhält der Investor eine erfolgsabhängige Zinszahlung. Wenn das Darlehen bzw. das Investment des Investors zurückgezahlt ist, geht in der Regel die Anlage in das Eigentum der Genossenschaft über. Hier wird also aus dem Betrieb der Anlage sowohl das Darlehen bzw. das Investment getilgt als auch eine Rendite darüber hinaus erwirtschaftet. Noch deutlicher wird dieses Vorgehen beim sogenannten Anlagencontracting. Hier kann z. B. eine Genossenschaft grundsätzlich als Contractor auftreten, der eine Anlage für den Contractingnehmer baut und betreibt. So kann z. B. eine Genossenschaft einen Heizkessel für eine Schule betreiben und der durch den Heizkessel erzielte Cashflow dient der Refinanzierung der Anlage sowie der Erzielung einer bestimmten Rendite. Die Genossenschaft bleibt durchweg Eigentümer der Anlage. Beim Einsparcontracting kommt ein weiterer Aspekt hinzu. Hier wird nicht mehr nur die Anlage betrieben, sondern auch ein Einspareffekt erzielt. So kann eine Genossenschaft wiederum als Contractor auftreten und z. B. für einen Supermarkt die Umrüstung der Beleuchtung von Leuchtstoffröhren auf LED- bzw. SMD-Lampen übernehmen. Ebenso wird der Strombezug für die Beleuchtung durch die Genossenschaft mitverwaltet. Durch die Umrüstung der Beleuchtung ergeben sich grundsätzliche Einspareffekte. Diese Einspareffekte werden nur zum Teil an den Endkunden, den Supermarktbetreiber, weitergegeben. Der andere Teil dient der Refinanzierung der Leuchtstoffröhren und der Erzielung einer Rendite. Ein weiterer Aspekt kann hier hinzutreten, der allerdings etwas abhängig vom genauen Betriebszweck der Genossenschaft ist. So kann die Genossenschaft unter Umständen auch noch eine Steueroptimierung durchführen, indem dem Supermarkt statt Strom Licht als Dienstleistung seitens der Genossenschaft angeboten wird. Dadurch kann die Genossenschaft in den Genuss gewisser Steuerminderungen über den Zoll kommen, sie kauft zwar Strom ein (oder erzeugt diesen selbst), verkauft aber keinen Strom, sondern Licht. Ähnlich kann dies z. B. für Strom und Wärme gelten.

Eine weitere alternative Form der Finanzierung – gerade in Zeiten strengerer Kreditvergabe der Banken sowie großer Unsicherheit durch die Eurokrise – ist **Leasing**. Leasing hilft Betrieben, öffentlichen Trägern und auch Genossenschaften, Liquidität und somit Investitionsspielräume zu erhalten. Die Finanzierung hat positive Auswirkungen auf die Bonität und das Rating bei den Banken. Zudem winkt ein Steuervorteil: Die Leasingraten können als Betriebsausgaben geltend gemacht werden. So brachte das Jahr 2011 der Leasingbranche 46 Milliarden Euro Neugeschäft ein. Im Geschäft mit der Energiefinanzierung sehen die Gesellschaften eine große Wachstumschance. Da regionale Versorger und Stadtwerke bundesweit massiv in diverse Energieanlagen und Netze investieren und bei vielen aber jetzt schon bilanzieller Notstand herrscht, ist Leasing eine gute Finanzierungsalternative. Neben alternativen Stromquellen steht auch das Thema Energieeffizienz im Fokus. Energieeffiziente Technologien können bei Gebäuden und Produktionsanlagen in den Bereichen Heizung und Kühlung, Beleuchtung und Lüftung sowie bei Druckluft und Kraft-Wärme-Kopplung massiv Kosten sparen. So bieten viele Leasinggesellschaften Kapital für die Finanzierung von Investitionen in energieeffiziente Technologien an.

Kommt Leasing bei der Finanzierung einer Stromanlage aus erneuerbaren Quellen wie Wind und Sonne oder Biomasse zum Einsatz, wird das Modell ganz auf die staatlich garantierte Einspeisevergütung ausgerichtet. Der Investor oder Leasingnehmer erhält für die Einspeisung eine Vergütung, die er wiederum zur Reduzierung der Energiekosten verwenden kann. Massiv investiert wurde in der Vergangenheit bundesweit mit allein 15 Milliarden Euro in Photovoltaik. So kann für viele privaten Haushalte, Bürgerinitiativen, kleine und mittelständische Betriebe wie auch Energiegenossenschaften Leasing als Finanzierungsform grundsätzlich interessant sein (Staab 2013, S. 114 ff.).

Bei der **Forfaitierung** handelt es sich vom Wesen her um den Ankauf von Buch- oder Wechselforderungen durch einen Forfaiteur (Forderungskäufer), in der Regel durch die Vermittlung einer Bank.

Dabei wird bei Ausfall der Forderungen auf einen Rückgriff gegen den Forderungsverkäufer (Forfaitist) verzichtet (dabei sind auch wirtschaftliche und politische Risiken eingeschlossen).

Anwendungsbereich für Forfaitierung ist insbesondere der Forderungsverkauf von Forderungen aus Exportgeschäften. Als Grundlage gilt ein Kaufvertrag zwischen dem Forfaitist und dem Forfaiteur.

Der Vorteil für das verkaufende Unternehmen liegt in der Erhöhung der Liquidität, da das Zahlungsziel nicht abgewartet werden muss. Ein weiterer Vorteil liegt in der Abgabe des Risikos von Forderungsausfällen, die Bilanz wird verkürzt und als besonderes Finanzierungsmittel werden möglicherweise Exporttätigkeiten gefördert.

Die Konditionen für diese Geschäftsform liegen abhängig von der Bonität der Beteiligten, der Währung, der Laufzeit und der Lage auf den Geld- und Kapitalmärkten in der Regel bei einem Zinsabschlag von 8 bis 13 %.

Schließlich geht es beim **Factoring** um den Ankauf meist kurzfristiger Forderungen durch eine Factoring-Gesellschaft (= selbstständiges Unternehmen, das von Kreditinstituten und Industrie- sowie anderen Unternehmen gegründet und getragen wird).

Grundsätzlich wird die Übernahme des vollen Risikos für den Forderungsausfall durch den Käufer übernommen. Außerdem werden nicht einzelne, sondern jeweils alle Forderungen aus Waren- und Dienstleistungsgeschäften eines Unternehmens übernommen.

Zugehörige Dienstleistungsaufgaben wie die Rechnungsausfertigung, Buchhaltung, Einzug der Forderungen sowie das Mahn- und Klagewesen werden ebenfalls übernommen.

Das Resultat für den Verkäufer der Forderungen liegt auf der Hand: die Erhöhung der Liquidität bei Abgabe des Risikos, außerdem die Erhöhung der Umlaufgeschwindigkeit des Kapitals, eine höhere Rentabilität und die Ermöglichung einer besseren Finanzplanung. Darüber hinaus werden Verwaltungsaufgaben eingespart und Aufwendungen wie Buchhaltung und Mahnwesen etc. werden damit überflüssig.

Ein Nachteil dieser Finanzierungsform liegt darin, dass es immer mehr Unternehmen gibt, die die Abtretung der gegen sie gerichteten Forderungen in ihren Geschäfts- bzw. Auftragsbedingungen ausschließen.

Es existieren drei Arten von Factoring:

- Offenes Factoring: Verkauf und Forderungsabtretung werden dem Schuldner mitgeteilt, dieser kann schuldbefreiend nur an die Factoring-Gesellschaft zahlen,
- Stilles Factoring: wie oben nur ohne Mitteilung an den Schuldner,
- Echtes Factoring: volle Risikoübernahme durch den Käufer (daneben gibt es das unechte Factoring mit Rückgriffsmöglichkeit gegen den Verkäufer, das praktisch jedoch lediglich die Durchführung der Verwaltungsarbeit für Forderungen durch einen Dritten unter Bevorschussung der Forderungsbeträge darstellt).

Bei den Konditionen ist es üblich, dass es eine Zahlung auf die Forderungen bis 90 % gibt, der Rest dient als Sicherheit für Mängelrügen, Skonti usw. Die Zinsen sind den Kontokorrentkonditionen angenähert und es wird eine Dienstleistungsgebühr, die abhängig vom Umsatz ist, erhoben (0,5–4 %) (Lippe et al. 2001, S. 990 ff.).

3.3 Unzureichendes Debitorenmanagement

Die häufigsten Fehler im Debitorenmanagement stehen im Zusammenhang mit zu kurzfristig angelegter Finanzierung und unzureichender Abstimmung der Finanzierungsfristen.

In den folgenden Unterkapiteln soll insbesondere die aktuelle Situation in Deutschland berücksichtigt werden, die zeigt, dass heute mehr denn je Risiken mit der Vergabe von Lieferantenkrediten verbunden sind. Oft kommt es zu Zielüberschreitungen, zu Forderungsausfällen und hierdurch zu einer Illiquidität, die zu einer Gefährdung des Fortbestandes eines Unternehmens bis hin zur Insolvenz desselben führen kann.

3.3.1 Einführung ins Forderungs- und Liquiditätsmanagement

Unter dem Begriff Forderungsmanagement, auch Kreditmanagement und Konditionenmanagement genannt, sind alle Maßnahmen zusammengefasst, die sich mit der Bearbeitung, Absicherung und Realisierung von Forderungen befassen. Ziel ist es, Forderungsausfälle so gering wie möglich zu halten und die notwendige Liquidität des Unternehmens jederzeit zu wahren, eine Verbesserung der Bonität zu bewirken und damit schließlich aktiv zur Existenzsicherung des Unternehmens beizutragen.

Das Forderungsmanagement wird dem Rechnungswesen untergeordnet und oftmals ausgelagert (Outsourcing). So werden bspw. spezialisierte Inkassounternehmen zum Eintreiben von offenen Rechnungen beauftragt.

Zudem leistet das Forderungsmanagement auch im Hinblick auf die eigenen Refinanzierungsbedingungen einen nicht unerheblichen Beitrag. So kann man durch eine positive Beeinflussung des Geschäftsrisikos eine niedrigere Risikoklasse beim Rating erreichen und damit günstigeres Kapital bei seinem Kreditinstitut erhalten. Forderungsausfälle wirken sich hingegen negativ auf das Rating aus.

Ein „gelebtes" Forderungsmanagement hilft durch den Einsatz geeigneter Maßnahmen, wie z. B. einer Kreditversicherung oder der Nutzung von Akkreditiven dabei, Risiken zu minimieren und damit Kosten zu sparen.

Das Gesetz zur Kontrolle und Transparenz im Unternehmensbereich (KonTraG) hat einschneidende Veränderungen für die Unternehmensführung gebracht. Hiernach soll unter anderem nach § 91 Abs. 2 Aktiengesetz (AktG) das Risikomanagement Maßnahmen beinhalten, durch die Entwicklungen, die den Fortbestand der Gesellschaft gefährden, früh erkannt werden. Auf die GmbH und andere Rechtsformen hat diese Vorschrift nach dem Willen des Gesetzgebers eine Ausstrahlungswirkung. Ein gewissenhafter Geschäftsleiter wird dementsprechend ein solches Risikomanagementsystem installieren.

Zu einem guten Risikomanagementsystem gehört auch das Forderungsmanagement, das die Analyse und Minimierung der Risiken, die mit der Vergabe von Lieferantenkrediten verbunden sind, unterstützt.

Die Organisation des Forderungsmanagements lässt sich in vier Bestandteile unterteilen:

1. Bonitätsprüfung (präventive Maßnahme vor Aufnahme einer Geschäftsbeziehung – siehe Kapitel „Bonitätsprüfung"),
2. Vertragsgestaltung (Zahlungsmodalitäten, Konditionen, Sicherheiten etc.),
3. OPOS-Buchhaltung (Verwaltung und Kontrolle der Forderungen aus Lieferungen und Leistungen – siehe Kapitel „Debitorenüberwachung"),
4. Mahnwesen/Inkasso (Einzug von Forderungen – siehe Kapitel „Erfolgreiches Mahnen – außergerichtliches und gerichtliches Mahnverfahren").

Mangelnde Liquidität kann, wie bereits im Vorfeld angedeutet, zur Zahlungsunfähigkeit des Unternehmens führen. Um dies zu vermeiden, sollte als Ergänzung zum Forderungsmanagement im Unternehmen ein Liquiditätsmanagement installiert werden.

Unter Liquiditätsmanagement (Cashmanagement) versteht man alle Maßnahmen der kurzfristigen Finanzdisposition im Unternehmen. Konkret bedeutet dies: Es umfasst sämtliche Aufgaben und Maßnahmen, die zur Sicherung der Liquidität und zum Erreichen höchster Effizienz im Zahlungsverkehr durchgeführt werden.

Das Cashmanagement geht dabei über eine reine „Finanzverwaltung" hinaus. Sein Ziel ist, die Zahlungsfähigkeit des Unternehmens durch eine aktive, zielorientierte Liquiditätssteuerung sicherzustellen und aufrechtzuerhalten.

Eine weitere Zielsetzung ist es, eine definierte Rentabilität der eingesetzten Mittel zu erreichen. Abgeleitet von der Kernaufgabe der Liquiditätsdisposition gehört es gleichfalls zu den Aufgaben des Cashmanagements, für eine optimale Anbindung von Bankkonten zu sorgen, das heißt, es wird eine optimale Liquidität sichergestellt, indem die verfügbare Liquidität auf diesen Konten auf einem zentralen Konto konzentriert wird bzw. Liquiditätsunterdeckungen auf diesen Konten ausgeglichen werden.

Bezogen auf das internationale Cashmanagement werden vier zentrale Aufgabengebiete des Liquiditätsmanagements unterschieden:

1. Liquiditätsplanung,
2. Disposition liquider Mittel,
3. Gestaltung der Zahlungsströme,
4. Währungsrisikomanagement.

Ein Liquiditätsmanagement ist in der heutigen Zeit nicht nur international agierenden Unternehmen vorbehalten. Es sollte auch in mittelständischen Unternehmen installiert sein (Urban 2012, S. 251 ff.).

3.3.2 Weshalb ein Forderungs- und Liquiditätsmanagement gebraucht wird

Unternehmen gewähren ihren Kunden auf erbrachte Lieferungen und Leistungen in der Regel kurzfristige Kredite, indem sie Valutafristen und/oder Zahlungsziele einräumen. Das **Forderungsmanagement** leitet, gewährt und verwaltet diese Kredite. Das Kredit- oder Forderungsmanagement zielt dabei darauf ab, den Fortbestand des Unternehmens zu sichern, indem es Forderungsausfälle so gering wie möglich hält und die notwendige Liquidität des Unternehmens jederzeit wahrt.

Im frühen Forderungsmanagement finden alle Aktivitäten statt, die das Risiko eines Forderungsausfalls bei einem potenziellen Debitor schon während der Geschäftsanbahnung bzw. zum Zeitpunkt des Geschäftsabschlusses reduzieren. Zu diesen Aktivitäten zählt man den Einsatz von Bonitäts-Informations-Systemen und Scorekarten, die externe und eigene Erfahrungen automatisiert verfügbar machen. Der Forderungsmanager hat einen exzellenten Marktüberblick und kann bei der Optimierung der Systeme beraten.

Werden Zahlungsziele eingeräumt, ist das späte Forderungsmanagement dafür verantwortlich, Kredite zu leiten, zu gewähren und zu verwalten, damit die notwendige Liquidität des Unternehmens jederzeit erhalten bleibt.

Jedes Unternehmen, das seinen Kunden Lieferantenkredite einräumt, muss erfahrungsgemäß mehrere Maßnahmen durchführen und hat auf vielfältige Aspekte zu achten, damit die Forderungen von den Kunden vereinbarungsgemäß beglichen und damit auch tatsächlich zu Umsatz werden.

Zu den wichtigsten Bereichen des Forderungsmanagements gehören:

- ordnungsgemäße und zeitnahe Fakturierung (Rechnungsstellung),
- Informationen über die aktuellen Ausfallrisiken im Markt (branchen- und regionenabhängig) einzuholen und die Bonität von bestehenden und potenziellen Kunden zu prüfen, z. B. mittels Auskunfteien, Bankberichten, Bilanzanalysen, Außendiensthinweisen etc.,
- Festlegung angemessener Kreditsummen (Kreditlimite und Zahlungskonditionen),
- Mahnwesen (Mahnung, Mahnverfahren etc.) und Inkasso,
- Risikoreduzierung durch Vereinbarung von Sicherheiten oder Kreditversicherung,
- ständige Überwachung der Zahlweise und eventueller negativer Entwicklungen bei Kunden,
- Gestaltung risikomindernder Vertragskonditionen, insbesondere der Zahlungskonditionen und Zahlungsformen wie Abschlagszahlungen, Vorkasse oder Einzugsermächtigung,
- Zusammenarbeit mit spezialisierten Dienstleistungsunternehmen zur Begrenzung der Ausfallrisiken durch eine Kreditversicherung oder durch Factoring.

Zu einem erfolgreichen Forderungsmanagement gehört aber auch der effiziente Kontakt mit dem Vertriebsbereich. Insbesondere gilt dies im Zusammenhang mit der Abstimmung der Zahlungskonditionen, der einzuräumenden Kreditlimite und auch der aktuellen Bonitätsbeurteilung von bestehenden oder potenziellen Kunden.

Die Liquidität lässt sich mit einem dauerhaften **Liquiditätsmanagement** verbessern.

Mit Kontokorrentkrediten lassen sich zwar finanzielle Engpässe überbrücken. Auf die Dauer werden sie aber zu einer sehr kostspieligen Lösung. Besser ist es daher, die Liquidität gezielt durch ein optimales Liquiditätsmanagement zu steuern. Wer rechtzeitig erkennt, wann wie viel liquide Mittel benötigt werden und dann Zahlungsein- und -ausgänge vorausschauend abwägt, kann Engpässen vorbeugen, Zinsaufwendungen einsparen und unter Umständen auch eine drohende Insolvenz abwenden.

Das Liquiditätsmanagement bewegt sich in einem Spannungsfeld:

- Auf der einen Seite muss zu jedem Zeitpunkt die tagesgenaue Zahlungsfähigkeit sichergestellt werden.
- Auf der anderen Seite muss der Zahlungsverkehr wirtschaftlich sein, unnötige Zinsbelastungen oder Zinsverluste müssen vermieden und Zinserträge bei kurzfristig freien Geldern erwirtschaftet werden.

Mit der Liquiditätsplanung steht und fällt das Liquiditätsmanagement. Weitere Informationen hierzu sind in Abschn. 3.3.6 beschrieben (Urban 2012, S. 253 ff.).

3.3.3 Bonitätsprüfung und Rechnungsstellung

Die **Bonitätsprüfung** gliedert sich in drei Phasen:

1. Informationsbeschaffung,
2. Risikoanalyse,
3. Risikosteuerung/Risikoabsicherung.

Bei der Bonitätsprüfung werden wirtschaftliche Risiken potenzieller und gegenwärtiger Geschäftspartner analysiert. Bei der anschließenden Vertragsgestaltung geht es dann darum, die entstehenden Forderungen realisieren zu können bzw. abzusichern. Die Ergebnisse der Bonitätsprüfung beeinflussen hier, neben den internen Sicherungsmaßnahmen, wie bspw. Kreditlimit- und Warenkreditversicherung, auch die weitere Vertragsgestaltung (Zahlungsvereinbarungen, Vertragsklauseln, wie z. B. Mahnkostenpauschale, Verzugszinsklausel, Gerichtsstand, auch Sicherheitenstellung).

Für die Informationsbeschaffung sind eine Reihe von Quellen denkbar. Die wichtigste Datenquelle stellen Wirtschaftsauskunfteien dar. Diese bieten gegen Entgelt Informationen über finanzielle Verhältnisse von natürlichen und juristischen Personen und Personengesellschaften an. Vielfach erstellen die Auskunfteien auch zusätzlich eine Risikoanalyse.

Bedeutende Auskunfteien in Deutschland, die häufig auch regional organisiert sind, sind u. a. der Verband der Vereine Creditreform e. V. und die Dun & Bradstreet Deutsch-

3.3 Unzureichendes Debitorenmanagement

land GmbH. Eine andere Informationsquelle sind die sogenannten Schuldnerverzeichnisse. Die bekannteste Institution ist die SCHUFA („Schutzgemeinschaft für allgemeine Kreditsicherung"): Diese ist eine Gemeinschaftseinrichtung der kreditgebenden deutschen Wirtschaft.

Aber auch Gerichte führen Schuldnerverzeichnisse, welche Auskunft über abgegebene eidesstattliche Versicherungen geben oder aufzeigen, ob ein Insolvenzverfahren bei einem Unternehmen gegeben ist.

Weitere Informationsquellen ergeben sich aus dem Elektronischen Bundesanzeiger bzw. Unternehmensregister bzw. Handelsregister (www.handelsregisterauszug-online.de, www.handelsregister.de) oder über sogenannte Adressermittler (z. B. Firma Supercheck). Auch Veröffentlichungen des potenziellen Geschäftspartners, z. B. im Internet, Erfahrungen der Außendienstmitarbeiter, interne Daten aus dem Rechnungswesen und gegebenenfalls Bankauskünfte stellen weitere Möglichkeiten der Informationsbeschaffung dar.

Nach der Auswertung der gewonnenen Informationen wird der sogenannte Bonitätsindex errechnet. Die Auskunftei Creditreform wählt als Bonitätsindex z. B. eine dreistellige Nummer, welche die Einschätzung des Bonitätsrisikos wiedergibt. Je höher der Wert des Indexes ist, desto höher ist das Ausfallrisiko des Kunden.

Anhand des Bonitätsindexes erfolgt eine Einteilung in sieben Risikoklassen. Die Risikoklasse spielt dann bei der zukünftigen Entscheidung über einen Lieferantenkredit eine maßgebende Rolle.

In Anlehnung an diese Einteilung könnte man im Unternehmen ein vergleichbares System installieren. Man kann dann individuell entscheiden, wie viele Risikoklassen angemessen sind, wie die Einteilung erfolgt und ab welcher Klasse es zu welchen Sicherungsmaßnahmen oder sogar zu einer Liefersperre kommt.

Demzufolge hängt es von der zuvor getätigten Risikoanalyse ab, ob überhaupt bzw. in welcher Intensität man mit dem überprüften Geschäftspartner eine Geschäftsbeziehung eingehen sollte.

Zudem kann man interne Kreditlimite vergeben, d. h., es wird ein Rahmen festgelegt, bis zu welcher Höhe die Außenstände einzelner Kunden noch akzeptiert werden. Dies kann man bei den Stammdaten in der Buchhaltung bzw. Warenwirtschaft hinterlegen. Bei einer Überschreitung des festgelegten Limits sollte das Kundenkonto automatisch für weitere Aufträge gesperrt werden. Weiterhin ist es nötig, dass vor jeder Auftragsfreigabe die Einhaltung des Kreditlimits überprüft wird.

Das Kreditlimit ist dabei nur eine Form der Risikosteuerung. Wenn die Kundenbonität nicht ausreicht oder sich verschlechtert, können weitere Maßnahmen angezeigt sein.

Eine Liefersperre kann auch dann beschlossen werden, wenn der Kunde, unabhängig von seinem Kreditlimit, seinen Zahlungsverpflichtungen aus früheren Geschäften nicht nachgekommen ist oder sie nicht fristgerecht erfüllt hat. Hier bietet sich dann an, nur noch bei Vorkasse Lieferungen zuzulassen, was ebenfalls in den Stammdaten zu hinterlegen ist.

Um sich gegen Risiken abzusichern, können folgende Maßnahmen durchgeführt werden:

- Abschluss einer Warenkreditversicherung zum Schutz vor einem Ausfall kurzfristiger Forderungen aus erbrachten und abgenommenen Warenlieferungen und Dienstleistungen gegen gewerbliche Kunden,
- Lieferung auf Akkreditivbasis, bei der sich eine Bank verpflichtet hat, unter Vorlage eindeutig definierter Dokumente einen im Voraus festgelegten Geldbetrag an das Unternehmen als Begünstigten zu zahlen,
- Anwendung von Factoring (siehe Abschn. 3.3.4).

Ist der Rechnungsstellungsprozess effizient organisiert, kann der Zeitraum bis zum Zahlungseingang verkürzt werden. Demzufolge sollte man, sobald die vereinbarte Leistung erbracht wurde, dem Kunden die Forderung unverzüglich in Rechnung stellen. Eine verspätete Rechnungsstellung (Fakturierung) beeinträchtigt nicht nur die Liquidität, sie wird von machen Kunden auch nicht gerne gesehen.

Besonders wichtig ist es, eindeutige Zahlungsbedingungen zu formulieren, sofern sie nicht bereits in den Allgemeinen Geschäftsbedingungen (AGB) oder im Vertrag festgelegt sind, insbesondere hinsichtlich der Fälligkeit der Forderung. Hier empfiehlt sich immer, ein Fixdatum anzugeben. Zumindest sollte die Zahlungsfrist bestimmbar sein, z. B. „fällig 10 Tage nach Rechnungserhalt".

Dies hat den Vorteil, dass der Kunde auch ohne Mahnung in Verzug gerät, wenn er nicht bezahlt (§§ 286 ff., 323 BGB).

Demzufolge sollte die Rechnungsbearbeitung bereits bei Lieferfreigabe angestoßen werden. Häufig erfolgt dies automatisch systemgesteuert. Selbstverständlich sollte die Rechnung für den Kunden klar verständlich sein und es sollte aus ihr hervorgehen, für welche Leistung welche Zahlung zu erfolgen hat. Der Versand der Rechnung kann entweder per Post, Telefax oder elektronisch erfolgen. Der elektronische Versand (E-Rechnung) bietet den Vorteil, dass er schneller und günstiger (auch umweltfreundlicher) ist.

Zu einer korrekten Rechnung gehört aber auch, dass die Rechnung detaillierte Angaben enthält: Eine Rechnung oder auch Faktura ist ein Dokument, das eine detaillierte Aufstellung über eine Geldforderung für eine Lieferung und sonstige Leistung enthalten muss. Sie sollte insbesondere Angaben über die Leistung (Art, Menge, Leistungszeitpunkt und Preis), die Zahlungsmodalitäten (Zahlungsbedingungen und Bankverbindung), den Aussteller (Firma, Adresse, Steuernummer bzw. USt-ID-Nummer) sowie eine Kunden- und eine fortlaufende Rechnungsnummer enthalten.

Eine Gutschrift unterscheidet sich von einer Rechnung dadurch, dass nicht der Leistende, sondern der Leistungsempfänger über die Leistung abrechnet (§ 14 Abs. 2 S. 2 UStG). Der Leistungsempfänger kann mit der Ausstellung einer Gutschrift auch einen Dritten beauftragen, der im Namen und für Rechnung des Leistungsempfängers abrechnet (§ 14 Abs. 2 S. 4 UStG).

Die am Leistungsaustausch Beteiligten können frei vereinbaren, ob der leistende Unternehmer oder der in § 14 Abs. 2 S. 1 Nr. 2 UStG bezeichnete Leistungsempfänger abrechnet. Die Vereinbarung hierüber muss vor der Abrechnung getroffen sein und kann sich aus Verträgen oder sonstigen Geschäftsunterlagen ergeben. Sie ist an keine besondere Form gebunden und kann auch mündlich getroffen werden. Voraussetzung für die Wirksamkeit einer Gutschrift ist aber, dass sie dem leistenden Unternehmer übermittelt worden ist und dieser dem ihm zugeleiteten Dokument nicht widerspricht (§ 14 Abs. 2 S. 3 UStG). Mit dem Widerspruch verliert die Gutschrift die Wirkung als Rechnung. Im Übrigen muss die Gutschrift die Rechnungspflichtangaben enthalten.

Die folgenden Abschnitte beschäftigen sich mit den umsatzsteuerlichen Aspekten.

Im Umsatzsteuerrecht ist die Rechnung der wichtigste Nachweis, um sowohl für den leistenden Unternehmer wie auch für den Leistungsempfänger die wesentlichen Daten für einen Umsatz zu dokumentieren.

Für den Leistungsempfänger ist eine ordnungsgemäße Rechnung die Voraussetzung dafür, dass er die dort aufgeführte Umsatzsteuer auch tatsächlich als Vorsteuer nach § 15 UStG abziehen kann. Erfüllt eine Rechnung auch nur eines der gesetzlichen Kriterien nicht, kann der Leistungsempfänger die in der Rechnung ausgewiesene Umsatzsteuer nicht als Vorsteuer abziehen.

Weist ein Unternehmer in einer Rechnung einen zu hohen Steuerbetrag aus, schuldet er diesen Steuerbetrag. Der Leistungsempfänger kann aber nur den gesetzlich geschuldeten Steuerbetrag für den Umsatz als Vorsteuer abziehen. Sowohl der leistende Unternehmer, insbesondere aber auch der Leistungsempfänger müssen deshalb jede Rechnung auf inhaltliche Richtigkeit überprüfen, um finanziellen Schaden abzuwenden (Urban 2012, S. 255 ff.).

3.3.4 Factoring und Debitorenüberwachung

Die eigentliche Aufgabe eines Unternehmens ist die Leistungserstellung bzw. die Dienstleistung und nicht die Finanzierung der Kunden durch bestehende Außenstände.

Diese Aufgabe übernehmen daher besondere Dienstleistungsunternehmen, die Factoringgesellschaften oder -banken. Die Forderungen werden an die Factoringgesellschaft verkauft, wie bereits im Abschn. 3.2.4 dargestellt worden ist. Auf das weitere Prozedere soll daher hier nicht eingegangen werden.

Eine wesentliche Aufgabe im Rahmen der Debitorenbuchhaltung ist die Kontrolle der offenen Posten. Dies geschieht durch die **Debitorenüberwachung** (Schuldnerüberwachung). Dazu gehört auch, zu überwachen, ob die Zahlungskonditionen eingehalten werden.

Der Debitorenbuchhalter sollte aus dem Zahlungsverhalten der Kunden Anhaltspunkte gewinnen, aus denen er auf deren wirtschaftliche Situation schließen kann. Anhaltende Zahlungsverzögerungen und die Zahlung zu niedriger Beträge durch ungerechtfertigten Skontoabzug können ebenso Anzeichen für eine Liquiditätsverschlechterung des Kunden sein wie der Widerruf einer bestehenden Einzugsermächtigung oder die Vornahme von Rücklastschriften.

Debitorenbuchhalter müssen Erkenntnisse über eine verschlechterte wirtschaftliche Situation des Kunden umgehend den Entscheidungsträgern in Vertrieb, Qualitätsprüfung und Mahnwesen zukommen lassen. Auch die Kontrolle, ob die kundenindividuellen Kreditlimits eingehalten werden, fällt in ihren Aufgabenbereich. Ein Überschreiten festgelegter Limite führt zu geeigneten Maßnahmen wie Liefersperren.

Zusätzlich bieten Kennziffern Rückschlüsse über die Effizienz des Forderungsmanagements im eigenen Unternehmen. Eine Kennziffer, die sich im Unternehmensalltag immer stärker durchsetzt, ist das sogenannte Days Sales Outstanding (DSO). Mit dieser Kennziffer kann die Entwicklung der Außenstände für einen bestimmten Abrechnungszeitraum dargestellt werden. Weitere Informationen dazu gibt es in Abschn. 3.3.6.

Sofern sich eine Verschlechterung der wirtschaftlichen Situation des Kunden abzeichnet, ist, wie bereits ausgeführt, umgehend eine Meldung von der Debitorenbuchhaltung an das Mahn- bzw. Inkassowesen erforderlich, damit Außenstände schnell eingebracht und die Kreditfinanzierungskosten für das Unternehmen minimiert werden.

Erste Voraussetzung zum Abbau der Forderungen (Außenstände) ist die genaue Kenntnis über Art und Höhe der jeweiligen Debitoren-Einzelposten.

Jeder Einzelposten ist, sortiert nach dem einzelnen Kunden, seiner Höhe und dem Entstehungstag, zu ermitteln. Diese Aufstellung kann durch weitere Daten ergänzt werden, z. B. Zahlungsziele, Sicherungsmittel usw. In kleineren Unternehmen wird diese Ermittlung vielfach noch manuell vorgenommen, immer häufiger jedoch – vor allem in mittleren und großen Unternehmen – mithilfe der Datenverarbeitung. Bei der Auswahl der Finanzbuchführungsprogramme ist daher unbedingt darauf zu achten, dass die Möglichkeit vorhanden ist, Debitoren auszuwerten (sowohl als Bildschirmauskunft wie als Listenausdruck).

Ist die Zusammensetzung der Debitoren bekannt, gilt es auf die Höhe und Dauer der Kundenforderungen Einfluss zu nehmen.

Hierzu gibt es verschiedene Möglichkeiten: Die Vereinbarung der Zahlungsbedingungen durch Zahlung bei Auftragsvergabe oder Vorauszahlung bzw. Teilzahlung im Voraus ist bspw. bereits eine Form der Einflussnahme. Wenn ein Zahlungsziel eingeräumt wird, entstehen hierfür Finanzierungskosten, die vom Unternehmen in den Angebotspreis einzurechnen sind.

In der täglichen Praxis vieler Unternehmen wird dies aber nur selten ausreichend berücksichtigt. Der Kunde wird ein gegebenes Zahlungsziel ausschöpfen, es sei denn, man bietet ihm einen Anreiz zur vorzeitigen Zahlung. Dies geschieht regelmäßig durch die Gewährung von Skonti. Daher sollte das Unternehmen bei Auftragsverhandlungen statt Nachlässen immer Skonti anbieten. Allerdings sollte dann bei verspäteter Zahlung des Kunden der Skontoeinbehalt auch nicht akzeptiert werden.

Beeinflussen kann man die Höhe der Außenstände auch, indem eine Zahlung vor bzw. bei Übergabe der Leistung vereinbart wird. Sollte anhand des Zahlungsverhaltens ersichtlich werden, dass sich die wirtschaftliche Situation des Kunden verschlechtert hat, haben Debitorenbuchhalter umgehend eine Meldung an das Mahn- bzw. Inkassowesen vorzunehmen, damit die Außenstände schnell eingebracht und die Kreditfinanzierungskosten für das Unternehmen minimiert werden.

Die erste und wichtigste Voraussetzung eines optimal organisierten betrieblichen Mahnwesens ist die systematische Überwachung der Außenstände. Geeigneter Zeitpunkt für die Debitorenüberwachung, und zwar sowohl für die Überprüfung des Zahlungseingangs als auch für den Versand neuer Mahnschreiben, ist die Wochenmitte.

Wird EDV eingesetzt, ist dies i. d. R. kein Problem. Hier muss allenfalls darauf geachtet werden, dass die verwendete Software Listen erstellt, in der überfällige Forderungen automatisch in einer Mahnvorschlagsliste ausgegeben werden.

Eine Mahnvorschlagsliste ist notwendig, damit vor Erstellung der einzelnen Mahnungen nochmals eine Kontrolle durchgeführt werden kann und unberechtigte Mahnungen auf jeden Fall unterbleiben. Man kann zwar auch bei automatischer Erstellung von Mahnungen vor dem Versand eine Kontrolle durchführen. Sinnvoller und sicherer jedoch ist, dass unberechtigte Mahnungen erst gar nicht erstellt werden.

Das Mahn- bzw. Inkassowesen beschäftigt sich letztlich mit der Einbringung fälliger Forderungen, also der Umwandlung der Außenstände in Barliquidität und der Begrenzung der Forderungsausfälle. Das Mahn- bzw. Inkassowesen als solches lässt sich in das außergerichtliche Mahnen sowie das gerichtliche Mahnverfahren unterteilen (siehe dazu Abschn. 3.3.5) (Urban 2012, S. 259 ff.).

3.3.5 Außergerichtliches und gerichtliches Mahnverfahren

Dem Mahn- bzw. Inkassowesen obliegt es, einen säumigen Schuldner an seine fällige Zahlung zu erinnern. Um die guten Kundenbeziehungen nicht zu gefährden, sollte zunächst die Möglichkeit der Zahlungserinnerung ausgenutzt werden. Erst wenn außergerichtliche Schritte nicht greifen, sollte man sich nicht scheuen, den gerichtlichen Weg zu beschreiten.

Als Praxistipp kann man in der Zahlungserinnerung am besten dezent darauf hinweisen, dass ab dem Fälligkeitstermin Zinsen verlangt werden. Beizufügen ist eine Rechnungskopie und ein vorbereiteter Überweisungsträger.

Im Rahmen des außergerichtlichen Mahnens kann man über das unternehmenseigene Mahn- und Inkassowesen selbst tätig werden, indem man den Schuldner schriftlich, telefonisch oder persönlich auf seine Außenstände hinweist. Eine bessere Wirkung erzielt man erfahrungsgemäß dabei, indem man per Telefon oder persönlichen Besuch beim säumigen Schuldner diesen in einem persönlichen Gespräch mit den Außenständen konfrontiert. So könnten Unstimmigkeiten oder Gründe für Unzufriedenheit im persönlichen Gespräch sicherlich besser geklärt werden. Anschließend sollte man den Inhalt des Telefonats oder Gesprächs kurz schriftlich zusammenfassen und dem Schuldner mit dem Hinweis zuleiten, dass bei einer weiteren Mahnung Mahngebühren und Verzugszinsen anfallen (Urban 2012, S. 263 f.).

Einen ganzen Leitfaden für telefonische Kontaktaufnahmen mit Kunden hat Dietmar Bouwmann erstellt, aus dem nachfolgende Checkliste entnommen ist (Bouwmann 2007, S. 99 ff.).

> **Checkliste: Die Top-10-Tipps für die telefonische Mahnung**
>
> 1. Bereiten Sie das Gespräch gut vor.
> 2. Formulieren Sie sich Ziele für das Gespräch.
> 3. Beginnen Sie ein Gespräch mit konkreten Aussagen.
> 4. Halten Sie sicher Ihren Standpunkt. Nicht zu früh vom Maximalziel heruntergehen.
> 5. Machen Sie dem Schuldner klar, wieso jetzt „höchste Eisenbahn" ist zu zahlen. Die Vorgeschichte zeigt es.
> 6. Verdeutlichen Sie dem Schuldner den Nutzen der Zahlung, aber auch die Wichtigkeit der Kundenbeziehung.
> 7. Fragen Sie den Kunden nach seinen Lösungen, bevor Sie mit Ihren kommen.
> 8. Hören Sie genau hin, was der Kunde sagt.
> 9. Hinterfragen Sie sofort, wenn etwas unklar ausgedrückt wird.
> 10. Bevor Sie das Gespräch beenden, überprüfen Sie durch eine Zusammenfassung und eine geschlossene Frage die Verbindlichkeit der Vereinbarung.

Die am häufigsten im Geschäftsalltag genutzte Mahnform ist aber die schriftliche Mahnung, die per Brief oder Fax erfolgen kann. Hierbei ist zu beachten, dass die Mahnung individuell auf jeden Schuldner zugeschnitten und „kundenerhaltend" formuliert sein sollte.

Häufig sind in der Praxis zwei bis drei Mahnstufen üblich. Zu beachten ist, dass mehr als drei Mahnstufen ein Unternehmen im Hinblick auf die Ernsthaftigkeit des Anliegens unglaubwürdig erscheinen lassen. Diese häufig in der Praxis anzutreffenden zusätzlichen Mahnstufen führen zudem zu einem unnötigen Zahlungsaufschub für den Kunden.

Wenn auch einheitliche Richtlinien für das Mahnwesen anzustreben sind, sollten sie jedoch nicht starr und bürokratisch gehandhabt werden. Allerdings müssen Abweichungen von den im Unternehmen praktizierten Richtlinien grundsätzlich der Unternehmensleitung zur Entscheidung vorgelegt werden.

Wenn ein Kunde von Haus aus die Zahlung hinauszögern will, reagiert er auf das 1. Mahnschreiben nicht, weil er in aller Ruhe Nr. 2 und 3 abwarten kann, bevor er mit Konsequenzen rechnen muss.

Empfehlenswert ist daher bspw., stattdessen am Fälligkeitstag anzurufen und – falls keine Zahlung erfolgt – nach weiteren 3 bis maximal 5 Tagen ein (einziges) Mahnschreiben zu versenden. Dies sollte dann aber bereits einen Termin mit Verzugszinsen und die Androhung des gerichtlichen Mahnverfahrens enthalten.

Idealerweise sollte bereits in den Auftragsverhandlungen als Bestandteil der Zahlungsbedingung vereinbart werden, dass bei Zahlungsverzug ohne weitere Aufforderung Verzugszinsen und Mahngebühren berechnet werden können.

Die Höhe der für den Fall des Zahlungsverzugs zu leistenden Zinsen kann vertraglich vereinbart werden.

Dabei ist zu beachten, dass die gesetzlichen Verzugszinsen mit der Schuldrechtsreform erheblich angehoben wurden, was eine individualvertragliche Regelung regelmäßig entbehrlich macht. Der Verzugszinssatz liegt grundsätzlich fünf Prozentpunkte über dem Basiszinssatz (§§ 288, 247 BGB) p. a.

Die Möglichkeit des Nachweises, dass dem Gläubiger ein geringerer Schaden entstanden ist, gibt es im Rahmen des gesetzlichen Verzugszinses nicht. Der Verzugszinssatz für Entgeltforderungen aus „Rechtsgeschäften, an denen ein Verbraucher nicht beteiligt ist", liegt bei acht Prozentpunkten über dem Basiszinssatz (§ 288 Abs. 2 BGB) p. a.

Hinsichtlich der Mahngebühren stellt sich die Frage, wann und in welcher Höhe sie berechnet werden. Gerichte setzen, soweit nicht andere Kosten nachgewiesen werden, Mahngebühren regelmäßig pauschal bei etwa 2,50 € an. Werden höhere Mahngebühren veranschlagt, kann es sein, dass diese in einem streitigen Verfahren vom Gericht zurückgewiesen werden. Allerdings haben Gerichte bei der Entscheidung, ob die veranschlagten Gebühren angemessen sind, gewisse Bewertungsspielräume.

Weitere Kosten für die Eintreibung ausstehender Forderungen können grundsätzlich ab der zweiten Mahnung als Verzugsschaden gegenüber dem säumigen Schuldner geltend gemacht werden. Mahnkosten können aber nur dann, wenn eine direkte Zurechenbarkeit auf den betreffenden Schuldner möglich ist, geltend gemacht werden.

Typische Mahnkosten sind:

- Verzugszinsen (siehe oben),
- Porto- und Schreibauslagen (siehe oben),
- Rechtsanwaltskosten,
- Kosten für einen Mahn- und Vollstreckungsbescheid.

Sofern dennoch mit drei Mahnstufen gearbeitet werden soll, sollte das Mahnintervall etwa bei 14 Tagen liegen, wobei bei der ersten Mahnstufe beachtet werden sollte, dass diese nicht sofort nach Überschreitung des Fälligkeitsdatums erfolgt. Ansonsten könnte sich die Mahnung aufgrund der Überweisungsdauer mit dem Zahlungseingang überschneiden, was vermieden werden sollte.

Sofern man nicht selbst mahnen will, kann dies ein beauftragter Rechtsanwalt oder ein Inkassobüro übernehmen. Die Praxis zeigt, dass sich Schuldner dadurch sehr häufig zur Begleichung der Rechnungen bewegen lassen, da ihnen die Folgen einer Fortsetzung der Zahlungsverzögerung durch das Schreiben eines Rechtsanwalts oder Inkassobüros deutlicher bewusst werden.

Nachfolgend noch etwas zum Thema Verjährung: Die Einrede der Verjährung (Leistungsverweigerungsrecht) ist eine zerstörende Einrede, d. h. der Anspruch kann bei erfolgreicher Einrede nicht mehr durchgesetzt werden.

In diesem Zusammenhang ist daher zu beachten, dass eine Mahnung nie die Verjährung unterbricht. Man ist also aufgerufen, rechtzeitig das gerichtliche Mahnverfahren einzuleiten. Denn erst mit Zustellung

- des Mahnbescheids im gerichtlichen Mahnverfahren oder
- des Europäischen Zahlungsbefehls im Europäischen Mahnverfahren nach der Verordnung (EG) Nr. 1896/2006 des Europäischen Parlaments und des Rates vom 12.12.2006 zur Einführung eines Europäischen Mahnverfahrens (ABl.EU Nr. L 399 S. 1)

wird die Verjährung gehemmt (§ 204 Abs. 1 Nr. 3 BGB), d. h. es findet eine Unterbrechung der Verjährungszeit statt, die nach Ende der Hemmung weiterläuft. Die Verjährung ruht also während der Hemmungszeit (§ 209 BGB).

Zur Hemmung der Verjährung oder nach erfolglosen außergerichtlichen Bemühungen bzw. dann, wenn sich der Schuldner in Verzug befindet, sollte der Rechtsweg mittels gerichtlichem Mahn- oder Klageverfahren beschritten werden, um den Anspruch aus der offenen Rechnung geltend zu machen.

Das gerichtliche Mahnverfahren ist ein verkürztes, vereinfachtes und zügiges Verfahren, um einen Titel für die Vollstreckung zu bekommen. Es ist kostengünstiger als eine Klage, aber nur möglich, wenn es um reine Geldforderungen geht. Das Verfahren ist nur dann sinnvoll, wenn sich der Schuldner voraussichtlich nicht gegen die Forderung wehren wird.

Das gerichtliche Mahnverfahren kann man auch ohne anwaltliche Hilfe selbst betreiben. Ein Mahnbescheid kann nur mit einem offiziellen Formular beantragt werden; dies ist auch online über das Internet möglich. Örtlich zuständig ist ausschließlich das Amtsgericht, an dem der Gläubiger seinen Geschäftssitz hat. Allerdings gibt es in jedem Bundesland ein zentrales Mahngericht, das ausschließlich gerichtliche Mahnsachen bearbeitet.

Tipp: Auf der Website www.mahngerichte.de kann man das zuständige Gericht suchen bzw. das Online-Mahnverfahren vornehmen.

Sofern der Schuldner nicht oder nicht rechtzeitig gegen den vom Gericht zugestellten Mahnbescheid Widerspruch einlegt oder bezahlt, wird dem Gläubiger vom Gericht ein Antrag auf Vollstreckungsbescheid übersandt, den dieser innerhalb von zwei Wochen nach Zustellung des Mahnbescheids an das Mahngericht zurückschicken muss. Im Anschluss daran wird dem Schuldner dann der Vollstreckungsbescheid automatisch zugestellt. Davon erhält der Gläubiger eine Ausfertigung mit Zustellvermerk.

Der Vollstreckungsbescheid ist ein eigenständiger und vorläufig vollstreckbarer Vollstreckungstitel (öffentlich verkörperte Urkunde, aus der hervorgeht, dass einer Person ein Anspruch zusteht; er wird auch Schuldtitel, vollstreckbarer Titel oder nur Titel genannt), mit dem man die Zwangsvollstreckung betreiben kann und auch soll. Das Vollstreckungsverfahren beginnt nur auf Antrag des Vollstreckungsgläubigers beim Vollstreckungsgericht (örtliche Zuständigkeit siehe § 802 ZPO), welches die Beitreibung i. d. R. durch einen Gerichtsvollzieher veranlasst.

Wichtig zu wissen ist, dass seit dem 12.12.2008 ein Europäisches Mahnverfahren als Alternative zum deutschen Verfahren eingeführt worden ist (§§ 1087 bis 1096 ZPO). Dieses auf grenzüberschreitende Rechtssachen beschränkte Verfahren ist im Gegensatz zum nationalen Mahnverfahren einstufig ausgestaltet und führt zum Erlass eines Europäischen Zahlungsbefehls.

Hat ein Schuldner gegen den Mahnbescheid fristgerecht Widerspruch erhoben, geht das gerichtliche Mahnverfahren in ein normales Gerichtsverfahren über.

Dies gilt auch dann, wenn der Schuldner noch innerhalb von 14 Tagen nach Zustellung des Vollstreckungsbescheids dagegen Einspruch eingelegt hat.

Als Gläubiger kann man aber auch ohne ein abgewiesenes gerichtliches Mahnverfahren direkt Klage erheben. Hierbei ist aber zu beachten, dass bei Forderungen über 5000 € Anwaltszwang besteht, da die Forderung vor dem Landgericht begründet werden muss. Daher ist hier zusätzlich noch ein Anwaltshonorar einzuplanen. Unter diesem Wert kann man selbst agieren. Auf jeden Fall sollte man die Erfolgsaussichten eines Prozesses in die Überlegungen mit einbeziehen.

Dies gilt umso mehr, je schlechter die Bonität des Gegners ist. Sollte der Schuldner verlieren und kann die Prozesskosten nicht aufbringen, dann hat man als Kläger nicht nur für die entstandenen Rechtsanwaltsgebühren selbst aufzukommen, sondern man haftet dem Staat auch für die Gerichtskosten. Dieses Risiko sollte man bei seiner Entscheidung bedenken.

Allerdings besteht die Möglichkeit, dieses Risiko zu minimieren, indem man einen „Prozessfinanzierer" wählt, der einem das Risiko im Falle einer Niederlage oder schlechten Bonität des Gegners abnimmt. Der Preis dafür ist eine Erfolgsbeteiligung in Höhe von 20 bis 30 %. Durch diesen Abschlag reduziert man das Prozessrisiko dann aber auf null (Urban 2012, S. 264 ff.).

3.3.6 Liquiditätsplanung und Kennzahlen im Kontokorrent

Liquidität bezeichnet die Fähigkeit eines Unternehmens, seinen Zahlungsverpflichtungen stets nachzukommen. Bei fehlender Liquidität ist die Stabilität des Unternehmens gefährdet. Hinzu kommt, dass infolge von Zinsbelastungen auch die Rentabilität abnimmt. Liquidität ist somit eine wichtige Voraussetzung für eine selbstbestimmte und flexible Unternehmensentwicklung und letztlich für den Unternehmenserfolg insgesamt.

Der Begriff **Liquiditätsplanung** umfasst die Planung der betrieblichen Ein- und Auszahlungen sowie der betrieblichen Zahlungsmittelbestände (Kontostände, Liquiditätsreserven) über einen kurz- bis mittelfristigen Zeitraum. Die Liquiditätsplanung hat die Aufgabe, Liquidität, Rentabilität und Sicherheit in ihrer Wechselwirkung optimal aufeinander abzustimmen.

Die Grundstruktur eines Liquiditätsplans sieht wie folgt aus:

Grundstruktur der Liquiditätsplanung über eine Planperiode t

Anfangsbestand an liquiden Mitteln t (= Endbestand an liquiden Mitteln $t-1$)

+ Einzahlungen t

− Auszahlungen t

= Endbestand an liquiden Mitteln t

Planperioden: Monate und Jahre, in besonderen Fällen (z. B. Sanierung) auch Wochen oder Tage, üblicherweise über Betrachtungszeiträume von drei bis fünf Jahren.

Grundsätzlich werden die Ein- und Auszahlungen aus einer Ergebnisplanung bzw. einer Plan-GuV, basierend auf der operativen Planung (Absatz-, Produktions-, Beschaffungs- und Personalplanung), abgeleitet.

Bei der Planung der Ein- und Auszahlungen gibt es zwei Methoden, nach denen man vorgehen kann.

- Direkte Methode: Bei dieser Methode wird vom Ist ausgegangen, die Ergebnisplanung wird in jeweils zwei getrennte Planungen, eine Ein- und eine Auszahlplanung, umgewandelt und miteinander verglichen. Bei den beiden Planungen wird Zahlungswirksamkeit der Ein- und Auszahlungen berücksichtigt. Es werden z. B. Verzögerungen durch Zahlungsziele bei Kunden und Lieferanten berücksichtigt; zur Ermittlung der liquiden Mittel werden die Ergebnisse aus der Kapitalbedarfs- und Kapitalbedarfsdeckungsplanung ergänzt.
- Indirekte Methode: Hier wird der Liquiditätsplan erstellt, indem man von der Plan-GuV und von der geplanten Bilanz bzw. den geplanten Bilanzpositionen und der Ableitung der Einzahlungs- bzw. Auszahlungsüberschüsse über Cashflow-Betrachtungen bzw. über Kapitalflussrechnungen ausgeht.

Hinzuweisen ist noch auf die Problematik, dass es eine gegenseitige Abhängigkeit von Ergebnis-, Liquiditäts- sowie Kapitalbedarfsdeckungsplanung gibt. Diese ist lösbar durch die Integration der Systeme bzw. der simultanen Planung von Investitions- und Finanzplanung (z. B. durch sogenannte „Vollständige Finanzpläne" und/oder entsprechende Software).

Eine wichtige Entscheidungshilfe für das Management ist die Aufbereitung von Datenmaterial in Form von **Kennzahlen** und Kennzahlensystemen. Ein Kennzahlensystem umfasst die quantifizierbaren Größen eines Unternehmens und stellt die einzelnen Kennzahlen (oder einen Teil davon) in einen Wirkungs-/Ursache-Zusammenhang.

Im Unternehmen werden Kennzahlensysteme zum einen dafür eingesetzt, schnelle und verdichtete Informationen über die Leistung des Unternehmens zu erhalten. Zum anderen können sie die Aufgaben der Planung, Kontrolle und Steuerung in einem Unternehmen unterstützen. Bisher wurden ja schon in Abschn. 3.1.6 einige Kennzahlen dargestellt, die insbesondere direkt im Controlling Verwendung finden.

Im Bereich des Kontokorrents bieten sich nachfolgende Kennzahlen an:

1) Dauer der Außenstände (Debitorenumschlag)
Die Kennziffer Debitorenumschlagsdauer gibt das Verhältnis der Brutto-Umsatzerlöse (Jahresforderungen) zum durchschnittlichen Debitorenbestand an. Ein Rückgang dieser Kennzahl im Zeitreihenvergleich ist negativ zu werten, da danach die Kapitalbindung in den Forderungen zunimmt.

3.3 Unzureichendes Debitorenmanagement

Berechnung der Kennzahl Debitorenumschlagsdauer:

$$\text{Debitorenumschlagsdauer} = \frac{\text{Umsatzerlöse} + \text{MWST (USt)}}{\text{durchschnittlicher Debitorenbestand}}.$$

2) Forderungslaufzeit, also das durchschnittliche Kundenzahlungsziel (DSO)
Die Kennzahl Days Sales Outstanding (DSO) gilt als Effizienzgröße für das Mahnwesen bzw. Debitorenmanagement. Die Kennziffer gibt an, wie lang das durchschnittliche Zahlungsziel der Kunden ist (Forderungslaufzeit). Sie wird errechnet, indem man die Höhe der ausstehenden Forderungen aus Lieferungen und Leistungen im Verhältnis zum Umsatz der letzten Abrechnungszeiträume stellt. Erhöht sich der DSO, steigt auch die mit den Forderungen einhergehende Kapitalbindung an. Dies hat zur Konsequenz, dass sich die Kapitalkosten des Gläubigerunternehmens erhöhen.

Der Vergleichs-/Richtwert (Benchmark) muss sich an den vereinbarten Zahlungsfristen orientieren; im Idealfall erfolgt der Zahlungseingang auf den Tag genau am Ende der Zahlungsfrist. Erfahrungsgemäß liegt der Zahlungseingang auf dem „Bankenweg" (Wertstellung bei Überweisungen, nach Scheckeinreichung etc.) 7 bis 10 Tage über dem Zahlungsziel; je schlechter die Machtposition des Unternehmens im Verhältnis zum Kunden, umso länger ist erfahrungsgemäß die DSO. Nach einer internationalen Studie beträgt die durchschnittliche Zahlungsfrist in Deutschland 31 Tage; beglichen werden die Forderungen erst nach 45 Tagen (Days Sales Outstanding), was einem Zahlungsverzug von 14 Tagen entspricht. Damit liegt Deutschland im europäischen Mittelfeld.

Um die DSO zu berechnen, gibt es verschiedene Wege.

Eine häufig verwendete Formel lautet:

$$\text{DSO} = \frac{\text{aktueller Forderungsbestand}}{\text{Jahresumsatzerlöse (Durchschnitt)}} \times 360 \text{ Tage}.$$

3) Cashflow aus Umsatztätigkeit bzw. Cashflow-Umsatzverdienstrate
Als weiteres Hilfsmittel steht dem Management der Cashflow zur Verfügung, der bereits im zurückliegenden Abschn. 3.1.6 behandelt wurde.

Hier soll aber insbesondere auf die Cashflow-Umsatzverdienstrate eingegangen werden, die die Aussagefähigkeit des Cashflows erweitert.

Die Cashflow-Umsatzverdienstrate (Cashflow-Rate) wird wie folgt berechnet:

$$\text{Cashflow-Umsatzverdienstrate} = \frac{\text{Cashflow}}{\text{Umsatzerlöse}} \times 100.$$

Allgemein zeigt der Cashflow die Ertrags- und Selbstfinanzierungskraft sowie die Kreditwürdigkeit und Expansionsfähigkeit eines Unternehmens auf. Die Cashflow-Umsatzverdienstrate bestimmt darüber hinaus, welcher Anteil des Umsatzes im Unternehmen verbleibt und für Investitionen, Kapital- bzw. Schuldentilgung und die Gewinnausschüttung zur Verfügung steht. Zudem gibt die Cashflowrate an, welche Preisschwankungen das Unternehmen finanziell verkraften kann, ohne dass Liquiditätsengpässe auftreten.

Je höher die Cashflow-Rate, desto eher ist das Unternehmen in der Lage, zukünftig Chancen zu nutzen und Risiken abzuwehren.

Problematisch ist allerdings, dass im Cashflow auch finanzielle Einzahlungen enthalten sein können, die nicht in Verbindung zur Nenngröße stehen, wie insbesondere Finanzein- und Finanzauszahlungen aus Beteiligungen, Wertpapieren oder Ausleihungen. Daher kann es sinnvoll sein, mit dem betrieblichen Cashflow zu rechnen, um ein genaueres Ergebnis zu erzielen. Dies setzt jedoch eine direkte Cashflow-Ermittlung voraus, die in der Praxis kaum angewendet wird.

4) Forderungsquote

Die Forderungsquote ist ein Indikator für die Zahlungsmoral der Kunden. Je kleiner die Forderungsquote ist, desto schneller bezahlen die Kunden.

Zur Berechnung der Forderungsquote:

$$\text{Forderungsquote} = \frac{\text{Forderungen}}{\text{Bilanzsumme (Gesamtvermögen)}} \times 100.$$

Die kurz-, mittel- sowie langfristige Forderungsquote gibt den Anteil des kurz-, mittel- und langfristigen bilanzwirksamen „Kreditgeschäfts" mit Kunden am Geschäftsvolumen wieder. Sie deuten jeweils die geschäftspolitische Bedeutung an, die das Kreditgeschäft für das Unternehmen hat. Auch lassen sich hier Risiken erkennen, die aus einem umfangreichen Kreditgeschäft resultieren können. Außerdem ermöglichen die Kennzahlen einen Vergleich der Marktstellung im Kreditgeschäft mit anderen ähnlichen Unternehmen.

5) Liquidität II

Liquiditätskennzahlen sind Kennzahlen zur Messung der statischen (bilanziellen) Liquidität. Ihre Ergebnisse geben über das kurzfristige finanzielle Gleichgewicht der betriebswirtschaftlichen Lage des Unternehmens Auskunft. Die Darstellung erfolgt generell durch die Gegenüberstellung von bestimmten Vermögensteilen zu kurzfristigen Verbindlichkeiten. Die verschiedenen Kennzahlen unterscheiden sich dadurch, dass ihre Zähler mit unterschiedlichen Inhalten belegt sind.

Nachfolgend wird auf die sogenannte Liquidität II, also die Liquidität 2. Grades eingegangen, auch Acid Test Ratio (ATR), Einzugsliquidität (EL) oder Quick Ratio genannt. In etwas anderer Form wurde diese Kennzahl auch schon in Abschn. 3.1.6 behandelt. Hier für diesen speziellen Zweck lautet die Formel:

$$\text{ATR} = \frac{\text{Geldvermögen} + \text{Wertpapiere} + \text{kurzfristige Forderungen}}{\text{kurzfristige Verbindlichkeiten}}.$$

Die Regel zu dieser Kennzahl fordert ein Verhältnis von 1 : 1 (= 100 %). Das Verhältnis sollte nicht unter 1 : 2 (= 50 %) gehen. Die Werte für diese Kennziffer differieren der jeweiligen Branchenzugehörigkeit entsprechend und schwanken zudem im Zeitablauf um einen Mittelwert in positiver Korrelation zur konjunkturellen Entwicklung.

6) Verbindlichkeitenlaufzeit, d. h. die durchschnittliche Laufzeit der Verbindlichkeiten (DPO)

Die Kennzahl Days Payables Outstanding (DPO) misst die durchschnittliche Laufzeit der Verbindlichkeiten, d. h. die in Tagen ausgedrückte Zeitspanne von Rechnungseingang bis zur tatsächlichen Zahlungsanweisung. Ein Unternehmen sollte versuchen, mit seinen Kreditoren einen größeren Verbindlichkeitsrahmen auszuhandeln und damit zusätzlichen Finanzierungsspielraum schaffen. Es sollte allerdings dabei darauf achten, weiterhin Skonto in Anspruch nehmen zu können. Größter Stellhebel sind hier i. d. R. die Zahlungsvereinbarungen mit den Hauptlieferanten des Unternehmens, die mittels ABC-Analyse identifiziert werden.

Zur Berechnung des DPO:

$$\text{DPO} = \frac{\text{Verbindlichkeiten aus Lieferungen und Leistungen}}{\text{Umsatz}} \times 365.$$

7) Skontiquote

Wird Skonto von den Eingangsrechnungen abgezogen, hat das weitgehende Auswirkungen. Die bei Lieferantenrechnungen in Anspruch genommenen Skonti erhöhen zwar den Zinsaufwand des Unternehmens (vorzeitiger Liquiditätsabfluss), führen aber im Vergleich dazu in der Regel zu einer Senkung des Materialaufwandes. Durch den Skontoabzug (Skontoertrag) reduziert sich der Materialpreis und damit ebenfalls die Belastung der einzelnen Kostenträger im Bereich der Kostenrechnung, was sich positiv auf die Kalkulation der Preise auswirkt. Damit wirkt sich die Möglichkeit des Unternehmens, Skonto abzuziehen oder nicht, auch auf die Kosten seiner Produkte und damit auf die Preispolitik aus.

Berechnung der Skontiquote:

$$\text{Skontiquote} = \frac{\text{Summe aller Skontoerträge}}{\text{Materialaufwand pro Periode}}.$$

Der Vorteil in Anspruch genommener Skonti gilt aber nicht nur für den Bereich des Materialeinkaufs, sondern auch für Investitionen im Anlagevermögen.

Angeschaffte Anlagegüter werden bei Inanspruchnahme von Skonto mit einem entsprechend geringeren Anschaffungswert in der Bilanz angesetzt, vermindert um die planmäßige Abschreibung. Niedrigere Anschaffungskosten mindern die Höhe der planmäßigen Abschreibungen, die in der Kostenrechnung Berücksichtigung finden, und damit auch die laufende Kostenbelastung der Produkte und die Kalkulation der Preise.

8) Durchschnittliche Reichweite der Lagerbestände in Tagen (DIH)

Im Gegensatz zur Kennzahl DPO bezieht sich die Kennzahl Days Inventory Held (DIH) auf die Vorratshaltung und drückt die durchschnittliche Reichweite der Lagerbestände in Tagen aus. Sie gibt die Geschwindigkeit an, mit der die Vorräte an Rohstoffen, Halb- und Fertigerzeugnissen einer Unternehmung in Produktverkäufe transferiert werden.

Berechnung des DIH:

$$\text{DIH} = \frac{\text{Vorräte}}{\text{Umsatz}} \times 365.$$

9) Entschuldungsdauer

Die Kennzahl Entschuldungsdauer, auch als Tilgungsdauer oder dynamischer Verschuldungsgrad bezeichnet, gibt an, in welchem Zeitraum das Fremdkapital (Nettoverschuldung = Fremdkapital minus Umlaufvermögen) zurückgezahlt werden könnte, immer unter der Annahme, dass der gesamte Cashflow ausschließlich für die Rückzahlung von Schulden verwendet wird. Der Normwert liegt bei 3–3,5.

Berechnung Entschuldungsdauer:

$$\text{Entschuldungsdauer} = \frac{\text{Verbindlichkeiten} - \text{liquide Mittel} - \text{Forderungen} (= \text{Nettoverschuldung})}{\text{Cashflow}} \times 365.$$

Zusammenfassend kann man sagen, dass das Forderungs- und Liquiditätsmanagement auch im Hinblick auf die unternehmenseigenen Refinanzierungsbedingungen einen nicht unerheblichen Beitrag leistet. Das Liquiditätsmanagement sorgt für die Sicherung der Liquidität und für höchste Effizienz im Zahlungsverkehr. Mit einer Liquiditätsverbesserung und einem wirkungsvollen Forderungsmanagement lässt sich auch der Unternehmenswert steigern und eine verbesserte Ratingnote bei der Hausbank erreichen (Urban 2012, S. 268 ff.).

3.4 Autoritäre, rigide Führung

An vierter Stelle der häufigsten Insolvenzgründe steht der Bereich Führungsverhalten. Laut der eingangs erwähnten Studie von Euler Hermes sind 57 % der befragten Insolvenzverwalter der Meinung, dass autoritäre, zu rigide Führung der Grund für viele Insolvenzen ist. Daher werden im Folgenden zunächst einige allgemeine Aspekte der Führung vorgestellt, anschließend soll auf Führungsstile und Leistungsverhalten eingegangen werden. Führungstechniken und Führungsinstrumente fließen in den abschließenden Unterkapiteln zu Teamführung und „lautlosem Führen" ein.

3.4.1 Aspekte der Führung

Unter Führung kann man in der Wirtschaft folgende Teilbereiche verstehen:

- Unternehmensführung (Leitung eines Unternehmens oder eines Teils davon, Abteilungsleiter nehmen bspw. eine Bereichsführung wahr),
- Menschenführung (Personalführung).

Daneben gibt es die Begriffe der Lebensführung (persönliche Bewältigung des Lebens), des Verhaltens (Gefangene), der Führung von Titeln und Tieren sowie der Führung in der Mechanik. Dies soll aber hier keine Rolle spielen.

Wer wird geführt?
Man kann unterscheiden zwischen

- Selbstführung,
- direkter Führung und
- indirekter Führung.

Jeder Mensch führt bzw. „managt" sich zuerst einmal selbst. Zum Selbstmanagement gehören Zeitmanagement und Work-Life-Balance.

Direkte Führung geschieht innerhalb einer Organisation, indem eine Führungskraft auf eine ihr direkt unterstellte Person einwirkt. Es handelt sich hier um das klassische Mitarbeiter-Chef-Verhältnis. Mitarbeiter können Arbeiter oder Angestellte sein, Menschen mit fixem Vertrag oder solche auf Zeit bzw. bei Leiharbeitsfirmen beschäftigte.

Indirekte Führung ist gewissermaßen die Kür von Führung: die Beeinflussung anderer Menschen außerhalb der „direkten Reichweite" und jenseits einer formellen Hierarchie. Bevor der Vorstand eines Unternehmens die Mitarbeiter in der Produktion erreicht, passiert seine Nachricht viele Stationen. Erst dann kann sie ihre Wirkung entfalten. Um einen Kollegen aus einer anderen Abteilung zur Mitarbeit an einem Projekt zu bewegen, bedarf es einiger Überzeugungskunst, da die „Macht der Linie" fehlt. Ein Projektmanager führt seine Projektmitarbeiter, ohne Personalverantwortung zu haben. Ebenfalls schwer tut sich ein Verkäufer („Sales Manager"), der eine Kundenbeziehung managt.

Warum lassen sich Menschen führen?

Allgemein gefasst kann man sagen, dass Menschen für Ihren Vorgesetzten arbeiten werden, wenn sie sich daraus einen Nutzen erhoffen, weil sie gewissen Normen freiwillig folgen (auch gesellschaftlich anerkannte Wertvorstellungen) oder dazu gezwungen werden. Diese Vorstellung geht auf den Soziologen Amitai Etzioni zurück. Also, Menschen folgen dem Chef/Manager, wenn sie sich einen Nutzen erhoffen.

Daher sind Führungsaufgaben per se wertorientiert. In der Wirtschaft sind die Werte einer Firma maßgebend. Es gibt verschiedene Möglichkeiten, ausgedrückt als Führungsmethoden, ein Ziel zu erreichen. Der Manager kann autoritär agieren, eine Aufgabe komplett delegieren, mit Druck oder mit Motivation führen. Aufwand und Effizienz der diversen Methoden, die alle auf das gleiche Endergebnis abzielen, können sich stark unterscheiden. Dieses Endergebnis ist es, was entscheidend ist. An die Frage „Wohin wird geführt?" knüpft sich die Wertfrage. Adolf Hitler und Saddam Hussein sind nicht an mangelnder Führungsfähigkeit gescheitert, sondern an ihrem falschen Wertesystem. Auch Bosse von Industrie-Unternehmen kommen an der Wertfrage nicht vorbei. Ein zentraler Begriff ist der der „Wertelandschaft", eingeführt von Nobelpreisträger Manfred Eigen.

Werte sind die Prinzipien und Ansichten, nach denen ein Mensch sein Handeln ausrichtet. Eine Reihe von Werten ist stark kulturabhängig, andere gelten quasi weltweit. Es sind dies Ehrlichkeit, Integrität, Respekt, Toleranz, Freundlichkeit, Solidarität, Fairness, Mut und Frieden.

Ein besonders wichtiger Aspekt aus der obigen Auflistung universeller Werthaltungen ist **Respekt**. Respekt zu zeigen kostet die Führungskraft nichts und rentiert sich in den meisten Fällen stark.

Der Psychologieprofessor Frank Barron sagte: „Nimm einem Menschen niemals seine Würde. Sie bedeutet Dir nichts, aber ihm alles." Respekt zu zeigen heißt unter anderem, alle Menschen „gut" zu behandeln und Wertungen sowie Aburteilungen zu vermeiden. Über den asiatischen Raum sagt man, dass „Gesichtsverlust" dort besonders schlimm sei. Aber auch im Rest der Welt wird dies als folgenschwer empfunden.

Fairness ist eine weitere zentrale und wünschenswerte Eigenschaft einer Führungskraft. Aus dem Sport ist Fairness (Fair play) bekannt, man hält sich an die Spielregeln und spielt anständig.

Integrität: Man sollte unterschiedlichen Gruppen nicht zwei Versionen derselben Geschichte erzählen. Es ist wichtig, ehrlich zu bleiben. So kann man seine Integrität wahren. Ehrlich sein heißt, die Wahrheit zu sagen, jedoch nicht zwangsläufig, alles zu sagen …

Wie wird geführt?

Die eindimensionale Sicht von Führung, wonach eine Führungskraft entweder auf Menschen oder auf Zahlen und Aufgaben konzentriert ist und sich diese zwei Pole gegenseitig ausschließen, gilt heute als überholt. Eine Führungskraft operiert eher entlang mehrerer Dimensionen. Wer im alten „Entweder-oder"-Modell denkt, wird nicht besonders wirksam sein.

Unterschiedliche Firmen, die in derselben Branche tätig sind, haben eine Reihe von Gemeinsamkeiten, nicht nur den Kollektivvertrag. So sind gewisse Branchen zyklisch, etwa Chemie und Kunststoffe, oder stark reglementiert, etwa Glücksspiel, oder extrem dynamisch, etwa Informationstechnologie, oder von großen Einstiegsbarrieren gekennzeichnet, wie etwa die kapitalintensive Flugzeugproduktion. Jede Branche hat ihre eigenen „Spielregeln".

Die wesentlichen Unterschiede von Firmen, die in derselben Branche arbeiten, ergeben sich aus den jeweiligen Firmenwerten und den dort praktizierten Führungsstilen. Natürlich ist auch die Strategie der Firma (Nischenplayer oder Marktführer, Kosten- oder Innovationsführer etc.) entscheidend für das Geschäftsgebaren. **Vision**, **Mission** und **Strategie** werden von der Unternehmensführung bzw. den Eigentümern vorgegeben. Die richtigen Mitarbeiter sind am wichtigsten. Jack Welch schreibt: „People first. Strategy and everything else next."

Die Unternehmensführung ist ausschlaggebend dafür, ob ein Unternehmen über oder unter dem Branchendurchschnitt abschneidet oder sogar aus dem Wettbewerb verdrängt wird. Vor allem in tradierten Branchen und global agierenden Firmen sind die Unterschiede jedoch oft kleiner, als sich so mancher unzufriedene Angestellte naiv ausmalt, bevor er in der Hoffnung auf Wandel zu einem Marktbegleiter wechselt.

Großkonzerne werden anders geführt als mittelständische Unternehmungen, und börsennotierte Gesellschaften gehorchen anderen Gesetzmäßigkeiten als Firmen im Familienbesitz. Neu gegründete Firmen (Startups) funktionieren anders als etablierte Firmen. Verständlicherweise gibt es auch Unterschiede nach geographischen Gesichtspunkten und nach Branchen. So ist die konservative Chemiebranche anders aufgestellt als die Mode- oder die IT-Industrie. Der typische amerikanische Führungsstil unterscheidet sich von den Gepflogenheiten in Asien. In US-amerikanisch geführten Unternehmen geht es häufig um den „Fast Buck", um rasche Resultate unter enormem Erfolgsdruck. In Asien zählt die Leistung der Gruppe mehr als die des Individuums und Widerspruch/Ambiguität werden toleriert. In Asien sind soziale Beziehungen wichtig für den Erfolg, während sie in Amerika oft als hinderlich angesehen werden.

In den nächsten Kapiteln werden gängige und erprobte Führungsstile, Führungstechniken und Führungsinstrumente umrissen (Lackner 2012, S. 40 ff.).

3.4.2 Führungsstile und Leistungsverhalten

Zunächst einmal soll es um das Spannungsfeld autoritärer versus demokratischer Führungsstil gehen. Die ersten Studien auf diesem Gebiet haben sich insbesondere mit den Wirkungen autoritärer und demokratischer Führung beschäftigt. Der autoritäre und der demokratische Führungsstil werden meist als Extrempunkte eines Kontinuums aufgefasst. Wird die Partizipation am Entscheidungsprozess als stilbildende Dimension zugrunde gelegt, so lassen sich die in der nächsten Abbildung gezeigten Abstufungen idealtypisch unterscheiden:

Autoritärer Führungsstil	←——————→	Demokratischer Führungsstil
Vorgesetzter zeigt autoritäres Verhalten		Vorgesetzter lässt Untergebenen Freiheit

1)	2)	3)	4)	5)	6)	7)
Vorgesetzter trifft Entscheidungen und kündigt sie an	Vorgesetzter „verkauft" Entscheidungen	Vorgesetzter schlägt Ideen vor und erwartet Fragen	Vorgesetzter schlägt Versuchsentscheidung vor, die geändert werden kann	Vorgesetzter zeigt das Problem, erhält Lösungsvorschlag und entscheidet	Vorgesetzter gibt Grenzen an und fordert Gruppe auf, die Entscheidung zu fällen	Vorgesetzter gestattet den Untergebenen, frei zu handeln in den systembedingten Grenzen

Wenn man die obige Übersicht, die auf Entscheidungen beruht, erweitert und auf das Vorgesetztenverhalten in seiner ganzen Breite überträgt, dann könnte man die beiden Extrempunkte in folgender Weise kurz beschreiben:

- Der autoritäre Führungsstil ist dadurch gekennzeichnet, dass die Führungskraft den einzelnen Mitgliedern der Arbeitsgruppe die Aufgaben zuweist, die Art der Aufgaben-

erfüllung vorschreibt (vorstrukturierende Aktivität), auf soziale Distanz bedacht ist und sich den Gruppenaktivitäten fernhält.
- Der demokratische Führungsstil dagegen zeichnet sich dadurch aus, dass die Führungskraft den Mitgliedern der Arbeitsgruppe weitgehend selbst überlässt, die Arbeitsaufgaben zu verteilen, Aufgabenziele erst nach Diskussion mit der Gruppe festlegt, sich bemüht, die soziale Distanz zur Gruppe zu verringern, den Mitgliedern der Gruppe hohe persönliche Wertschätzung entgegenbringt und als Gruppenmitglied aktiv am Gruppenleben teilhat.

Die Begriffe „autoritärer" und „demokratischer" Führungsstil sind allerdings heute nicht mehr sehr gebräuchlich; die normativen Untertöne sind zu deutlich und auch irreführend. Wer will schon undemokratisch sein? Auch ist das Wort „Demokratie" in diesem Zusammenhang etwas zu hoch gegriffen.

Ein anderes, heute gebräuchlicheres Führungsstilkonzept unterscheidet (wiederum die Extrempunkte eines Kontinuums) zwischen aufgabenorientiertem und personenorientiertem Führungsstil.

- Aufgabenorientierte Vorgesetzte richten ihr Hauptaugenmerk auf den technischen Ablauf und die geforderte Leistung. Sie sehen ihre Mitarbeiter hauptsächlich als Aufgabenträger und als Produktionsfaktoren, die zur Erreichung einer hohen Leistung klar angewiesen und „an der kurzen Leine" geführt werden müssen.
- Der personenorientierte Führungsstil geht dagegen davon aus, dass über das Interesse an den Mitarbeitern, ihren Problemen, ihrer Entwicklung und ihrem Fortkommen auch eine Begeisterung für die Arbeit selbst entsteht, sodass im Ergebnis eine überdurchschnittliche Arbeitsleistung erzielt wird, ohne dass dies ständiger Gegenstand der Gespräche wäre. Eine personenorientierte Führungskraft geht auf die Menschen ein, mit denen sie zusammenarbeitet; sie hilft ihnen, zeigt Interesse für die Schwierigkeiten bei und außerhalb der Arbeit, sorgt sich um ihre individuelle Entwicklung und ihr Weiterkommen im Betrieb.

Zur Frage, welche Wirkungen ein aufgaben- bzw. personenbezogenes Verhalten auf die Arbeitsleistung hat, liegt eine Fülle empirischer Untersuchungsergebnisse vor. Die Untersuchungen gelangen jedoch z. T. zu konträren Resultaten. Dies ist vor dem Hintergrund des unklaren Einflussprozentansatzes nicht weiter verwunderlich; sind doch die Bedingungen von Führung jeweils recht unterschiedlich.

In der jüngeren Zeit findet ein anderes Führungsstil-Paar besondere Beachtung:

- Der transaktionale Führungsstil basiert auf dem Austauschprinzip, d. h. die Führungsperson klärt die Rollen und die Anforderungen, die die unterstellten Mitarbeiter erfüllen müssen, um ihre persönlichen Ziele zu erreichen („Play my rules and you get, what you want"). Von der Führung werden Anreize (z. B. Überstundenzuschläge, Sonderzahlungen) geboten oder Sanktionen angedroht, um bestimmte Verhaltensweisen

der Geführten zu erreichen. Die Führungskraft muss dabei die Wünsche, Erwartungen, Befürchtungen usw. der Mitarbeiter berücksichtigen, sonst sind ihre Ziele nicht erreichbar. Führung wird somit im Wesentlichen als Austauschprozess verstanden.
- Der transformative Führungsstil geht von einem ganz anderen Wirkungsgefüge aus. Im Zuge eines transformativen Führungsprozesses verändern sich die Einstellungen, die Wünsche und die Vorstellungen der Geführten. Transformative Führer handeln aus tiefer Überzeugung, aus dem festen Glauben an bestimmte Werte und Ideen. Sie überzeugen und reißen mit, sie motivieren dazu, Dinge völlig neu zu sehen. Ihre Überzeugungen können nicht Gegenstand von Aushandlungsprozessen werden, man kann sie nur ablehnen oder annehmen. Die Nähe zum oben erläuterten Konzept autoritärer Führung ist offenkundig.

Neben den bisher behandelten Modellen, die ein eindimensionales Führungsstil-Konzept zugrunde gelegt haben, sind Ansätze zu erwähnen, die zu einer zwei- oder mehrdimensionalen Führungsstil-Konzeption übergehen. Diese Ansätze stützen sich auf empirische Studien, die ein mehrdimensionales Konzept nahelegen.

Am bekanntesten ist das zweidimensionale Konzept geworden, das eine Unterscheidung trifft zwischen Personenbezug („consideration") und aktiver Vorstrukturierung („initiating structure").

Die Dimension Personenbezug beschreibt, in welchem Maße Vorgesetzte menschliche Wärme, Vertrauen, Respekt, Zugänglichkeit, Rücksichtnahme auf persönliche Sorgen u. ä. zeigen (Typische Beschreibungsmerkmale: „macht es seinen Leuten leicht, mit ihm zu reden" oder „greift Anregungen aus der Gruppe auf").

Die Dimension Vorstrukturierung stellt auf Aktivitäten von Vorgesetzten ab, die eine unmittelbare Effektivierung des Leistungsprozesses zum Gegenstand haben: Definition und Abgrenzung der Kompetenzen, exakte Planung des Aufgabenvollzuges, Abschirmung von Störungen, Vollzugs- und Ergebniskontrollen, externe Leistungsanreize usw (Typische Beschreibungsmerkmale: „fordert leistungsschwache Mitarbeiter zu höherer Leistung auf" oder „besteht darauf, dass die Mitarbeiter ihre Arbeit genau nach festgelegten Richtlinien erledigen").

Blake und Mouton haben diese attraktive Idee des Beides-zugleich-Könnens mit großem kommerziellen Erfolg zu dem sogenannten Verhaltensgitter („Managerial Grid") ausgebaut. Abbildung 3.10 zeigt die Führungsstil-Varianten dieses Konzeptes. Absolut erstrebenswertes Ideal ist dort der sogenannte 9.9-Führungsstil.

Abgesehen von dem fehlenden Nachweis der Erfolgswirksamkeit muss man jedoch tiefergehend fragen, ob ein solcher Führungsstil überhaupt praktizierbar ist. Nur selten ist die schlichte Addition von Gegensätzen ein tatsächlich realisierbarer Ausweg. Diese Auffassung wird von der gruppendynamischen Forschung gestützt, wonach Tüchtigkeit und Beliebtheit nur in Ausnahmefällen in einer Person zusammenfallen.

Plausibler als die idealisierende 9.9-Lösung scheint hier ein Konfliktansatz zu sein, der die beiden Verhaltensorientierungen (Personen- und Aufgabenorientierung) als widersprüchliche Erwartungen begreift, die nicht generell lösbar sind, weil sich in ihnen

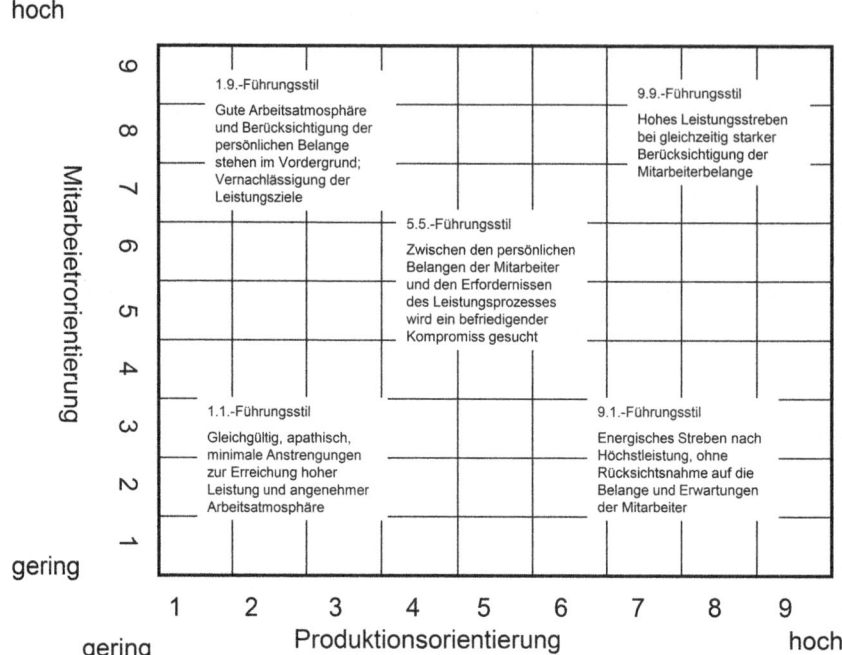

Abb. 3.10 Führungsstil-Varianten nach Blake und Mouton (Quelle: Blake und Mouton 1978)

zwei grundsätzlich widersprüchliche Organisationsziele widerspiegeln. Es handelt sich um ein „Führungsdilemma". Der Widerspruch ist deshalb auch nicht durch Konstruktion unrealistischer Integrationsideale lösbar, sondern Führungskräfte müssen einen geeigneten Weg finden, mit diesem Dilemma glaubwürdig umzugehen. Der Konflikt zwischen Personenorientierung und Aufgabenorientierung ist indessen nicht das einzige Dilemma, das Führungskräften begegnet und für das sie einen geeigneten Weg des Umgangs in ihrer täglichen Führungspraxis finden müssen. Weitere Führungsdilemmata, wie sie typischerweise in Führungspositionen moderner Organisationen auftreten, zeigen nachfolgende Argumente:

- Auf die entlastende Wirkung von (gedanken- und kritiklos befolgten) Vorschriften, Routinen und Ritualen bauen **versus** ständig zum Mitdenken, zur Reflexion, Verbesserung und zum Reagieren auf schwache (Frühwarn-)Signale auffordern.
- Unterstellten MitarbeiterInnen mit Nähe, Wärme, Freundlichkeit und Sensibilität begegnen **versus** sie auf Distanz halten, formal und unpersönlich mit ihnen umgehen, sich ihnen gegenüber „hart" durchsetzen (können).
- Gleichbehandlung aller nach einheitlichen Grundsätzen **versus** Eingehen auf den Einzelfall, Respektierung von Besonderheiten und Ausnahmen.

- Bestehende Ordnungen aufrechterhalten und durchsetzen **versus** auf Innovationen bzw. ständige Fortentwicklung drängen.
- Von unterstellten MitarbeiterInnen Eigeninitiative, Intrapreneurship und Selbstständigkeit **versus** zugleich Anpassung, Folgsamkeit und Vorschriftentreue erwarten.
- Den Primat der Tat leben, (schnell) entscheiden und entschlossen handeln **versus** geschehen lassen, abwarten können, Selbstorganisation zulassen, spüren, fühlen und erleben.
- Den MitarbeiterInnen Vertrauen entgegenbringen und für „empowerment" sorgen (d. h. sie zu selbstmächtigen Akteuren machen und sie mit den dazu nötigen Rechten und Ressourcen ausstatten) **versus** alles im Griff und unter Kontrolle halten, Misstrauen zeigen und die Unterstellten gängeln.

Die obigen Dilemmata erinnern an den Intra-Rollen-Konflikt, sei es in Form des Intra-Sender- oder des Inter-Sender-Konflikts. Zu dieser Art des Rollenkonflikts kommt es, wenn sich die Erwartungen der unterschiedlichen Bezugsgruppen nicht vereinbaren lassen. Zum Umgang mit den Dilemmata stehen deshalb auch ähnliche Wege zur Verfügung:

- Sequenzialisieren, d. h. zeitlich entzerren, sodass einmal der eine, dann wieder der andere Anspruch bearbeitet werden kann,
- Sachlich segmentieren, d. h. man differenziert nach Person und Art der Entscheidung,
- Kompromiss schließen (dies entspricht etwa dem 5.5 Führungsstil im Verhaltensgitter),
- Rangordnung aufbauen, d. h. Einräumung der einen oder der anderen Orientierung als Vorrang, um so Konsistenz im Handeln herzustellen, allerdings unter Zurückdrängung der gegenläufigen Anforderung (entspräche 1.9 oder 9.1 im Verhaltensgitter) (Schreyögg und Koch 2010, S. 274 ff.).

3.4.3 Führungstechniken

Unter den Führungstechniken (Führungsprinzipien) versteht man die recht geläufigen „Management-by"-Prinzipien. In nachfolgender Tabelle sind die bekanntesten von ihnen aufgelistet. Selten wird man sie in der Praxis in dieser einseitigen „Reinform" wahrnehmen können.

Führungstechnik	Beschreibung	Kommentar
Management by Objectives	Vorgesetzter vereinbart Ziele mit dem Mitarbeiter und ist in das Erreichen dieser Ziele nicht mehr eingebunden	Genau zu definierende Ziele. Mitarbeiter mit hohem Verantwortungsbewusstsein werden benötigt
Management by Delegation	Entlastung des Vorgesetzten, indem er die Verantwortung für bestimmte Bereiche an seine Mitarbeiter überträgt	Initiative und Einsatzfreude der Mitarbeiter werden gesteigert, der Chef sollte nicht in die delegierten Bereiche „hineinentscheiden"
Management by Exception	Mitarbeiter treffen routinemäßige Entscheidungen, der Chef greift in Ausnahmefällen ein	Die Führung nach dem Ausnahmeprinzip entlastet die Führungskraft stark
Management by Motivation	Durch Anreiz und Motivation werden die Mitarbeiter geführt	Methode zur Führung „reifer" Mitarbeiter
Management by Decision Rules	Delegation von Aufgaben, Entscheidungen der Führungsebene finden erst ab einem bestimmten Grenzwert statt	Führung anhand von Entscheidungsregeln, Vorgabe detaillierter Verhaltensweisungen und Regeln
Management by Results	Enge Leistungsvorgabe an den Mitarbeiter	Siehe auch Management by Objectives, welches weniger autoritär ist
Management by Projects	Dieser Gedanke trägt der Entwicklung von Unternehmungen in Richtung Prozessorganisation bzw. Projektorganisation Rechnung	
Management by Systems	Management durch Systemsteuerung	Vor allem große Organisationen haben einen regelrechten Kanon an Vorschriften, die sämtliche Befugnisse regeln
Management by Drive	Permanentes Antreiben der Mitarbeiter	Vergleiche mit dem Schrittmacher bei Wettrennen im Sport
Management by Crisis	Inszenieren einer Krise	In einer Krise sind unpopuläre Entscheidungen möglich
Management by Möwe	Der Chef betrachtet die Situation von oben (Vogelperspektive). Er zeigt sich gelegentlich und gibt den Mitarbeitern ein Problem zu lösen	Ein Vergleich mit einer Möwe drängt sich auf, die ihre Kreise zieht und etwas „Weißes" fallen lässt

Unterschiedliche Situationen verlangen unterschiedliche Führungsstile und Führungstechniken. Im Militär wird anders geführt als in Non-Profit-Organisationen. Bei einer Unternehmenssanierung ist mehr Schlagfertigkeit angebracht als bei einer Firmenfusion und ein neu gegründetes Unternehmen wird anders geleitet werden als ein etablierter Konzern. Ferner unterscheiden sich einzelne Manager wie erwähnt in ihren praktizierten Führungsstilen.

Je nach dem tendenziell bevorzugten Führungsstil wird man in verschiedenen Situationen unterschiedlich erfolgreich bzw. wirksam sein. Manager oder Unternehmer mit einem aufgabenorientierten Führungsstil eignen sich besonders für die Lösung eines konkreten Problems. Wenn man von sich weiß, dass man aufgabenorientiert ist, sollte man das im Führungsalltag berücksichtigen. Daher sollte man nicht zu rasch und rigoros Strukturen vorgeben, sondern seine Mitarbeiter bewusst einbeziehen und die Diskussion im Team fördern (Lackner 2012, S. 56 f.).

3.4.4 Führungsinstrumente

Wer Management nicht nur als Kunst, sondern auch als Handwerk ansieht, dem werden die nachfolgenden Führungswerkzeuge zusagen. Unter Führung ist die Einwirkung auf die Mitarbeiter zu verstehen, die eine Verhaltensänderung in Richtung Zielerreichung bewirkt. Die Verhaltenssteuerung erfolgt dabei persönlich durch Führung(sinstrumente) sowie unpersönlich durch die Vorgabe von Struktur (Organisation, Richtlinien). In diesem Abschnitt sind einige gängige und hilfreiche Führungsinstrumente aufgeführt, die in zwei Klassen fallen: **Motivation und Druck**.

Im Bereich der Motivation können die Führungsinstrumente materieller Natur sein (Lohn bzw. Gehalt, Boni, Prämien, Unternehmensbeteiligungen, Dienstwagen, Weiterbildungsmaßnahmen, Büroausstattung etc.) und ideelle Aspekte darstellen (Verantwortungserweiterung, Anerkennung etc.). Druck kann positiv oder negativ erzeugt werden, etwa als Leistungsdruck über Zielvorgaben (positiv) oder über Kontrolle und Konkurrenz (negativ). Druck erzeugt Gegendruck. Das Führungsinstrument Druck ist nur begrenzt wirksam. Hier eine Analogie: Versuche, ein Seil anzuschieben bzw. daran zu ziehen: Der Unterschied in der Wirkung ist enorm. Die Kreativität und den Schaffensdrang von Mitarbeitern zu entfesseln, wird mehr Ergebnisse liefern, als die Erledigung einer Aufgabe unter Androhung von Repressalien einzufordern. Daher wird im Abschn. 3.4.6 ein Konzept vorgestellt, das diese Richtung systematisch vertieft.

Das wichtigste Führungsinstrument ist das **Unternehmensleitbild** bzw. die **Vision**, gepaart mit der **Mission** der Unternehmung.

Die Vision und die Mission einer Unternehmung sind von elementarer Bedeutung. Sie geben den Zweck des Unternehmens an und dienen somit allen Beschäftigten als Entscheidungsgrundlage für ihr Handeln.

Weitere gängige Führungsinstrumente sind im Folgenden angeführt (auf die Beschreibung der Werkzeuge Computer, Flugzeug und Terminkalender wird verzichtet):

Das Vereinbaren von Zielen ist das wichtigste Führungsinstrument der Führungstechnik „Management by Objectives (MBO)". Teilaspekte sind das Abklären von Erwartungen, die Motivation des Mitarbeiters durch Boni bei Zielerreichung sowie die Möglichkeit zur allgemeinen Leistungsbeurteilung. Ziele sollten spezifisch, messbar, attraktiv, realistisch und terminiert sein (SMART-Regel).

Delegieren

Ich arbeite nach dem Prinzip, dass man niemals etwas tun soll, was ein anderer für einen erledigen kann (John Davison Rockefeller 1839–1937, US-amerikanischer Unternehmer).

Delegation ist das Übertragen von Aufgaben auf Mitarbeiter. Delegation entlastet die Führungskraft und trägt bei der Übertragung von qualifizierteren Aufgaben zur Mitarbeitermotivation bei. Der Grad der Unterstützung vonseiten der Führungskraft ist von der Qualifikation des Mitarbeiters abhängig. Neue Mitarbeiter brauchen ein vergleichsweise hohes Maß an Unterstützung, Training und Anleitung. Erfahrene Mitarbeiter können (fast) alleine die Aufgabe ausführen. Es sollten bei einer Delegation die Aufgabe, die entsprechenden Kompetenzen (z. B. Budget) und die Verantwortung gemeinsam delegiert werden (AKV-Prinzip). Auch qualifiziertere Aufgaben können und sollen delegiert werden.

Delegierbar sind alle Arten von Aufgaben: Koordinationsaufgaben, Fachaufgaben und kreative Aufgaben. Tatsächlich ist es so, dass ein Großteil der Aufgaben, die Führungskräfte erledigen, delegiert werden kann (und soll!). Viele Menschen überschätzen sich maßlos, indem sie glauben, sie alleine könnten eine bestimmte Aufgabe erledigen.

Delegieren ist kein Zeichen von Faulheit. Wenn ein Mitarbeiter ein Problem präsentiert, ist er vermutlich der am besten geeignete Kandidat, dieses zu lösen. Man sollte ihn dazu ermutigen, eine Lösung zu finden, und sollte daher die Problemlösung direkt an ihn delegieren.

Zu beachten ist allerdings, dass man als Manager die Aufgaben zwar delegieren sollte, die Verantwortung letztendlich aber behält.

Kontrollieren
Kontrolle ist und bleibt ein wichtiges Führungsinstrument. Die Erfüllung einer Aufgabe oder der Stand der Zielerreichung wird vom Manager kontrolliert, weil die Ergebnisse sonst zufällig sind. Jedoch hat die Art und Weise der Kontrolle einen Einfluss auf die Mitarbeitermotivation. Kontrolle sollte nicht mit Bespitzeln verwechselt werden. Ein Zuviel an Kontrolle kann Mitarbeiter unselbstständig machen. Ein Zuwenig an Kontrolle kann allerdings auch zu unbefriedigenden Ergebnissen führen. Das liegt häufig daran, dass Mitarbeiter und Führungskraft zu Beginn einer Aufgabe aneinander vorbeigeredet haben, indem sie unterschiedliche Zielvorstellungen anstrebten.

Manager/Unternehmer kämpfen ständig gegen Faulheit und Verschwendung – ohne Kontrolle stellt sich allzu schnell „Wildwuchs" ein, das heißt, Mitarbeiter tendieren dazu, das zu tun, was ihnen Spaß macht und was sie für richtig erachten. Man sollte sich daran erinnern: Mitarbeiter werden dafür bezahlt, Dinge richtig zu machen, und Chefs dafür, die richtigen Dinge machen zu lassen.

Mitarbeiter fördern und entwickeln
Jede Führungskraft hat auch die Rolle eines Trainers bzw. Coaches. Damit das gesamte Unternehmen erfolgreich ist, besteht die Notwendigkeit der Weiterentwicklung von Mit-

arbeitern. Weiterentwicklung heißt, die Fähigkeiten und Fertigkeiten der Mitarbeiter permanent zu steigern. Hierfür sind Entwicklungspläne und Trainings notwendig. Stillstand in der Mitarbeiterentwicklung bedeutet einen längerfristigen Verlust der Wettbewerbsfähigkeit.

So sollte man nicht nur die allerbesten Mitarbeiter fördern. Wenn die gesamte Mannschaft geschult und ihre Leistung gesteigert wird, werden herzeigbare Ergebnisse erzielt und auch indirekt wird profitiert, etwa über gesteigerte Loyalität.

Positives und negatives Feedback geben
Feedback geben heißt, dem Mitarbeiter eine Rückmeldung über seine Leistung zu geben. In der Praxis wird dies über Anerkennung und konstruktive Kritik getan. In deutschen Unternehmen wird allerdings mit Anerkennung häufig sparsam umgegangen. Nichts zu hören, das ist dann die höchste Form der Anerkennung. Kritik sollte spezifisch und auf das Verhalten bezogen sein. Hagelte es in früheren Zeiten zu viel Kritik vonseiten der Vorgesetzten, gibt es heutzutage auch eine Tendenz, die kritischen Punkte nicht zu benennen oder nur indirekt zu äußern oder anzuschneiden.

Menschen brauchen Anerkennung, sie wollen sich wichtig fühlen. Jeder Mensch hält sich selbst für wichtig – sogar für sehr wichtig.

Wirksame Kommunikation ist essentiell für das Erteilen von Feedbacks. Es ist wichtig, dass man zu jeder Zeit klarstellt, was man meint. Man sollte nicht die Einstellungen oder Gefühle des Mitarbeiters angreifen, sondern man sollte erklären, welches spezifische Verhalten man sich wünscht. „Richtiges" Feedback erfolgt professionell und sachlich. Es ist nicht mit „höflicher Zurückhaltung" zu verwechseln. Neben der großen jährlichen Feedbackrunde, dem Jahresgespräch, gibt es tagesaktuelle Rückmeldungen von Vorgesetzten an deren Mitarbeiter: Im Zuge der täglichen Arbeit mit seinen Mitarbeitern sollte man diesen im Idealfall täglich Rückmeldung zum Verlauf ihrer Arbeit und Zufriedenheit geben. Auf das Jahresgespräch als „Abrechnung" zu warten, ist der falsche Ansatz. Im Sinne einer „Manöverkritik" sollte man seinen Mitarbeitern am besten kontinuierlich seine Erwartungen mitteilen, um ihre Arbeitsleistung entsprechend beeinflussen zu können.

Kritisches Feedback zu geben fällt vielen Führungskräften nicht leicht, teils aus Unfähigkeit, teils aus einem falschen Harmoniebedürfnis heraus. Wenn beim Feedback allerdings nur schöngefärbt wird, weiß der Mitarbeiter nicht, was man von ihm will, und er kann seine Leistung nicht steigern.

Deshalb könnte man negative Botschaften wie ein Sandwich verpacken: erst Lob, dann Kritik, dann wieder Lob.

So könnte man folgendermaßen vorgehen, nachdem man positiv in das Gespräch eingestiegen ist:

1. Erklären, was der Mitarbeiter falsch gemacht hat,
2. Vermitteln, was man selbst dabei empfindet,
3. Zum Abschluss sagen, dass man den Mitarbeiter und seinen Beitrag für das Unternehmen wertschätzt.

Negatives Feedback hat anlassbezogen – also sofort – zu erfolgen. Man sollte es nicht wie einen „Joker" im Ärmel behalten. Wenn man Verhalten ändern will, sollte man sofort damit anfangen. Eine rasche Intervention verhindert, dass sich Dinge aufschaukeln. So kann man negatives Verhalten eindämmen und den Mitarbeiter behalten.

Beim Feedback sollte man Türen offenlassen. Wenn man ein konkretes Verhalten anspricht, sollte man die Möglichkeit einräumen, dass der Mitarbeiter die Wirkung seines Verhaltens auf das Team bisher nicht wahrgenommen hat. So lässt sich Feedback leichter annehmen.

Wichtig ist: Kritik durch den Vorgesetzten kann einer der größten Motivationskiller sein. Deshalb sollte man vermeiden, Mitarbeiter einzuschüchtern. Man wird von diesen sonst in absehbarer Zeit kein ehrliches Feedback mehr erhalten (Lackner 2012, S. 59 ff.).

3.4.5 Teamführung

Teams sind in der Berufswelt allgegenwärtig. Die Bedeutung von Arbeitsgruppen und Teams in der Arbeitswelt hat in den letzten Jahren stark zugenommen, zumal viele Prozesse „wissenslastig" sind und die Mitwirkung mehrerer Spezialisten erfordern.

Eine Gruppe ist mehr als die Ansammlung von Personen. Es gibt verschiedene Typen von Gruppen: Freundschaftsgruppen, Arbeitsgruppen, Interessengruppen und andere. Team und Gruppe werden im Alltagsgebrauch synonym eingesetzt, wobei Team der „modernere" Begriff zu sein scheint. Die Unterschiede zwischen einer Gruppe und einem Team sind subtil. Ein Team ist mehr als eine Gruppe (vergleiche Teamarbeit und Gruppenarbeit): Es hat ein gemeinsames Ziel und operiert mit intensiven, wechselseitigen Beziehungen der Mitglieder („Teamwork"). Der Grad an Kohäsion und einer gemeinsamen Zielsetzung unterscheidet ein Team von einer Gruppe. Um aus einer Gruppe ein Team und aus einem Team ein „High Performance Team" zu machen, bedarf es gezielter Maßnahmen. Im Wort „Team" fehlt das „I" für „ich". Daran sollte man denken.

Ein reifes Team baut auf das wechselseitige Vertrauen der Teammitglieder.

In der Rolle als Führungskraft fördert und entwickelt man demnach nicht nur seine Mitarbeiter, sondern auch das Team. Die Leistungsfähigkeit eines Teams hängt nicht nur von seinen Mitgliedern selbst ab, sondern in einem ausgeprägten Maß davon, wie diese zusammenarbeiten. „Teambuilding" ist mehr als ein Schlagwort. Nach Meredith Belbin gibt es verschiedene Teamrollen, die sich aus den Verhaltensmustern der agierenden Personen ergeben, siehe dazu folgende Zusammenstellung:

	Teamrolle	Teamrolle (engl.)	Kommentar (als Manager)
1	Perfektionist	Finisher	Kann schwer delegieren, setzt sich selbst hohe Standards
2	Umsetzer	Implementor	Kann organisieren, übernimmt auch unangenehme Aufgaben, eben das, was zu tun ist, steigt oft in das Top Management auf
3	Beobachter	Monitor evaluator	Geschätzte Stabsstelle, wenig Enthusiasmus, dafür brauchbare Entscheidungen
4	Koordinator	Coordinator	Kann heterogene Teams führen, kollidiert leicht mit einem Macher aufgrund der unterschiedlichen Führungsstile
5	Teamarbeiter	Team worker	Diplomat, steigt häufig ins Top Management auf, wird nicht als Bedrohung gesehen
6	Weichensteller	Resource investigator	Erfolgreicher Verhandler, kann Kontakte nach außen pflegen
7	Macher	Shaper	Wirksamer Manager, der etwas bewegt, oft besessen zielstrebig, sitzt oft im mittleren Management
8	Erfinder	Plant	Arbeitet gerne alleine, gründet manchmal eine Firma, verträgt sich wenig mit anderen Erfindern, weil er auf seinen Ideen beharrt
9	Spezialist	Specialist	Kann seine Mitarbeiter in Sachfragen adäquat unterstützen

Perfektionisten, Macher und Umsetzer sind handlungsorientiert.
Koordinator, Teamarbeiter und Weichensteller sind kommunikationsorientiert.
Beobachter, Erfinder und Spezialist sind wissensorientierte Rollen.

Die neunte Teamrolle, der Spezialist, kam später dazu. Nach Belbin besteht das ideale Managementteam aus acht Personen, von denen jede eine der Rollen einnimmt. Eine Person kann üblicherweise ein oder zwei Teamrollen übernehmen.

Die Rolle „Plant" kann ideal von einem Hochbegabten besetzt werden. Auf den Teamrollen nach Belbin aufbauend ist das innere Team ein nützliches Konzept, sich selbst zu verstehen.

Die Größe eines Teams richtet sich nach der Aufgabe. Generell gilt jedoch, dass Teams so klein wie möglich sein sollten. In kleinen Teams sind die Beiträge der einzelnen Mitglieder leichter erkennbar. Redundanzen sollte man vermeiden, weil sich die Personen im Team sonst „in die Quere" geraten, und weil es durch kleinere Streitigkeiten zu enormen Zeit- und Qualitätsverlusten kommt.

Teams können auf unbestimmte Zeitdauer bestehen und auch zu einem speziellen Zweck, bspw. einem Projekt, ins Leben gerufen werden. Es gibt „echte" Teams und virtuelle Teams.

Aspekte der Gruppendynamik
Der Mensch als „Gruppenwesen" bezieht seine soziale Identität aus der Zugehörigkeit zu bestimmten Gruppen. Gruppendynamik erfasst die Wechselwirkungen von Individuum, Gruppe und Organisation. Sie wurde von Kurt Lewin (1890–1947) begründet. Der öster-

reichische Psychiater Raoul Schindler hat die Rangdynamik (soziodynamische Rangstruktur) in Gruppen entwickelt, nach der es die Rollen Alpha, Beta, Gamma und Omega gibt. Alphas sind die Führer der Gruppe, sie ergreifen die Initiative. Die Gammas schließen sich den Alphas an, weil sie sich mit ihnen identifizieren. Sie sind gewissermaßen die „Arbeiter". Die Betas sind „Unabhängige". Es handelt sich dabei um Spezialisten. Die Omegas schließlich opponieren. Sie sind zurückhaltend und nehmen die „Außenseiter"-Position ein.

Die Stellung, die jemand in einer Gruppe bzw. einem Team einnimmt, hängt nicht nur von der eigenen Persönlichkeit ab, sondern auch von der Situation.

Arbeitsbezogene Bedürfnisse und Teams
Von A. H. Maslow stammt die berühmte Bedürfnispyramide. Maslow war es auch, der sagte: „Das meiste, was wir über menschliche Motivation wissen, stammt nicht von den Psychologen, sondern von den Psychotherapeuten, die Patienten behandeln. Diese Patienten sind eine große Quelle von Irrtümern, wie auch von nützlichen Resultaten, denn sie stellen offensichtlich eine schlechte Stichprobe aus der Bevölkerung dar."

Nach David McClelland hat jeder Mensch im Arbeitsumfeld ein Bedürfnis nach **Macht**, **Leistung** und **Harmonie** (need for power, need for achievement, need for affiliation) – je nach Persönlichkeit in unterschiedlicher Reihenfolge und Ausprägung. Diese Erkenntnis gilt es bei der Zusammenstellung eines Teams zu beachten. Man benötigt als Teamleiter ein ausgewogenes Team aus Menschen mit hohem Leistungsbedürfnis, hohem Machtstreben (planen strategisch) und hohem Harmoniestreben (sie sind der „menschliche Klebstoff").

Wenn man als Führungskraft in einem der obigen Bereiche schwach ist, sollte man sich einen komplementären Assistenten nehmen.

Man ist als Führungskraft für sein Team verantwortlich, sowohl für die Leistung als auch für die einzelnen Teammitglieder. Selten hat man die Chance, das eigene Team frisch zusammenzusetzen. Meistens „erbt" man als Chef ein Team, wenn man z. B. in eine neue Abteilung kommt oder ein Unternehmen übernimmt. Hier sollte man etwaige Probleme schnell lösen, denn nach etwa einem halben Jahr wird man das eigene Team mit dem Vorgesetzten in Verbindung bringen, sowohl in negativer wie in positiver Form.

Teambuilding
Das Leben spielt sich in Teams ab – niemand kommt ganz alleine sehr weit, und auch eine Organisation aus lauter Einzelkämpfern wird wenig am Markt bewegen. Mitarbeiter eines Teams können voneinander sequenziell, kollektiv und wechselseitig abhängen. Zu Konflikten kommt es in der Regel bei verspäteter oder minderqualitativer Übergabe von Informationen oder Leistung. Häufig sind auch die Schnittstellen unsauber definiert.

Damit ein Team optimal zusammenarbeitet, hat es sich bewährt, zu Beginn und in etwa jährlichen Intervallen ein Teambuilding durchzuführen. Bei dieser Veranstaltung, die idealerweise von einem externen Seminaranbieter betreut wird, lernen sich die Teammitglieder auf einer persönlichen Ebene kennen. Die Veranstaltung dauert üblicherweise ein bis zwei Tage und sollte nicht am Arbeitsplatz stattfinden.

Am ersten Halbtag kann man im Seminarraum ein „Fachthema" behandeln und sich dann den Rest der Zeit gruppenbildenden Spielen widmen. Manche Mitarbeiter stehen „Habe-Dich-lieb-Übungen" unter Arbeitskollegen generell skeptisch gegenüber. Man sollte sich deshalb vor einem geplanten Teambuilding von dessen Sinnhaftigkeit überzeugen.

In Teambuilding und Workshops zu investieren, macht sich bezahlt, sofern diese entsprechend vorbereitet und durchgeführt werden. Man sollte daher dafür sorgen, dass die Veranstaltung rechtzeitig angekündigt wird, damit alle Mitarbeiter teilnehmen können. Auch sollte man Spielregeln für sein Team festlegen: Intern kann gestritten werden und nach außen wird eine gemeinsame Meinung vertreten (Lackner 2012, S. 83 ff.).

3.4.6 Lautlos führen

Im letzten Kapitel zur Führungsproblematik soll ein Ansatz vorgestellt werden, der von Professor Joseph L. Badaracco jr. im Band „Lautlos führen" beschrieben ist (Badaracco 2002).

Insbesondere ethische Ansätze in diesem Konzept haben den Autor dieses Bandes veranlasst, dem Thema ein eigenes Unterkapitel zu widmen.

Kurz vorab zu der Person und Vita von Joseph L. Badaracco jr.:

Joseph L. Badaracco jr. hat den John Shad-Lehrstuhl für Wirtschaftsethik an der Harvard Business Scholl inne. Er unterrichtet MBA-Kurse und Führungsseminare zu den Themengebieten Strategie, allgemeines Management sowie Wirtschaftsethik. Außerdem ist er Chairman des Harvard University Advisory Committee.

Professor Badaracco hat bereits mehrere Bücher über die moralische Verantwortung von Führungskräften verfasst, die in insgesamt neun Sprachen übersetzt wurden. Zu diesen Büchern kommen umfangreiche Studien. „Loading the Dice" erörtert die wirtschaftlichen Beziehungen zwischen fünf Staaten an einem konkreten Beispiel, „Strategische Allianzen: Wie Unternehmen durch Know-how-Austausch Wettbewerbsvorteile erzielen" befasst sich mit internationalem Wissensmanagement.

Badaracco hat sich für die Bezeichnung „lautlos Führende" (quiet leaders) entschieden, weil Bescheidenheit und Zurückhaltung in hohem Maß für die eindrucksvollen Erfolge dieser Menschen verantwortlich sind. Und da viele große Aufgaben nur mit einer langen Reihe kleiner Bemühungen gelöst werden können, ist das lautlose Führen trotz seines bedächtigen Schrittes oft der schnellste Weg zu einem besseren Unternehmen – und zu einer besseren Welt.

Badaraccos Buch liefert eine Art Werkzeugkoffer oder Gebrauchsanweisung für das lautlose Führen. Jedes Kapitel darin stellt einen Grundsatz vor, der von den lautlos Führenden gerne genutzt wird.

Im Allgemeinen betrachten lautlos Führende ein behutsames Vorgehen als den sinnvollsten Weg, um schwierige Aufgaben zu bewältigen. Energische Maßnahmen und Heldentum gelten ihnen als Ultima Ratio, nicht als erste Wahl und Standardreaktion. Deshalb wird Piloten der Navy, die ihre Maschinen auf Flugzeugträgern starten und landen, eingebläut, nicht den verwegenen Haudegen zu spielen. Gründliche Vorbereitung, Vorsicht, Sorgfalt und Aufmerksamkeit sind gewöhnlich der beste Weg, um die Herausforderungen des Alltags zu meistern.

Lautlos Führende sind realistisch. Sie setzen alles daran, die Welt vorurteilsfrei zu sehen, und sind mit einer Art siebtem Sinn begabt, mit dem sie Vorkommnisse verschiedenster Art wahrnehmen. Lautlos Führende sind auf alles gefasst und rechnen damit, dass Individuen nicht immer einseitigen Beweggründen folgen.

Drei lautlose Tugenden
Lautloses Führen ist zum Teil eine Reihe von Werkzeugen, eine Sammlung nützlicher Taktiken. Aber daraus erwächst eine ernste Gefahr. Was geschieht, wenn Werkzeug in falsche Hände gerät? Es ist nichts dabei, wenn man Isolierband, Rasierklingen und Brecheisen besitzt. Trotzdem eignen sich diese Dinge, um in Häuser und Wohnungen einzubrechen, und die Polizei verhaftet des Öfteren Diebe, bei denen sie die „Gaunerwerkzeuge" finden. Das Problem sind natürlich nicht die Werkzeuge, sondern die Halunken, die sie benutzen.

Jedes in dem Buch Badaraccos vorgestellte Werkzeug lässt sich missbrauchen. Wer die Welt kompliziert und unsicher nennt, ist vielleicht nur zu bequem, um einmal ernsthaft über schwierige Probleme nachzudenken. Wer Regeln beugt, drückt sich womöglich nur vor seinen Pflichten. Wo liegt die Grenze zwischen Zeit gewinnen und Dinge vor sich her schieben? Und wo liegt die Grenze zwischen Informationen einholen und Vermeidungstaktik oder sogar Feigheit? Kompromisse können den Ausverkauf von Prinzipien bedeuten, und manche Menschen investieren ihr politisches Kapital mit solcher Vorsicht und lassen Dinge so langsam eskalieren, dass sie im Grunde nichts tun.

Die Menschen, die in Badaraccos Buch beschrieben wurden, sind nicht in diese Falle gegangen. Sie haben die Mittel wirkungs- und verantwortungsvoll genutzt, haben für andere Menschen etwas erreicht und ein gutes Beispiel gegeben.

Was hat diese Menschen dazu befähigt? Um diese Frage zu beantworten, muss man das lautlose Führen aus der Perspektive des Charakters und nicht der Taktik sehen, statt des Tuns das Wesen lautlos Führender betrachten. Die im Buch beschriebenen Männer und Frauen stützen sich auf drei unspektakuläre Tugenden: Zurückhaltung, Bescheidenheit und Beharrlichkeit. Jede dieser Tugenden ist eine Einstellung bzw. Geisteshaltung und hilft, die Mittel und Taktiken des lautlosen Führens verantwortungsvoll und effizient anzuwenden.

Es sind stille, alltägliche Tugenden. Keine wird im Allgemeinen mit Heldentum assoziiert. Weder unerschrockener Mut noch Charisma, weder Opferbereitschaft noch edle Leidenschaften oder der rückhaltlose Einsatz für Ideale sind genannt. Die Tugenden der Zurückhaltung, Bescheidenheit und Beharrlichkeit wirken sehr alltäglich, aber genau darin liegt ihr Wert: Es sind Tugenden für Jedermann, allen zugänglich, vertraut, natürlich und vernünftig. Darum kann praktisch jeder diese einfachen Tugenden der lautlosen Führung kultivieren und ausüben. Sie gelten nicht nur für Ausnahmemenschen oder Ausnahmesituationen.

Zurückhaltung

Führende geraten mitunter in Situationen, in denen sie aus dem Bauch heraus Klartext reden würden. Wenn bspw. der Chef, ein Teilhaber oder ein Kunde etwas Illegales, Grausames oder Dummes tut, möchte man mit dem Hinweis herausplatzen: „Das ist falsch, das dürfen Sie nicht tun!"

Alle im Buch Badaraccos beschriebenen Personen haben ihre erste Reaktion zurückgehalten. Lautlos Führende wollen ihre Gefühle nicht unterdrücken, aber sie wollen sie so effizient wie möglich steuern und in die richtigen Bahnen lenken. Mit dem Pochen auf einem Standpunkt macht man es sich zu leicht und die Angelegenheit meist noch schlimmer. Es ist ungünstig, sich mit Lichtgeschwindigkeit in die falsche Richtung zu bewegen.

Zurückhaltung verhindert aber nicht nur Fehler. In den meisten Fällen wäre lautloses Führen ohne ein gerütteltes Maß an Selbstdisziplin und Geduld unmöglich. Innehalten und Warten fördert Nachdenken, Aufspüren von Nuancen, Vertiefen in Zusammenhänge und das allseitige Abklopfen von Ereignissen. Pausen verschaffen den leisen Stimmen von Intuition und Gewissen Gehör, die in den starken Gefühlen so leicht untergehen.

Zurückhaltung ist bei schwierigen Problemen oft die Vorbedingung für kreative Lösungen. Sie hilft, mit Problemen zu leben, ein oder zwei Nächte darüber zu schlafen und mit dem ganzen Verstand – und nicht nur dem kleinen Analyseapparat darin – zu erfassen, was eigentlich vorgeht und was dagegen unternommen werden kann. Kreative Lösungen für schwierige Probleme liegen nicht plötzlich fertig vor, sondern ergeben sich aus der Beschäftigung mit dem Problem, dem Mitgestalten der Ereignisse und dem Lauern auf Chancen, die sich aus dem unaufhörlichen Strom der Dinge ergeben.

Lautlos Führende halten sich nicht vornehm zurück, verfolgen das Geschehen nicht bequem von der Tribüne aus. Sie suchen auch nicht nach dem goldenen Schuss, um das Problem abzukürzen. Sie akzeptieren vielmehr, dass Führen eher ein langwieriger Prozess denn ein einzelnes, dramatisches Geschehen ist. Deswegen versuchen sie, so viel wie möglich aus der gewonnenen Zeit herauszupressen. Ihre Selbstbeherrschung ist eine aktive, hellwache und oft sehr schöpferische.

Zurückhaltung klingt vielleicht nach bequemem Ausweg, ist aber häufig viel anstrengender, als einfach mit dem herauszuplatzen, was im Augenblick das einzig Richtige zu sein scheint. Ein Manager fand es sehr mühselig, ruhig zu bleiben. Schließlich legte er in den Meetings den Finger über den Mund. Das klingt ein bisschen albern, aber es hat funktioniert. Denn Zurückhaltung ist wie jede Tugend eine Angewohnheit und durch Übung erlernbar.

Diese Lektion ist uralt. Bereits Aristoteles sah in Klugheit und Selbstbeherrschung die beiden für verantwortungsvolles Handeln wichtigsten Tugenden. Beide verlangen Ausgeglichenheit, Geduld und Zurückhaltung. Aristoteles sagte, dass es zugleich schwer und leicht sei, diese Tugenden zu erwerben. In erster Linie sei es eine Sache der Übung, Tag für Tag soll man sie praktizieren, bis sie zur Gewohnheit werden. Anders gesagt, Tugend ergibt sich aus der Ansammlung von wiederholten, kleinen Schritten. Dass sich ein Manager den Finger auf den Mund legt, mag eigenartig wirken. Aristoteles hätte es verstanden und gutgeheißen.

Lautlos Führende sehen das Leben nicht als Klassenzimmer an, in dem die klügsten Schüler immer zuerst mit den Fingern schnippen. Sie vertrauen auf ihre Gefühle, versuchen aber vernünftige Instinkte von Gefühlsreaktionen zu trennen. Selbst wenn sie etwas für eindeutig falsch halten, versuchen sie zunächst abzuwarten, sich umzuschauen, zuzuhören und zu lernen. Manchmal ist die erste Reaktion ein intuitiv richtiges Erfassen der Situation, manchmal ist sie durch Missverständnisse und anderes verzerrt. Gewohnheitsmäßige Geduld und Zurückhaltung versetzen uns in die Lage, das eine vom anderen zu unterscheiden.

Bescheidenheit
Lautlos Führende gehen nicht davon aus, dass sie die Welt ändern können. Es wäre zu anmaßend. Sie wollen nur ihren Teil dazu beitragen. Das zeigt keine falsche Bescheidenheit. Lautlos Führende sind realistisch und übertreiben weder die Bedeutung ihrer Taten noch ihre Erfolgsaussichten. Eben deshalb versuchen sie oft, erst Zeit zu gewinnen, den Dingen auf den Grund zu gehen und die Sache langsam eskalieren zu lassen. Ihre Bescheidenheit, was Wissen und die eigene Rolle betrifft, ist ehrlich. „Ich versuche nicht mehr als eine Spur am Strand zu hinterlassen", sagte einer, und das trifft die Sache auf den Punkt.

Dieser Satz verdient es, darüber kurz nachzudenken. Eine Vielzahl von Kräften gestalten das Leben ebenso wie Wind und Gezeiten den Strand.

Diesen Aspekt haben die meisten Führungspersönlichkeiten, lautlose wie heroische, verstanden. Die Biografien berühmter Personen beschreiben immer wieder lange Zeiträume voll stiller, entschlossener und oft genug frustrierender Bemühungen. Und dann katapultiert sie eine Reihe von Kräften in den Mittelpunkt des Geschehens. Kurz vor seinem Tod sagte Abraham Lincoln: „Ich habe den Lauf der Dinge nicht bestimmt, die Dinge haben mich bestimmt." Gefragt, wie er im Zweiten Weltkrieg zum Held wurde, antwortete John F. Kennedy: „Mir blieb nicht anderes übrig, die hatten mein Boot versenkt." Nach Michel de Montaigne, einem durchdringenden Beobachter des Alltags wie der besonderen Momente, verdankt sich Ruhm allein den Launen des Zufalls.

Weil die Bemühungen einzelner Menschen nur ein Faktor in einer Situation sind, ist der Fortschritt selbst bei Kleinigkeiten oft ein harter Kampf. Alle in dem Buch „Lautlos führen" beschriebenen Menschen haben sich nachdrücklich eingesetzt, aber ihre Fähigkeiten, Entschlossenheit, Klugheit und ihr Glück garantieren nicht den Erfolg. Aufgrund ihrer Bescheidenheit erwarten lautlos Führende keinen schnellen Gewinn.

Mehr noch: Sie betrachten Vokabeln wie Sieg und Erfolg mit Argwohn. Lautlos Führende wissen um die Zerbrechlichkeit der besten Absichten.

Die meisten Führenden sind bescheiden, was ihre möglichen Erfolge betrifft. Sie wissen, dass ihr Wille, ihre Ideale und ihre Fähigkeiten nur wenig beitragen zu den Ereignissen der Zukunft. Wie wir alle kennen sie die Parolen: Große Führungspersönlichkeiten sehen das ganze Bild, folgen ihrer mitreißenden Vision und lassen sich nicht vom alltäglichen Kleinkram niederdrücken. Gut und schön. Aber es ist schwer zu sagen, was ein paar Schritte die Straße hinunter geschehen wird. Deswegen halten lautlos Führende Menschen und Ereignisse für komplizierter, als es den Anschein hat, nehmen sich Zeit, gehen den

Dingen auf den Grund und lassen die Dinge langsam eskalieren. Führende pflegen einen pragmatischen Umgang mit Herausforderungen. Thomas Carlyle, der britische Essayist, sagte: „Wir sollen nicht eine nebulöse Zukunft ausspähen, sondern das, was sich vor unseren Augen abspielt."

Beharrlichkeit

Man bewundert schnell den Mut, trotz Angst und Gefahr das Richtige zu tun. Beharrlichkeit erschließt sich nicht so leicht. Hartnäckige Menschen können uns erheblich irritieren, um nicht zu sagen: auf die Nerven gehen, und ziehen sich oft den Vorwurf zu, dass sie nicht ganz richtig ticken oder unausgefüllt sind.

Hartnäckigkeit gilt als verschroben, aber das stimmt so nicht, auch wenn zwei Personen oft ganz unterschiedliche Dinge für besonders wichtig halten. Die einen setzen sich für die Rettung der Wale ein, andere, die darum nicht gleich zu den moralisch verwerflichen Charakteren zählen, kümmern sich nicht um die großen Meeressäuger. Die Unterschiede sind alles andere als zufällig, sondern spiegeln die Werte und Vorlieben eines Individuums wider, die sich wiederum aus der Lebenserfahrung ergeben. Das, worauf es einem Menschen zuinnerst ankommt, was ihn wirklich interessiert und wofür er sich engagiert, ist kein Zufall, sondern mit seinem eigentlichen Wesen verwoben. Worauf man nachdrücklich und leidenschaftlich insistiert, das wurzelt tief in der eigenen Person.

Alle in Badaraccos Buch besprochenen Führungskräfte spürten, dass ihnen das Problem unter die Haut ging und fühlten sich aus persönlichen Gründen verpflichtet zu handeln. Alle im Buch beschriebenen Menschen handelten und engagierten sich nicht, nur weil sie dachten, dass etwas nicht in Ordnung war – sie *spürten* das Unrecht. Sie handelten nicht, weil es sich so gehört. Ihr Inneres ließ ihnen keine andere Wahl.

In diesem Gefühl ethischer, emotionaler und persönlicher Dringlichkeit ist ihre Hartnäckigkeit begründet. „Pick your battles", sagt man in Amerika, wähl deine Schlachten, such dir deine Herausforderungen. Den Ausdruck kann man in zwei Richtungen interpretieren. Die geläufige ist diese Bedeutung: Schau dir an, worauf du dich einlässt. Aber man kann die Betonung auch auf „deine" legen: Entscheide dich für die Herausforderungen, die *du* für wichtig hältst. Die wirst du auch bis zum Ende durchstehen.

Beharrlichkeit ist vor allem deshalb so wichtig, weil lautlos Führende oft Schlachten schlagen, in denen sie relativ wenig Macht innehaben. Sie fühlen sich eher wie die Mücke und weniger wie die Windschutzscheibe. Vielfach stehen sie isoliert und allein da, müssen lange und schwer arbeiten, um durchzusetzen, was sie für wichtig halten. Kurzum, sie führen eher Guerillakriege als pompöse Feldzüge; eine Aussicht, die so manchem das Handeln verleidet. Nicht so lautlos Führende: Sie handeln, weil es ihnen auf die Sache ankommt und weil sie hoch motiviert sind, teils aus Eigennutz, teils aus Gemeinsinn.

Einige der im Buch vorgestellten Führenden beugten Regeln, ohne sie zu brechen. Andere haben Kompromisse entwickelt, um die Abgründe zwischen feindlichen Parteien zu überbrücken. Das ist mehr als die schlichte Übung, richtig und falsch zu unterscheiden und das Richtige zu tun. Das Richtige war in diesen Fällen zunächst nicht vorhanden. Es musste erst erkannt, geschaffen und allmählich in hartnäckigen, anstrengenden Bemühungen aufgebaut werden.

Beharrlichkeit ist noch aus einem anderen, überraschenden Grund unabdingbar, wenn es auf ethische und praktische Kreativität ankommt: Sie bildet das Gegengewicht zu Zurückhaltung und Bescheidenheit. Diese symbolisieren die Bremsen, und ein Fahrzeug, das nur Bremsen hat, fährt nicht sehr weit. Beharrlichkeit ist im Gegensatz dazu das Gaspedal, aber ein Fahrzeug, das nur ein Gaspedal hat, ist ziemlich gefährlich. Zurückhaltung, Bescheidenheit und Beharrlichkeit fordern ihren Teil ein, und lautlose Führende haben Erfolg, weil sie alle drei Tugenden bedienen.

Das gelingt ihnen überwiegend mit den im Buch beschriebenen Methoden. Lautlos Führende sind flexibel, pragmatisch und oft genug opportunistisch. Sie wissen, was die Franzosen mit dem Sprichwort „das Bessere ist der Feind des Guten" ausdrücken. Darum konzentriert man sich lieber auf das vernünftigerweise Erreichbare, statt sich auf Maximalforderungen zu versteifen. Lautlos Führende geben sich keinen Illusionen hin, wie lückenhaft ihr Wissen und ihr Verständnis ist. Sie sorgen dafür, dass ihre Motivation so stark ist, dass sie vor Schwierigkeiten nicht kapitulieren. Lautlos Führende gewinnen Zeit und vertiefen sich in die technischen und politischen Implikationen des gegebenen Problems. Sie legen ihr politisches Kapital gut an. Sie klopfen die Sache von allen Seiten ab, probieren Ideen aus und lassen die Dinge langsam eskalieren. Sie suchen, wenn nötig, Schlupflöcher, um Regeln zu umgehen. Sie sehen in Kompromissen die hohe Kunst des Führens und ein Zeichen für höchste Kreativität.

Dieser Ansatz lässt sich leicht missverstehen. Er ist nicht besonders aufregend, liefert keine Schlagzeilen. Manchem mag er zu vorsichtig, beherrscht und reserviert erscheinen. Lautlos Führende setzen keine historischen Zeichen. Anders als heroische Figuren bilden sie auch kein leuchtendes Beispiel der Selbstlosigkeit, zu der Menschen fähig sind.

Lautlos Führende arbeiten in anderen Dimensionen. Solche Meilensteine werden weder die Geschichtsbücher noch die Schlagzeilen füllen. Trotzdem sind sie wichtig. Und jeder der Erfolge zeigt, wie lautlos Führende Tag für Tag mit vielen kleinen unscheinbaren Handlungen die Welt in einen besseren Ort verwandeln.

3.5 Ungenügende Transparenz und Kommunikation

In der Faktorenanalyse liegt die ungenügende Transparenz und Kommunikation sowohl innerhalb als auch außerhalb des Unternehmens an fünfter Stelle, 44 % der Insolvenzverwalter haben dies als einen der Insolvenzgründe angegeben (Euler Hermes Kreditversicherung 2006). So wurde oft eine unübersichtliche bzw. schwerfällige Ablauforganisation, zu geringe Risikostreuung, d. h. zu wenige Kunden, Lieferanten oder Banken bemängelt. Auch das Fehlen offener Kommunikation mit Geschäftspartnern und unklare Kompetenzen waren ein Manko.

In den nächsten drei Unterkapiteln geht es zunächst einmal um die Kommunikation innerhalb des Unternehmens bevor Aspekte der Nachhaltigkeitskommunikation behandelt werden. Im dritten Unterkapitel geht es dann um die Möglichkeit eines externen Ratings. Diese Alternative eignet sich mehr für etwas größere Unternehmen.

3.5.1 Kommunikation im Unternehmen

„Management by communication" stellt keine explizite Führungstechnik dar (siehe auch Abschn. 3.4.3). Sie ist integrierter Bestandteil aller übrigen Management-Methoden. Kommunikation ist ein **zweiseitiger Prozess** und erfordert daher stets eine geordnete Beziehung zwischen den Kommunikationspartnern. Aus der Sicht der Führungskraft sind vier Kommunikationslinien von Bedeutung:

a) Kommunikation an übergeordnete Instanzen, z. B. Nachweis der erbrachten Leistungen (Erfolgsmeldungen), Berichte über schwierige Situationen (Probleme), Rückmeldung konsolidierter Kontrollgrößen (Kennziffern),
b) Kommunikation an nachgeordnete Instanzen und Personen, z. B. Information der Mitarbeiter über die Rechte und Pflichten der Arbeitserledigung, Ein- und Anweisungen,
c) Kommunikation an hierarchisch gleichgestellte Personen und Instanzen, z. B. Abstimmung mit anderen Unternehmensbereichen, Teilnahme an Konferenzen für die Koordination unterschiedlicher Aufgaben,
d) Kommunikation an externe Stellen (Außenverhältnis des Unternehmens), z. B. Pressemitteilungen, Teilnahme an Sitzungen von Fachverbänden.

Verschiedentlich wird das Unternehmen als ein **Nachrichtensystem** interpretiert, das als Träger des Kommunikationssystems fungiert. Das Nachrichtensystem stellt die Struktur aus Sender, Empfänger und Kanälen dar, das Kommunikationssystem beinhaltet zusätzlich die Menge der Informationen, die im Nachrichtensystem vorhanden sind, erzeugt und weitergeleitet werden. Das betriebliche Kommunikationssystem ist auf die Aufgaben des Unternehmens abgestimmt. Man unterscheidet das **formale** und das **informale Kommunikationssystem:** Das formale betriebliche Kommunikationssystem bringt die auf eine optimale Aufgabenstellung hin geplante Struktur der innerbetrieblichen Kommunikationsbeziehungen zum Ausdruck. Seine Aufgabe ist es, einen am Unternehmungsziel orientierten Fluss der betrieblich relevanten Informationen zu ermöglichen. Das informale betriebliche Kommunikationssystem umfasst dagegen alle diejenigen Kommunikationsbeziehungen, die durch die formale Organisation nicht vorgegeben sind, die vielmehr spontan entstehen und ihre Grundlagen in den verschiedenen informalen Gruppierungsprozessen haben. Das **formale Kommunikationssystem** wird durch die Strukturorganisation des Unternehmens bestimmt, d. h. durch die formale Gliederung von Instanzen, Funktionen und der sie verbindenden „Kanäle": Dienstwege und direkte Wege. Die Kommunikation beinhaltet somit:

a) die formale Struktur der die Instanzen und Funktionen verbindenden Wege (Berichts- und Informationslinien),
b) die über diese Wege übermittelten Nachrichten und Informationen,
c) die Mittel, die für den Nachrichtentransport eingesetzt werden,

d) die Zentren der Informationserschließung, Informationsverarbeitung und Informationsspeicherung.

Jede Führungskraft ist zugleich **Sender und Empfänger** von Informationen und damit auch Bestandteil des Kommunikationssystems. Daher ist in sachbezogene (aufgabenspezifische) und personenbezogene Kommunikation zu unterscheiden. Darüber hinaus ist die Kommunikation zu gliedern in:

- **Kommunikationspartner**: Die Kommunikationspartner sind durch die Weisungsbefugnisse und durch den Instanzenaufbau des Unternehmens bestimmt. Wichtige Kommunikationspartner im Management-System sind die nachgeordneten Verrichtungsträger. Führungsmodelle, die die Kommunikation in den Vordergrund stellen, zielen daher auch auf die intensive Miteinbeziehung der Mitarbeiter in das Kommunikationsspektrum der Führungskraft ab. Weitere Kommunikationspartner ergeben sich aus den Koordinations- und Entscheidungsaufgaben: Die Abstimmung, Mitbestimmung, Kenntnisnahme sowie die Weiterleitung und Speicherung von Informationen fallen in diesen Bereich ebenso wie die Umsetzung der Informationen in Kennziffern, Standards, Anweisungen und Richtlinien.
- **Kommunikationsobjekte**: **Kommunikationsobjekte** sind die **aufgaben- und zielbezogenen Tätigkeiten der Mitarbeiter** des Unternehmens. Daraus folgt, dass die Verrichtungsträger in den Kommunikationsprozess miteinbezogen werden müssen. Es ist eine nicht delegierbare Aufgabe der Führungskräfte, die Mitarbeiter zu informieren über Aufgaben, Ziele, Mittel für die Aufgabenerledigung, Zeitpunkte (Termine) und Zeitstrecken, Kontrollmaßstäbe, Rechte und Pflichten, Kompetenzen und Verantwortungen. Als Kommunikationsobjekte gelten Tätigkeiten, Rechtsbeziehungen und Maßnahmen der Leistungsbewertung und -kontrolle.
- **Kommunikationsabsichten**: Mit der Kommunikation wird dreierlei verfolgt: **Information** über alle persönlichen und sachlichen Tatbestände, die für eine zielgerechte Aufgabenerledigung und für die persönliche Weiterbildung der Mitarbeiter von Bedeutung sind. **Beeinflussung**: Kommunikation wird benutzt, um das Arbeitsverhalten (d. h. die Leistungsbereitschaft) anderer Personen und Instanzen zu beeinflussen. **Verhaltenskorrektur**: Kommunikation kann dazu benutzt werden, die persönlichen Verhaltensweisen anderer zu verändern, z. B. um ein gefordertes Maß an Anpassung und Unterwerfung zu erzwingen.
- **Kommunikationsmittel**: Durch die **zunehmende Automation** wird in das Beziehungsgefüge verstärkt die elektronische Datenverarbeitung eingesetzt. Die weltweite Vernetzung schafft bisher nicht bekannte Kommunikationsbeziehungen zwischen allen Partnern der Geschäftsprozesse: Kunden und Lieferanten werden ebenso in die Vernetzung mit einbezogen wie sämtliche Kontaktstellen des innerbetrieblichen Informationsaustausches.

3.5 Ungenügende Transparenz und Kommunikation

Alle persönlichen Kommunikationsbeziehungen bleiben jedoch nach wie vor ein zweiseitiger Prozess zwischen Führungskraft und Mitarbeiter. Als Mittel dienen Gespräche, Konferenzen, Rundschreiben, Kontakt-Meetings und informelle Absprachen. Daraus folgt, dass die Führungskraft ständige Kontakte mit den Mitarbeitern pflegen muss. Schriftwechsel, Protokolle und Formulare sind lediglich formelle Kommunikationsträger und sollten daher nur für formelle Aufgaben benutzt werden.

Kommunikationsbeziehungen Sie regeln die Zuständigkeiten und Verantwortungen der im Kommunikationsnetz verbundenen Kommunikationspartner. Sie können durch sogenannte Funktions- oder Kommunikationsdiagramme formal festgelegt werden (Abb. 3.11).

Von besonderer Bedeutung ist die direkte Kommunikation, die durch unmittelbare Kontakte zwischen den Beteiligten einer Aufgabe erforderlich ist. Da durch die zunehmende Komplexität der Unternehmensführung – insbesondere in Zeiten der Globalisierung und Reagibilität – neue Herausforderungen entstehen, tritt an die Stelle der funktional orientierten Linienorganisation mehr und mehr die Arbeit in Gruppen und Teams mit intensiven Querschnittsinformationen. Derartige Gruppen werden ad hoc aufgabenspezifisch zusam-

Aufgaben (links runter) Kompetenzebenen/Stellen (rechts rüber)	Leiter Einkauf	Sachbearbeiter Einkauf	Leiter Finanzen	Sachbearbeiter Finanzen	Leiter Lager	Sachbearbeiter Lager	Leiter Rechnungsprüfung	Benutzerkoordinator	Geschäftsleitung	Leiter Qualitätskontrolle	EDV-Leiter	Projektleiter Systemanalyse	Leiter Programmierung	Leiter allgemeine Verwaltungsdienste
Analyse	K	M	K	M	K	M	K	D		K	V	D		
Benutzerbedarf		M		M		M		D/V			M			
Grobkonzept								K				K	V	
Hardware/Software														
Investitionen			K							K	D/V	M	M	
Planung:														
Personal								M			D	M	M	
Finanzen											D			
Mittel											D			K
Detailkonzept								M			V	D	N	
Programmierung											K	M	V	
Erstellen Testdaten		D		D		D		M			V	K	K	
Test											D	D		
Prüfung Testergebnis		K		K		K		K						
Einführung											V	D	D	
Schulung der Benutzer								D			M			
Kontrolle				D				D						

Abb. 3.11 Kommunikationsdiagramm (Auszug aus einem Funktionsdiagramm bei der Entwicklung eines Informationssystems. Es bedeuten: M = Mitsprache, V = Verantwortung, D = Durchführung, K = Kontrolle) (Quelle: Koreimann 1999, S. 54)

mengestellt (projektorientiertes Arbeiten) oder dem Integrationsgrad der Geschäftsprozesse entsprechend auf Dauer neu formiert. Die Gruppenmitglieder rekrutieren sich dabei aus bisher funktional getrennten Organisationsbereichen. Prinzipiell unterscheidet man:

- **Gesteuerte Gruppen**: Bezüglich der Kommunikation agiert hierbei die Führungskraft als **Moderator**, d. h. ihre Aufgabe besteht primär darin, den Informationsaustausch zwischen den Gruppenmitgliedern zu aktivieren und die Gruppe mit solchen Informationen zu versorgen, die außerhalb ihres Verantwortungsbereiches liegen (allgemeine Geschäftsinformationen, Zielfunktionen, Produkt- und Fachwissen).
- **Teilautonome Gruppe**: Die Gruppe wird von einem Gruppenleiter (Koordinator, Gruppenvertreter) repräsentiert, der allerdings keine personelle Dispositionsgewalt, sondern nur eine Fachverantwortung besitzt. Auch er ist für den Wissenstransfer innerhalb und außerhalb der Gruppe zuständig.
- **Autonome Gruppe**: Die autonome Gruppe besitzt eine eindeutig delegierte Kosten-, Ergebnis- und Qualitätsverantwortung und regelt durch demokratische Verhaltensweisen ihre Kommunikation und Repräsentanz nach außen.

Wissenstransfer und Kommunikation werden in der Regel nicht strukturiert und aufgabenadäquat vorgetragen. Die systematische Entwicklung derartiger Fähigkeiten – Präsentation, Moderation und Kommunikation – führt zu einem neuen **Rollenverständnis der Führungskraft**, die die verschiedenen Techniken der Kommunikation mit den Teams und Arbeitsgruppen trainiert und aktiviert. Als Moderator führt er Arbeitssitzungen für die Zielvereinbarung, die Ergebnis-, Schwachstellen- und Problemanalyse durch. Seine Aufgaben konzentrieren sich dabei auf:

a) Einführung ins Thema, Operationalisierung der Ziele der Sitzung, Sicherstellung, dass alle Teilnehmer das Ziel verstanden und akzeptiert haben,
b) Aktivierung aller Teilnehmer durch Metaplanübungen, Brainstorming, Charting-Techniken in Gruppen- oder Einzelarbeit,
c) Präsentation der Ergebnisse durch die Teilnehmer und offene Feedback-Analysen,
d) Thema- und Zeitkontrolle (Sprechzeit und Gesamtzeit),
e) Sicherstellung von Konsens und Akzeptanz für die Vereinbarung neuer Aufgaben,
f) Konflikthandhabung, sofern innerhalb der Gruppe Diskrepanzen oder Schuldzuweisungen auftreten,
g) Zusammenfassung der Ergebnisse in Form eines unmittelbar nach der Sitzung gemeinsam erstellten Ergebnisprotokolls.

Oftmals erweist es sich, dass Führungskräfte mit dieser neuen Rolle überfordert sind, sodass spezielle Führungskräfte-Trainings erforderlich werden, um den kommunikationsorientierten Führungsstil praktizieren zu können.

Die Kommunikation wird auch durch den Wandel der Arbeitsstrukturen beeinflusst: Telearbeitsplätze und die Flexibilisierung der Arbeitszeit können sich nachteilig auf die zwischenmenschliche Kommunikation auswirken. Zeit und Ort erweisen sich als kritische Parameter der Kommunikationsstrukturierung, insbesondere bei solchen Aufgaben, die ein hohes Maß an Wissenstransfer erfordern, wie bspw. Projektarbeit.

Die neuen Techniken der globalen Vernetzung und der entsprechenden Office-Systeme eröffnen neue Formen der Kommunikation und Interaktion. Das schließt jedoch nicht aus, dass nach wie vor die direkte zwischenmenschliche Kommunikation erforderlich bleibt (woraus sich unter anderem die sogenannten Business-Reiseströme der Hochgeschwindigkeitszüge und der Luftverkehrsgesellschaften erklären lassen).

Voraussetzungen für eine erfolgreiche Kommunikation
Aus der Vielzahl der Kommunikationsbeziehungen folgt, dass die Wahrnehmung der Kommunikation eine intensive Arbeitsbelastung mit sich bringt. Daher ist es erforderlich, dass die Kommunikation strukturiert wird durch:

- Genaue **Terminplanung** aller Konferenzen, Sitzungen und Absprachen,
- Lernen von **Methoden** der Verhandlungs- und Konferenzführung,
- Reduzierung des **Berichtswesens** und der Formulare,
- Einsatz **technischer Hilfsmittel** für die Berichtsautomation für alle Routine- und Standardinformationen, insbesondere bei Office-Systemen,
- Bevorzugung der **direkten** (verbalen) **Kommunikation** anstelle aufwendiger Protokolle und Schriftwechsel,
- Intensive **Miteinbeziehung** der Mitarbeiter in die Kommunikationsaufgaben (Delegation),
- **Kommunikationstraining**, z. B. gruppendynamische Übungen (Koreimann 1999, S. 51 ff.).

3.5.2 Nachhaltigkeitskommunikation aus Perspektive des Controllings

Das Leitbild der nachhaltigen Entwicklung begründet, wie bereits in Abschn. 1.4 dargestellt, überwiegend Chancenpotenziale für Unternehmen. Zur Sicherung des langfristigen Unternehmenserfolgs ist die Nachhaltigkeit daher in das unternehmerische Zielsystem aufzunehmen und entlang der Entscheidungs- und Leistungsprozesse umzusetzen. Die Informations- und Reportingsysteme sind nachhaltigkeitsbezogen auszurichten. Eine hohe Bedeutung kommt in diesem Kontext der Unternehmenskommunikation, insbesondere der Nachhaltigkeitskommunikation, zu. Sie bezieht sich auf den gesamten Prozess der Planung, Steuerung und Kontrolle einer zielgruppenorientierten Informationsbereitstellung zu den ökonomischen, ökologischen und sozialen bzw. gesellschaftlichen Auswirkungen unternehmerischen Handels und zeigt dabei auch mögliche Wirkungszusammenhänge auf. Ziel ist es daher, aus der Sicht des Controllings Anforderungen an eine Nachhaltigkeitskommunikation abzuleiten, die unternehmensinterne, unternehmensübergreifende und unternehmensexterne Perspektiven integriert und – in enger Zusammenarbeit mit dem Informationsmanagement – ein modular aufgebautes, auf die Informationsrechte und -interessen der strategisch relevanten Stakeholder[1] zugeschnittenes Nachhaltigkeits-Reporting implementiert. Daran anknüpfend wird analysiert, inwieweit das Controlling mit seinem Instrumentenwissen die inhaltliche Ausgestaltung und Abstimmung nachhaltigkeitsbezogener Informations- und Kommunikationsprozesse unterstützen und damit zu Entscheidungskoordination, Verhaltensbeeinflussung und Vertrauensbildung beitragen kann.

Der Informationswert der Nachhaltigkeitskommunikation für die strategisch relevanten Stakeholder als Informationsempfänger hängt von der **Aussagefähigkeit** der bereitgestellten Informationen ab. Diese wird durch eine gute Interpretierbarkeit und Verständlichkeit der Informationen zu den Auswirkungen unternehmerischen Entscheidens und Handelns auf die nachhaltigkeitsbezogene Zielerreichung erhöht. Hieraus lassen sich weitere Anforderungen an die Informationsaufgabe des Controllings ableiten. Dem Controlling wird die Aufgabe zugewiesen, ein Informationsinstrumentarium bereitzustellen, mit dem nachhaltigkeitsbezogene Informationen aufbereitet und verdichtet werden können.

Im Folgenden werden ausgewählte Controllinginstrumente zur Bewertung der Zielerreichung skizziert. Dies erfolgt unter Fokussierung insbesondere auf die ökologische und ökonomische Zielerreichung.

Für die Erfassung der Stoff- und Energieflüsse wird das Controlling die Durchführung von Stoff- und Energieflussrechnungen (SEFR) empfehlen. Diese erfordern, möglichst alle in ein Betrachtungsobjekt (z. B. Produkt, Projekt, Prozess) ein- und ausgehenden Stoffe und Energien in ihren jeweiligen physikalischen Einheiten zu messen und art- und mengenmäßig abzubilden. Auftretende Abweichungen zwischen den geplanten und den tatsächlich gemessenen Stoff- und Energieflüssen geben Hinweise auf unplanmäßig ablaufende Prozesse, mögliche Schwachstellen und Optimierungspotenziale.

Das Controlling wird anregen, die Umweltwirkungen basierend auf den Ergebnissen der Stoff- und Energieflussrechnung zu bewerten bzw. nur auszuwerten und zu interpretieren. Hierzu kann es die Methodik des Life Cycle Assessment (LCA) bereitstellen. Diese dient dazu, sämtliche über den Lebenszyklus eines Produktes auftretende, auch indirekte Umweltwirkungen nichtmonetär zu bewerten. Dabei kann die Bewertung verbal-argumentativ durch Checklisten und Argumentenbilanzen, ordinal durch eine ABC-Analyse oder kardinal nichtmonetär mit Äquivalenzziffern erfolgen. Denkbar ist auch die Zusammenfassung der Ergebnisse des Life Cycle Assessment zu einer Kennzahl, wie z. B. Carbon Footprint, Virtual Water oder Kumulierter Energieaufwand (KEA).

Aus den Interdependenzen zwischen den ökologischen und den ökonomischen Auswirkungen unternehmerischen Handelns ergeben sich Anforderungen an die interne Unternehmensrechnung (z. B. Prozesskostenrechnung, Life Cycle Costing, Target Costing), die über die Abbildung finanzieller Informationen hinausgehen. Das Controlling wird sich

---

[1] Stakeholder: Anspruchsgruppen sind alle internen und externen Personengruppen, die von den unternehmerischen Tätigkeiten gegenwärtig oder in Zukunft direkt oder indirekt betroffen sind (www.wirtschaftslexikon.gabler.de).

daher für eine umweltschutzbezogene Erweiterung der Unternehmensrechnung aussprechen. In Abhängigkeit von Art und Umfang der Einbeziehung von Umweltwirkungen in die Unternehmensrechnung kann zwischen differenzierenden und integrierenden Ansätzen unterschieden werden.

Differenzierende Ansätze berücksichtigen ausschließlich die im Unternehmen internalisierten Ist- bzw. Plan-Umweltkosten sowie die zugrunde liegenden kostenwirksamen Ist- bzw. Plan-Mengen. Dabei wird versucht, die umweltrelevanten Kostengrößen (auf Voll- oder Teilkostenbasis) möglichst überschneidungsfrei zu erfassen und auf Bezugsobjekte zuzurechnen. Bei diesem Vorgehen werden allerdings lediglich Daten berücksichtigt, die in der konventionellen Unternehmensrechnung bereits abgebildet sind.

Vorzuziehen sind daher aus der Perspektive des Controllings integrierende Ansätze einer umweltschutzbezogenen Erweiterung der Unternehmensrechnung. Diese erfassen neben den internalisierten Ist- bzw. Plan-Kosten, inklusive der zugrunde liegenden kostenwirksamen Ist- bzw. Plan-Mengen, grundsätzlich auch die vollständigen Stoff- und Energieflüsse und damit alle externen Effekte. Ausgangspunkt der nichtmonetär integrierenden Ansätze, z. B. des Environmental Management Accounting, ist die parallele Erfassung der (nicht monetarisierten) ökologischen und ökonomischen Auswirkungen unternehmerischen Handelns. Die Integration der ökologischen und ökonomischen Auswirkungen zu einem Entscheidungswert kann bspw. mit der Methode der Nutzwertanalyse oder des Analytical Hierarchy Process (AHP) erfolgen.

Monetär integrierende Ansätze dagegen erfordern eine monetäre Bewertung externer Effekte. Diese kann auf Marktpreisen basieren, die für Maßnahmen zur Vermeidung oder Verminderung von Umweltwirkungen gezahlt werden müssen (kostenorientierte Verfahren). Es können aber auch indirekte Bewertungsmethoden, wie die Reisekostenmethode oder der hedonische Preisansatz, sowie direkte Methoden, wie die kontingente Bewertung oder der partizipative Bewertungsansatz, zugrunde gelegt werden (nutzenorientierte Verfahren). Darüber hinausgehend besteht die Möglichkeit, im Sinne des Benefit Transfers auf das Datenmaterial bereits vorliegender Bewertungsstudien zurückzugreifen.

Ergänzend kann das Controlling die Durchführung von Kosten-Nutzen-Analysen („Cost Benefit Analysis") empfehlen. Diese sind darauf ausgerichtet, die negativen und positiven Auswirkungen unternehmerischen Handelns zu monetarisieren, durch Diskontierung zu homogenisieren und einander gegenüberzustellen. Kosten-Nutzen-Analysen ermöglichen es, zusätzlich zu den internalisierten, monetär bewerteten Umweltwirkungen auch die nicht internalisierten negativen (volkswirtschaftliche Kosten) und die positiven externen Effekte (volkswirtschaftlicher Nutzen) in die Betrachtung einzubeziehen. Allerdings stellt die Auswahl eines Diskontierungssatzes aus Sicht des Controllings ein offenes Problem dar.

Da die Annahmen zu den zukünftigen Auswirkungen unternehmerischen Entscheidens und Handelns auf mehrwertigen und damit unsicheren Erwartungen basieren, erscheinen aus der Sicht des Controllings zudem Risiko-Chancen-Analysen erforderlich, z. B. Sensitivitätsanalysen und Simulationsrechnungen. Die Schaffung von Transparenz hinsichtlich der finanziellen und nicht finanziellen Risiken und Chancen erhöht die Aussagefähigkeit der bereitzustellenden Informationen und trägt damit zum Aufbau von Glaubwürdigkeit, Akzeptanz und Vertrauen in die Nachhaltigkeitskommunikation bei.

Zur Verdichtung nachhaltigkeitsbezogener Informationen werden Kennzahlen generiert, die in eine Balanced Scorecard aufgenommen und internen Entscheidungsträgern zur Verfügung gestellt werden können. Dabei können sich Kennzahlen (nur) auf die ökonomische, die ökologische und die soziale Dimension beziehen oder Aspekte aus mehreren Dimensionen integrieren (z. B. Öko-Effizienz-Kennzahlen). Zudem wird das Controlling sicherstellen, dass die Kennzahlen in einen übergreifenden Kontext integrierbar (z. B. Kennzahlen für das Benchmarking) und über einen Zeitablauf abbildbar sind.

Letztlich soll mit der Nachhaltigkeitskommunikation ein positiver Informationswert für die Stakeholder generiert werden. Dieser ermittelt sich aus der Differenz zwischen dem Informationsnutzen, etwa durch Imageverbesserung, erhöhtes Kundenvertrauen mit entsprechenden Umsatzsteigerungen und beschleunigten Genehmigungsverfahren, und den Informationskosten für die Informationsbedarfsermittlung, -beschaffung, -aufbereitung und -übermittlung. Die Quantifizierung des Informationsnutzens ist allerdings bislang weitgehend ungelöst (Schaefer 2012, S. 255 ff.).

3.5.3 Finanzkommunikation mithilfe externer Ratings

Externe Ratings für mittelständische Unternehmen werden aus verschiedenen Gründen noch nicht in der Breite wie bei der Großindustrie durchgeführt. Vermutlich werden die Kosten der Ratingerstellung insbesondere für die kleinen Unternehmen als zu hoch und verzichtbar eingeschätzt, denn 80 % der mittelständischen Betriebe sind Kleinbetriebe mit bis zu 10 Mitarbeitern, das heißt 64 % aller Betriebe unserer Volkswirtschaft. Zum anderen sind mittelständische Unternehmen überwiegend bankenfinanziert und daher nicht bereit, sich zusätzlich zum Bankenrating einem Rating einer externen Agentur zu unterziehen.

Agenturenratings können aber durchaus aus verschiedenen Gründen sinnvoll sein. So stehen in den nächsten Jahren viele Betriebsübergaben an, bei denen sowohl im Falle des Unternehmensverkaufs wie auch anderer Nachfolgeregelungen ein von einer unabhängigen Agentur erstelltes Rating nützlich sein kann.

Außerdem ist es vor dem Hintergrund der Unternehmensinsolvenzen, die anteilsweise bei Unternehmen in den Rechtsformklassen der GmbH und Einzelunternehmen, die einen Jahresumsatz von 1,5 bis 5 Millionen Euro erwirtschaften, besonders hoch sind, sinnvoll und zunehmend wichtiger, mit einem Rating Geschäftspartner, Lieferanten, Banken und andere Stakeholder über die eigene Bonität zu informieren. Insbesondere im Nichtbankensektor steigen die Ansprüche an eine Bonitätsprüfung stetig. Zulieferer sind, wie bereits erwähnt, auf objektive Informationen über die Bonität des belieferten Unternehmens angewiesen, aber auch die Lieferanten – überwiegend kleinere Unternehmen – werden von den Abnehmern zu Zertifizierungsanstrengungen hinsichtlich höherer Qualitäts- und Umweltstandards aufgefordert. Hier kann ein Rating mehr als die üblichen Zertifizierungsmaßnahmen nach ISO erreichen, da es nicht nur objektiv nachprüfbare Tatsachenbehauptungen über heutige Zustände enthält, sondern eine Prognose über zukünftige Entwicklungen abgibt.

Ein weiterer Vorteil von Ratings bei mittelständischen Unternehmen im Gegensatz zur Großindustrie liegt in dem höheren Informationsgewinn für potentielle Investoren, da hier von vornherein eine geringe Publizitätsneigung und kaum ein Medieninteresse besteht und so ein Rating oft die einzige unabhängige Aussage darstellt. Daraus resultiert wiederum für das Unternehmen, dass es trotz gezeigter Transparenz keine Details der leistungsbezogenen und finanzwirtschaftlichen Bereiche des Unternehmens in der Öffentlichkeit preisgeben muss.

Die Kosten der Ratings für die mittelständische Wirtschaft werden immer stärker deren finanziellen Möglichkeiten angepasst. Neben den großen, international agierenden Ratingagenturen haben sich kleinere Agenturen dieses Segments mehr oder weniger erfolgreich angenommen. Es stellt sich allerdings die Frage, ob Ratings der kleineren Agenturen eine vergleichbare Anerkennung finden, wie sie seit vielen Jahrzehnten bei den großen Ratingagenturen mit wachsender Tendenz festzustellen ist.

Dennoch überwiegen die Vorteile eines Ratings durch eine externe Agentur auch im Mittelstand die Nachteile in Form von Erstellungskosten. Auch das Rating der kreditgebenden Bank lässt sich mit einem Agenturenrating überprüfen und lässt evtl. Spielraum für eine bessere Konditionsgestaltung wie auch die Möglichkeit, leichter bei einer anderen Bank eine Finanzierung zu bekommen.

Fazit
Für die Unternehmen ist ein gutes Rating als Chance für die gezielte Öffentlichkeitsarbeit zu sehen, denn es ist ein Gütesiegel und kann gezielt für die Außendarstellung gegenüber Kapitalgebern, Lieferanten, Kunden, Mitarbeitern etc. genutzt werden. Insbesondere erfolgreich wirtschaftende mittelständische Unternehmen werden erkennen, dass mittelfristig die Kosten eines Ratings und der begleitenden Beratung über vielfältige Nutzeneffekte wieder hereingeholt werden können (Staab 2003, S. 355 ff.).

3.6 Investitionsfehler

Ein wichtiger Grund für Insolvenzen ist die fehlerhafte Investitionstätigkeit, die von 42 % der Insolvenzverwalter genannt wird. So wird oft das Investitionsvolumen falsch eingeschätzt. Auch der Investitionszeitpunkt wird nicht immer richtig gewählt. Weiterhin werden häufig eher Gebäude gebaut bzw. gekauft als angemietet.

Daher werden in diesem Kapitel zunächst einige Grundlagen zum Thema Investition gelegt, bevor dann Verfahren zur Beurteilung von Einzelinvestitionen erläutert werden.

3.6.1 Problemdarstellung

Ausgehend vom güter- und finanzwirtschaftlichen Umsatzprozess bedeutet investieren, wie dessen lateinische Wurzel „investire" (einkleiden) zum Ausdruck bringt, die Einkleidung des Unternehmens mit Vermögenswerten. Die Investitionsvorgänge stellen damit die der Finanzierung unmittelbar folgende Phase dar. Je nach Umfang der betrachteten Investitionsobjekte können dabei zwei verschieden weit gefasste Begriffe unterschieden werden:

Investition im weiteren Sinne
In einem sehr weiten Sinne umfassen die Vermögenswerte, in welche investiert wird, sämtliche Unternehmensbereiche, und zwar unabhängig von ihrer bilanziellen Erfassung oder Erfassbarkeit. Zu denken ist bspw. an das Umlaufvermögen (z. B. Vorräte, Forderungen), das materielle (z. B. Maschinen, Grundstücke), immaterielle (z. B. Patente, Lizenzen) und finanzielle (z. B. Beteiligungen) Anlagevermögen, Informationen und Knowhow (z. B. Informationssysteme des Rechnungswesens), das Humanvermögen oder Human Capital (z. B. Ausbildung von Mitarbeitern). Es handelt sich somit um alle Investitionen, die ein Leistungspotenzial, d. h. einen erwarteten zukünftigen Nutzenzugang, darstellen.

Investition im engeren Sinne
Beschränkt man sich dagegen auf einen ganz bestimmten Unternehmensbereich oder eine bestimmte Art von Gütern, in die investiert wird, so handelt es sich um eine enge Fassung des Investitionsbegriffes. Insbesondere versteht man darunter die Umwandlung finanzieller Mittel in materielles Anlagevermögen. Den folgenden Ausführungen liegt ein enger Investitionsbegriff zu Grunde, wobei die Produktionsanlagen (Maschinen und Maschinenkomplexe) von Industriebetrieben im Vordergrund stehen werden.

In Anlehnung an die vorhergehende Abgrenzung des Investitionsbegriffes kann bezüglich des Investitionsobjekts zwischen Sachinvestitionen (materielle oder immaterielle) und Finanzinvestitionen unterschieden werden. Nach dem zeitlichen Ablauf lassen sich Gründungsinvestitionen (auch Anfangs- oder Errichtungsinvestitionen genannt) und laufende Investitionen unterscheiden. Letztere lassen sich je nach Investitionszweck bzw. Investitionsmotiv einteilen in:

1. Ersatzinvestitionen: Ersatz alter, nicht mehr perfekt funktionierender Anlagen durch neue gleiche oder zumindest gleichartige Anlagen,
2. Rationalisierungsinvestitionen: Auswechslung noch funktionierender und einsetzbarer Anlagen mit dem Zweck, Kosten zu senken, qualitativ bessere Produkte herzustellen, die Kostenstruktur zu verändern (z. B. energiesparende Anlagen),
3. Erweiterungsinvestitionen: Beschaffung zusätzlicher Anlagen, um das bereits vorhandene Leistungspotenzial in quantitativer Hinsicht zu vergrößern,

3.6 Investitionsfehler

4. Umstellungsinvestitionen: Ersatz der alten Maschinen durch neue, um anstelle der bisherigen Erzeugnisse neue Produkte herzustellen,
5. Diversifikationsinvestitionen: Zusätzlich zu den bisherigen Leistungen werden neue erbracht, die in das bestehende Produktionsprogramm passen (horizontale oder vertikale Diversifikation) oder die keinen sachlichen Zusammenhang zu den bisherigen Gütern haben (laterale Diversifikation).

In der betrieblichen Praxis lassen sich die einzelnen Investitionszwecke nicht immer genau abgrenzen, oder es werden mehrere Motive gleichzeitig verfolgt. Vielfach ist beim Ersatz einer älteren Anlage auch zu beobachten, dass aufgrund des technischen Fortschritts selten eine quantitativ und/oder qualitativ gleichwertige Anlage wiederbeschafft werden kann. Schließlich sind noch weitere Motive zu erwähnen, die in der Praxis neben den bereits genannten eine wesentliche Rolle spielen können:

6. Einhaltung gesetzlicher Vorschriften (z. B. im Zusammenhang mit Umweltschutzmaßnahmen),
7. soziale Anliegen zur Verbesserung der Arbeitsqualität der Mitarbeiter (z. B. Betriebssicherheit).

Da Investitionen häufig mit einer hohen Kapitalbindung verbunden sind und finanzwirtschaftlich erheblichen Liquiditäts- und Erfolgsrisiken unterliegen, kann der Bestand des Unternehmens leicht gefährdet werden, wenn die Investitionen nicht nach sorgsamen Überlegungen getätigt werden. Dies wird anhand der folgenden Sachverhalte verdeutlicht:

1. Langfristiger Zeithorizont: Investitionsentscheidungen haben in der Regel langfristige Auswirkungen. Dies hat unter anderem folgende Konsequenzen:
   - langfristige Kapitalbindung, verbunden mit fixen Belastungen wie Abschreibungen und Zinsen,
   - starre Kostenstruktur,
   - großes Risiko: Je langfristiger die Auswirkungen, umso weniger genau können die für eine Investition relevanten Daten (z. B. Absatzmenge, Entwicklung neuer Maschinen, Liquidationswert) vorausgesagt werden, umso größer wird damit die Gefahr von Abweichungen der erstellten Prognosen.

   Zusammenfassend ergibt sich daraus eine erhebliche Einschränkung der unternehmerischen Flexibilität.

2. Knappheit finanzieller Mittel: Grundsätzlich ist davon auszugehen, dass nicht beliebig finanzielle Mittel zur Verfügung stehen. Oder mit anderen Worten: Es stehen mehr Investitionsprojekte zur Auswahl als finanziert werden können.

   Dies führt dazu, dass eine Auswahl bzw. eine Ablehnung von Investitionsprojekten vorgenommen werden muss. Ein Hauptproblem besteht dabei in der Festlegung der Beurteilungskriterien.

3. Komplexität: Investitionen stehen nicht nur im Bereich der Finanzwirtschaft im Zentrum, sondern zeigen in allen Unternehmensbereichen erhebliche Auswirkungen. Speziell davon betroffen sind das Personalwesen, das Marketing, die Materialwirtschaft und der Produktionsbereich.
4. Datenmenge: Es fällt eine Vielzahl von Daten an, die für eine Investitionsentscheidung relevant sind. Neben innerbetrieblichen Informationen ist insbesondere die Umwelt des Unternehmens einzubeziehen. Hierzu gehören bspw. Informationen über den Markt, die Konkurrenz, die Technologie, die Gesamtwirtschaft und die politische Situation.

Zusammenfassend kann festgestellt werden, dass Investitionen einen maßgeblichen Einfluss auf den Gesamterfolg (Gewinn) und sogar auf das Bestehen eines Unternehmens haben (Thommen und Achleitner 2007, S. 583 ff.).

3.6.2 Verfahren zur Beurteilung von Einzelinvestitionen

Investitionsentscheidungen legen häufig langfristig Art und Umfang der Leistungserstellung fest und müssen daher sorgfältig geplant werden. In diesem Unterkapitel soll der Fall betrachtet werden, dass eine einzelne Investition zu tätigen ist, die aus einer Menge möglicher Investitionsalternativen (-objekte, -projekte) ausgewählt werden muss. Dazu werden Methoden zur Beurteilung und zum Vergleich dieser Investitionsalternativen benötigt, die sich in Abhängigkeit vom Bekanntheitsgrad der Daten in Verfahren zur Entscheidung unter Sicherheit und solche zur Entscheidung unter Risiko unterteilen lassen.

Die Verfahren zur Entscheidung unter Sicherheit können weiter in zwei Gruppen unterteilt werden:

1. auf Erlösen und Kosten basierende (kalkulatorische) Vorgehensweisen; sie werden auch als statische oder einperiodige Verfahren bezeichnet,
2. auf Ein- und Auszahlungen basierende (finanzmathematische) Vorgehensweisen; bezeichnet als dynamische oder mehrperiodige Verfahren.

Statische Verfahren gehen davon aus, dass Erlöse und Kosten gleichmäßig über die Lebens- bzw. Nutzungsdauer einer Anlage verteilt sind. Dagegen berücksichtigen dynamische Verfahren, dass Auszahlungen (etwa für die Anschaffung zu Beginn oder für Reparaturen in fortgeschrittenem Alter) und Einzahlungen ungleichmäßig über die Lebensdauer verteilt sind oder sein können. Folglich beziehen dynamische Verfahren „Zinseffekte" in die Rechnung ein. Sie berücksichtigen z. B., dass ein in Periode t erzielter Gewinn in Höhe von g Geldeinheiten (GE) für den Planer wertvoller ist als ein Gewinn in derselben Höhe in einer späteren Periode t+Teta; die in t erzielten g GE lassen sich durch Anlage auf dem Kapitalmarkt in Teta Perioden vermehren. Es ist jedoch zu bedenken, dass

3.6 Investitionsfehler

Investitionsentscheidungen sehr komplex sind. Eine rechnerische Behandlung mit eventuell mehreren eingeschränkten Verfahren ist jedoch stets besser als eine rein intuitive Entscheidung (Domschke und Scholl 2005, S. 246 ff.).

Da die Vorstellung aller Berechnungsmethoden (statisch und dynamisch) den Rahmen des Buches sprengen würden, wird nachfolgend auf drei Methoden eingegangen, die im Übrigen auch in einer empirischen Untersuchung über in Unternehmen in Deutschland, Österreich und der Schweiz eingesetzte Methoden zur Ermittlung der Vorteilhaftigkeit von Investitionsprojekten (Thommen und Achleitner 2007, S. 617) mit am Häufigsten genannt wurden. Außerdem beinhaltet dieses Kapitel einige formelhafte Herleitungen und Berechnungen, die allerdings vonnöten sind, um die Methoden zu beschreiben. Wer sich nicht damit befassen möchte, möge dieses Unterkapitel überblättern.

Kostenvergleichsrechnung (statisch)

Bei der Kostenvergleichsrechnung betrachtet man nur die durch eine Investition verursachten (relevanten) Kosten und unterstellt dabei, dass alle Investitionsalternativen dieselben Erlöse erwirtschaften bzw. die gleiche „Erlösstruktur" besitzen. Dies ist nur dann realistisch, wenn alle Investitionsobjekte (Anlagen) die gleiche Leistungsfähigkeit haben und insbesondere keine unterschiedlichen Auswirkungen auf die Chancen am Absatzmarkt aufweisen.

Entscheidungsregel: Unter den genannten Bedingungen wird diejenige Alternative gewählt, die die geringsten Kosten pro Periode verursacht.

Beispiel

Man betrachte das Beispiel mit den in Tab. 3.7 gegebenen Daten. Die Alternative A1 verursacht jährliche Kosten von 37.000 GE, A2 Kosten von 46.000 GE. Nach der Entscheidungsregel ist eindeutig A1 vorzuziehen.

Nimmt man nun an, dass sich die Produkte nur für einen Preis von 8 GE pro Mengeneinheiten (ME) verkaufen lassen, so ergibt sich folgendes Bild: Bei A1 stehen den jährlichen Kosten von 37.000 GE lediglich 36.000 GE an Erlösen gegenüber. Für A2 ergeben sich hingegen Erlöse in Höhe von 48.000 GE, die die Kosten von 46.000 GE übersteigen. Offensichtlich ist die von der Kostenvergleichsrechnung getroffene Entscheidung wenig sinnvoll, da A1 unwirtschaftlich ist, während A2 wenigstens noch einen Gewinn erwarten lässt.

Tab. 3.7 Daten und Ergebnisse der Gewinnvergleichsrechnung (Quelle: Domschke und Scholl 2005, S. 248)

Investitionsalternative	A1	A2
Anschaffungskosten	102.000 GE	140.000 GE
Erwartete Nutzungsdauer	6 Jahre	5 Jahre
Produktionsmenge/Jahr	4500 ME	6000 ME
Erlöse/Jahr	67.500 GE	90.000 GE
− Abschreibungen/Jahr	17.000 GE	28.000 GE
− Betriebskosten/Jahr	20.000 GE	18.000 GE
= Gewinn/Jahr	30.500 GE	44.000 GE

Bei unterschiedlicher Kapazität der Anlagen ist es unter Umständen sinnvoller, einen Stückkostenvergleich (Kosten pro ME Output der Anlage) durchzuführen. Im Beispiel ergeben sich Stückkosten von 8,22 GE für A1 und 7,67 GE für A2, sodass nun letztere Alternative vorzuziehen wäre.

Fazit
Die Kostenvergleichsrechnung ist nur dann geeignet, wenn alle Investitionsalternativen dieselbe Erlösstruktur, dieselbe Nutzungsdauer und denselben Kapitaleinsatz aufweisen. Außerdem erlaubt sie keine Aussagen darüber, ob eine Investition überhaupt wirtschaftlich ist.

Im Gegensatz zu den statischen Verfahren berücksichtigen dynamische Verfahren zur Beurteilung von Einzelinvestitionen den Zeitaspekt. Sie gehen von Zahlungsreihen, also Ein- und Auszahlungen, aus und betrachten diese bis zum Ende der wirtschaftlichen Nutzungsdauer des untersuchten Investitionsobjekts oder bis zu einem bestimmten Planungshorizont T.

Zur Gruppe der dynamischen Verfahren zählen die Kapitalwert-, die Annuitäten- und die Interne Zinsfußmethode. Zur Beschreibung der drei erwähnten Methoden in diesem Buch sind folgende Definitionen zu treffen:

T Nutzungsdauer des Investitionsobjektes bzw. Planungshorizont (in Perioden),
a_t Auszahlung (für Anschaffung und Betrieb) am Ende von Periode $t = 0, \ldots, T$,
e_t Einzahlung (v. a. aus produzierten Leistungen) am Ende von Periode t; ein möglicher Restwert am Ende der Nutzungsdauer ist in E_T enthalten,
c_t Cashflow (Einzahlungsüberschuss; $c_t = e_t - a_t$) in Periode t;
p Kalkulationszinssatz (Zinsfuß) in %
$i = p/100$, $q = 1 + i$ Zinsfaktoren.

Bei diesen Größen handelt es sich um Daten, die zur Durchführung der Verfahren erforderlich sind. Der Kalkulationszinssatz ist bei Anwendung der Kapitalwertmethode als derjenige Zinssatz zu interpretieren, zu dem Gelder in beliebiger Höhe aufgenommen und/oder angelegt werden können. Dabei wird unterstellt, dass Soll- und Habenzinssatz identisch sind (vollkommener Kapitalmarkt). Gelegentlich wird der Kalkulationszinssatz auch als Mindestverzinsung bezeichnet, die der Entscheidungsträger mit seinem Kapital zu erzielen wünscht.

Kapitalwertmethode (dynamisch)
Als **Kapitalwert** KW (oder Barwert) einer Investition bezeichnet man die durch die Investition ausgelösten, auf den Beginn des Planungszeitraumes abgezinsten (diskontierten) Ein- und Auszahlungen. Die Formel für die Berechnung des Kapitalwertes lautet:

$$KW = \sum_{t=0}^{T} c_t \times (1+i)^{-t} = \sum_{t=0}^{T} c_t \times q^{-t}.$$

Der Berechnung des Kapitalwertes kann man folgende prinzipielle Überlegung zugrunde legen: Die Investition beginnt mit einer Auszahlung (Anschaffungskosten) c_0. Dieses

Tab. 3.8 Zahlungsreihen (Quelle: Domschke und Scholl 2005, S. 253)

t	0	1	2	3	4	5	6
$ct(A_1)$	−102	47	45	49	43	50	44
$ct(A_2)$	−140	48	50	64	72	91	0

Geld muss auf dem vollkommenen Kapitalmarkt zum Kalkulationszinssatz p (Zinsfaktor q) aufgenommen werden und sollte von den folgenden Cashflows $c_1, \ldots, c_T$ inklusive der Zinsen erwirtschaftet werden. Dabei wird in der Kapitalwertformel (siehe KW oben) jeder Cashflow c_t in einer Höhe von h_t berücksichtigt, sodass er die durch h_t bis zur Periode t verursachten Zinsen $h_t \times (q_t - 1)$ (inkl. Zinseszinsen) selbst erwirtschaftet. Der Wert von h_t (interpretierbar als Tilgung) ergibt sich wie folgt:

$$\text{Zinsen} + \text{Tilgung} = h_t \times (qt - 1) + h_t = h_t \times qt = c_t \Rightarrow h_t = c_t \times q-t \quad \text{und somit}$$

$$KW = \sum_{t=0}^{T} \times h_t.$$

Beispiel: Eine Einzahlung $c_2 = 121$ GE in Periode 2 tilgt bei einem Zinsfaktor $q = 1{,}1$ den Betrag $h_2 = c_2 \times q^{-2} = 100$ GE und begleicht den fälligen Zins in Höhe von $100 \times (q^2 - 1) = 21$ GE (10 für Periode 1 und 11 für Periode 2, da die Zinsen der Periode 1 in Periode 2 ebenfalls zu verzinsen sind).

Eine Investition A_j wird als vorteilhaft erachtet, wenn sie einen positiven Kapitalwert ($KW_j > 0$) besitzt. Eine Investitionsalternative mit $KW_j < 0$ wird stets von der Nullalternative (nichts tun) mit $KW_0 = 0$ dominiert.

Entscheidungsregel: Die beste unter mehreren Investitionsalternativen ist (bei gegebenem Zinsfaktor i) diejenige mit dem größten Kapitalwert.

Beispiel
Man betrachtet zwei Investitionsalternativen A_1 und A_2 mit den in Tab. 3.8 angegebenen Zahlungsreihen. Die Nutzungsdauern sind 6 bzw. 5 Perioden; es wird der Planungshorizont T = 6 zugrunde gelegt. Als Kalkulationszinssatz unterstellt man p = 10 % (i = 0,1; q = 1,1).

Tabelle 3.9 zeigt die zur Ermittlung der Kapitalwerte notwendigen Berechnungen der Werte h_t, deren Summen den jeweiligen Kapitalwert KW ergeben. Aufgrund des höheren Kapitalwertes ist die Alternative A_1 zu bevorzugen.

Geht man jedoch von einem Kalkulationszinssatz p = 5 % aus, so ergibt sich mit den ebenfalls in Tab. 3.9 dargestellten Berechnungen die umgekehrte Entscheidung. Bei p = 8,64 % sind beide Kapitalwerte identisch. Mit p = 35 % wird der Kapitalwert von A_2 negativ, während der von A_1 noch positiv ist.

Das Beispiel zeigt, dass der den Berechnungen zugrunde gelegte Kalkulationszinssatz ein sehr kritischer Parameter bei der Anwendung der Kapitalwertmethode ist. Selbst wenn man bei der Vorgabe dieser Größe nur geringfügig von dem tatsächlich realisierba-

Tab. 3.9 Berechnungen bei der Kapitalwertmethode (Quelle: Domschke und Scholl 2005, S. 253)

p	t	0	1	2	3	4	5	6	KW
10 %	ht(A_1)	−102	42,37	37,19	36,81	29,37	31,05	24,84	99,99
10 %	ht(A_2)	−140	43,64	41,32	48,08	49,18	56,5	0	98,72
5 %	ht(A_1)	−102	44,76	40,82	42,33	35,38	39,18	32,83	133,29
5 %	ht(A_2)	−140	45,71	45,35	55,29	59,23	71,3	0	136,89
8,64 %	ht(A_1)	−102	43,26	38,13	38,21	30,87	33,04	26,76	108,27
8,64 %	ht(A_2)	−140	44,18	42,36	49,91	51,69	60,13	0	108,27
35 %	ht(A_1)	−102	34,81	24,69	19,92	12,95	11,15	7,27	8,79
35 %	ht(A_2)	−140	35,56	27,43	26,01	21,68	20,29	0	−9,03

ren Zinssatz abweicht, kann man zu Fehlentscheidungen gelangen (Domschke und Scholl 2005, S. 248 ff.).

Interne Zinsfußmethode (dynamisch):
Der interne Zinsfuß einer Investition ist derjenige Zinssatz p*, bei dem der Kapitalwert KW gerade Null wird, das heißt bei dem die Summe der Barwerte der Einzahlungen gleich der Summe der Barwerte der Auszahlungen ist.

Entscheidungsregel: Investitionsalternativen werden als vorteilhaft erachtet, wenn ihr interner Zinsfuß nicht kleiner als eine vom Entscheidungsträger gewünschte Mindestverzinsung ist. Wähle unter diesen Alternativen diejenige mit dem größten internen Zinsfuß p*.

Die Anwendung dieses Verfahrens bereitet unter Umständen aus folgendem Grund Schwierigkeiten: Da mit $\sum_{t=0}^{T} c_t \times (1/q)^t$ ein Polynom T − ten Grades in 1/q vorliegt, kann es mehrere Nullstellen (KW = 0) geben. Es lässt sich jedoch beweisen, dass p* dann eindeutig ist, wenn auf Perioden t = 0, … ,t′ mit $c_t \leq 0$ nur noch Perioden t = t′ + 1, … ,T mit $c_t \geq 0$ folgen. Da dieser Fall häufig vorliegt, spricht man von einer *Normalinvestition*.

Für Normalinvestitionen lässt sich der interne Zinsfuß p* computergestützt leicht durch Anwendung eines Iterationsverfahrens zur Nullstellenbestimmung, wie z. B. das Newton-Verfahren, ermitteln. Für Handrechnungen ist es einfacher, eine binäre Suche anzuwenden. Dabei startet man mit zwei Zinssätzen p_u und p_o, von denen man weiß, dass die Funktion KW(p), die den Verlauf des Kapitalwertes in Abhängigkeit vom Kalkulationszinssatz p beschreibt, zwischen p_u und p_o einen Vorzeichenwechsel hat. Nun ermittelt man den Zinssatz $\bar{p} = (p_u + p_o)/2$ und berechnet KW($\bar{p}$). Ergibt sich der Vorzeichenwechsel jetzt zwischen p_u und $\bar{p}$, so muss im Intervall [p_u, $\bar{p}$] der gesuchte interne Zinsfuß p* liegen, und wir setzen $p_o = \bar{p}$. Ansonsten liegt p* im Intervall [p $\bar{p}$, p_o], woraus $p_u = \bar{p}$ folgt. Dies wird so lange fortgesetzt, bis die Intervallgrenzen p_u und p_o für hinreichend viele Nachkommastellen übereinstimmen.

Tab. 3.10 Binäre Suche zur Bestimmung des internen Zinsfußes (Quelle: Domschke und Scholl 2005, S. 256)

$\bar{p}$	38,75	40,625	39,6875	39,2188	39,4532	39,3359	39,2774	39,3067
$\overline{KW}$	0,49	−1,13	−0,32	0,09	−0,12	−0,02	0,03	0,009

Beispiel
Für das in der Tab. 3.8 bereits dargestellte Investitionsproblem mit den darin gegebenen Zahlungsreihen erhält man p1* = 39,317 % und p2* = 31,765 %. Demnach war die Alternative A_1 zu bevorzugen.

Die binäre Suche zur Ermittlung von p1* geht z. B. wie folgt vor: Start mit $p_u = 20\%$ und $p_o = 50\%$; es gilt KW(p_u) = 15,74 und KW(p_o) = − 9,43. Mit $\bar{p} = 35\%$ ergibt sich KW $\bar{p} = 3,68$. Der Vorzeichenwechsel liegt zwischen $\bar{p}$ und p_o; daher $p_u = \bar{p}$. Mit $\bar{p} = 42,5\%$ erhält man KW $\bar{p} = -2,77$; Vorzeichenwechsel zwischen p_u und $\bar{p}$; daher $p_o = \bar{p}$. Einige weitere Schritte zeigt Tab. 3.10.

Da die Interne Zinsfußmethode einen Zinssatz berechnet, während ein solcher bei der Kapitalwertmethode vorgegeben wird, ist offensichtlich, dass diese Methoden zu (sehr) unterschiedlichen Ergebnissen gelangen können. In obigem Beispiel sind die Empfehlungen beider Methoden gleich, falls der Kapitalwertmethode ein Kalkulationszinssatz von mindestens 8,64 % zugrunde liegt, ansonsten sind sie konträr; vgl. Tab. 3.9 (Domschke und Scholl 2005, S. 255 f.).

3.7 Falsche Produktionsplanung

Der siebte Insolvenzgrund „falsche Produktionsplanung" spielt mit einer Häufigkeit von 41 % eine immer noch große Rolle. Hauptgründe für Fehlplanungen sind (Euler Hermes Kreditversicherung 2006):

- Geringe Auslastung,
- Schlecht organisierte Produktionsabläufe,
- Fehlende Marktbeobachtung,
- Veraltete Technologien, veraltete Anlagen,
- Zu hohe Fertigungstiefe,
- Veraltete Produkte,
- Zu breites oder zu schmales Sortiment,
- Produktmängel.

In den folgenden Abschnitten werden zunächst die grundlegende Fragen der Produktion in der Betriebswirtschaftslehre aus Sicht des Managements behandelt. Anschließend geht es um zukunftsträchtige Produktionsformen wie Industrie 4.0 und die sogenannte „Cradle to Cradle"-Ökonomie.

3.7.1 Problemdarstellung

Unter dem Begriff „Produktion" können grundsätzlich zwei verschiedene Ansätze verstanden werden:

- Produktion als Fertigung: Unter der Produktion als Fertigung (Produktion im engeren Sinne) versteht man die eigentliche Be- und Verarbeitung von Rohstoffen zu Halb- und Fertigfabrikaten. Bei dieser Betrachtung der Produktion als Umwandlung und Herstellung von Gütern steht der technische Aspekt gegenüber dem wirtschaftlichen im Vordergrund.
- Produktion als Leistungserstellungsprozess: Eine Erweiterung des Produktionsbegriffs ergibt sich durch die Betrachtung des Produktionsbereichs als betrieblichen Leistungsprozess (Produktion im weiteren Sinne). Im Vordergrund stehen die betriebswirtschaftlichen Entscheidungstatbestände, die im Rahmen des Leistungserstellungsprozesses gefällt werden müssen. Produktion in diesem Sinne stellt eine unternehmerische Funktion neben anderen (wie Marketing, Materialwirtschaft, Finanzierung usw.) dar. Im Vordergrund stehen dabei die Festlegung
  - des Produktionsprogramms: Welche Produkte sollen hergestellt werden?
  - der Produktionsmenge: Wie viel soll produziert werden?
  - des Fertigungstyps: Wie groß sind die einzelnen Fertigungseinheiten bzw. wie häufig soll ein bestimmter Fertigungsvorgang wiederholt werden?
  - des Fertigungsverfahrens: Wie sollen die Produktionsanlagen angeordnet werden?
  - des gesamten produktionswirtschaftlichen Ablaufs: Welche Fertigungsphasen können unterschieden werden und welche Entscheidungen sind in jeder Phase zu treffen?

Je nach Branche beinhaltet die betriebliche Leistungserstellung eine andere Tätigkeit, z. B. die Gewinnung von Rohstoffen in Gewinnungsbetrieben, die Herstellung von Halb- und Fertigfabrikaten in Fabrikationsbetrieben oder die Ausführung von Dienstleistungen durch Dienstleistungsbetriebe.

Die Beschränkung auf den Fertigungsbetrieb hat zur Folge, dass im Folgenden zur Hauptsache der Produktionsbereich eines Industriebetriebes dargestellt wird. Dabei ist zu beachten, dass viele produktionswirtschaftliche Entscheidungen sowohl technische als auch ökonomische Fragen betreffen. In den folgenden Ausführungen werden die betriebswirtschaftlichen Aspekte im Vordergrund stehen, während auf die technischen nur am Rande eingegangen wird. Diese sind primär Gegenstand der Ingenieurwissenschaften, und es würde den Rahmen des Buches sprengen, auf technische Einzelheiten näher einzugehen.

Bei der Betrachtung der Produktion als unternehmerische Funktion können verschiedene Aufgaben bzw. Phasen des produktionswirtschaftlichen Problemlösungsprozesses unterschieden werden:

3.7 Falsche Produktionsplanung

1.) Analyse der Ausgangslage: Die Ergebnisse der Analyse der Ausgangslage sollen zeigen, welche Probleme im Rahmen der Produktion zu lösen sind und welche Einflussfaktoren die Problemlösung wesentlich beeinflussen. Dies sind:
   - die allgemeinen Unternehmensziele als Oberziele der Produktion und die Teilbereichsziele der verschiedenen Funktionsbereiche (Marketing, Materialwirtschaft, Finanzierung usw.),
   - die zur Verfügung stehenden Kapazitäten (z. B. Maschinen und Mitarbeiter), die für den Produktionsbereich Restriktionen darstellen sowie
   - die allgemeinen Umweltbedingungen (Konjunktur, technischer Fortschritt usw.), welche die für das Unternehmen wenig beeinflussbaren Rahmenbedingungen setzen.

2.) Bestimmung der Ziele der Produktion: In Übereinstimmung mit den allgemeinen Unternehmenszielen sind die produktionswirtschaftlichen Ziele festzulegen. Diese beziehen sich als Sachziele primär auf die Güterart, die Produktionsmenge, die Produktqualität und den Zeitpunkt, zu dem die fertiggestellten Produkte bereitstehen müssen. Die Formalziele beziehen sich dagegen bspw. auf die Produktivität und Wirtschaftlichkeit, die Sicherheit der Mitarbeiter oder die Flexibilität, d. h. die Anpassungsfähigkeit bei zusätzlichen Aufträgen oder bei unvorhergesehenen Fertigungsunterbrechungen.

3.) Bestimmung der Maßnahmen: Die produktionswirtschaftlichen Maßnahmen beinhalten vor allem die Entscheidung über die Organisation der Fertigung und den Fertigungstyp.

4.) Bestimmung der Mittel: Im Produktionsbereich geht es um die Bestimmung des Einsatzes von finanziellen Mitteln, Potenzialfaktoren, Repetierfaktoren (Material), Personen, Produktionsstätten und Lagerhallen (Zwischen- und Fertiglager) sowie Informationssystemen (EDV).

5.) Durchführung: Sobald die Sachziele festgelegt, die Detailpläne für die Produktionsabteilungen ausgearbeitet sowie die zu verarbeitenden Repetierfaktoren eingetroffen sind, müssen mit entsprechendem Mitteleinsatz die Planziele erreicht werden.

6.) Evaluation der Resultate: Das Ergebnis des produktionswirtschaftlichen Problemlösungsprozesses sind die hergestellten Halb- und Fertigfabrikate, die entweder vom Vertrieb und Marketing an die Kunden abgesetzt werden oder für den Eigenverbrauch zur Verfügung stehen. Es wird ersichtlich, inwieweit die Formal- und Sachziele der Produktion erreicht worden sind.

Die Steuerung des Problemlösungsprozesses der Produktion zur Erreichung der Unternehmensziele bezeichnet man als Produktionsmanagement. Sie geschieht wiederum mit den vier Steuerungsfunktionen Planung, Entscheidung, Aufgabenübertragung und Kontrolle. Gerade im Rahmen einer computerintegrierten Fertigung kommt dabei der Produktionsplanung und -steuerung (PPS) eine große Bedeutung zu, auf die insbesondere in Abschn. 3.7.2 näher eingegangen wird.

Wenn diese Pläne realisierbar erscheinen, werden sie für die eigentliche Produktion freigegeben. Damit beginnt die Phase der Produktionssteuerung. Die Produktionsplanung befasst sich mit der zeitgerechten Bereitstellung von Materialien und dem Einsatz der in der Fabrik verfügbaren Ressourcen, um geplante Mengen von Endprodukten rechtzeitig für den Vertrieb herstellen zu können. Im Rahmen der Produktionssteuerung werden die für die Realisierung der Pläne notwendigen Aufträge schrittweise für die Produktion freigegeben. Die Produktionsfortschritte werden laufend überprüft und bei Planabweichungen werden Korrekturmaßnahmen eingeleitet.

Bei der Produktionsplanung geht es um die Planung zukünftiger Aktivitäten in einem größeren Rahmen, während sich die Produktionssteuerung mit der kurzfristigen Regelung der Abläufe auf Fabrikebene befasst. Dabei sollen die Auslastung der Kapazitäten, die Durchlaufzeiten, die Termintreue und die Lagerbestände optimiert werden (Thommen und Achleitner 2007, S. 325 ff.).

3.7.2 Industrie 4.0 oder die selbstlernende Fabrik

Wie in Abschn. 3.7.1 dargestellt, kommt der computerintegrierten Produktionssteuerung und der damit verbundenen mit einer vorgeschalteten Produktionsplanung und -steuerung (PPS) eine große Bedeutung zu. Wie aber kann man mit der smarten Fabrik effizient und flexibel produzieren?

Verkürzte Produktlebenszeiten sowie die zunehmende Individualisierung von Produkten stellen Unternehmen vor große Herausforderungen. Ressourcenknappheit und steigende Energie- und Rohstoffkosten, aber auch Umweltschutz und Emissionsvorgaben sind für Unternehmen Triebfeder, über Energie- und Ressourceneffizienz nachzudenken und intelligente Lösungen zu suchen.

Darüber hinaus sind gerade kleinere und mittlere Unternehmen als Zulieferer zunehmend dem Druck ausgesetzt, ihre Prozesse über Schnittstellen in die Prozesse ihrer Kunden einzubinden. Um im Wettbewerb bestehen zu können und zugleich die oben geforderte Flexibilität der Produktion zu ermöglichen, sind intelligente Ansätze gefragt. Industrie 4.0 und das Konzept der smarten Fabrik kann hier einen wichtigen Beitrag leisten.

In der smarten Fabrik sind Maschinen, Anlagen, Systeme, Zwischenprodukte und die Umgebung über Internettechnologie miteinander verbunden und tauschen Informationen aus. Reale Objekte werden mit der virtuellen Welt vernetzt. Sogenannte Manufacturing Execution Systems erfassen alle Produktions-, Qualitäts- und Personalinformationen entlang der gesamten Wertschöpfungskette. Das Produkt bzw. jedes Werkstück erhält über ein Codierungssystem sein eigenes Produktgedächtnis. Dadurch können Produkte ihre Produktion quasi selbst steuern, sie liefern im Produktionsprozess ihren eigenen Bauplan mit. Das Werkstück ist zum einen eindeutig identifizier- und lokalisierbar, zum anderen sorgen die Qualitätsinformationen bei der Integration in den Fertigungsprozess für eine verbesserte Qualitätssicherung und optimieren die Wertschöpfungskette.

Durch die intelligente Steuerung der Produktion und die Vernetzung der Produkte, Systeme und Mitarbeiter ist es möglich, den Materialeinsatz zu optimieren und Abfall zu vermeiden. Die Reduzierung von Ausschussware durch die verbesserte Qualitätssicherung verringert ebenso den Energieverbrauch wie die Verkürzung von Liege- und Durchlaufzeiten.

Doch darüber hinaus ändert Industrie 4.0 nicht nur Produktions- und Fertigungstechnik, sondern optimiert den gesamten Prozess. Für die Unternehmen stehen auch Fragen der Energieversorgung, der Energieverteilung und der intelligenten Verteilnetze im Fokus. Durch effiziente Waren- und Verkehrsströme und damit einhergehend verringerte Energie- und Treibstoffbedarfe ergeben sich weitere Effizienzeffekte. Intelligentes Energiemanagement ist erst durch den Einsatz moderner Informations- und Kommunikationstechnologien möglich und sorgt etwa auch im Rahmen des Energie- und Gebäudemanagements für die effizientere Nutzung von Wärme und Strom.

Bei den erneuerbaren Energien nimmt Deutschland eine Vorreiterrolle ein und hat sich damit einhergehende Kompetenzen im Bereich Smart Grid und intelligenter Verteilernetze/Energieverteilung erworben, die auch im Industrie 4.0-Umfeld nutzbar sind. Erst die intelligente Vernetzung der Energie-Akteure, Versorger und Verbraucher macht die effiziente Nutzung erneuerbarer Energien möglich. Die digitale Fabrik ist dabei in die Versorgungsinfrastruktur eingebunden (Dittrich 2013, S. 3).

3.7.3 Die „Cradle to Cradle"-Ökonomie

Abfall ist Nahrung (Michael Braungart).

Der Ansatz der „Cradle to Cradle"-Ökonomie geht noch weit über das Konzept der Industrie 4.0 hinaus. Frei übersetzt bedeutet „Cradle to Cradle" „von der Wiege zur Wiege zurück". Ziel ist nicht nur ein Konzept, das auf die Schonung von Ressourcen abzielt, sondern im Sinne des „upcyclen" von Produkten soll nicht nur kein Müll im Produktionsprozess anfallen, der unter Hinzutun von Energie wieder recycelt wird. Es sollen von vornherein aus dem biologischen Kreislauf resultierende Ideen in die Produktion einfließen. Michael Braungart, der dieses Konzept zusammen mit seinem Kollegen William McDonough entwickelt hat, zielt darauf ab, dass der Produktionsprozess in Zukunft „ganzheitlich" betrachtet wird. Als Beispiel beschreibt er die Erstellung eines Bürostuhls, der nach mehrjähriger Verwendung wieder in seine Bestandteile zerlegt werden kann und vom Produzenten wieder zurückgenommen wird (McDonough und Braungart 2013).

Neue Geschäftsmodelle könnten sich in Zukunft ergeben: So wird in USA mittlerweile ein Großteil der Teppichböden mit einer Rücknahmeverpflichtung verkauft. Der Hersteller der Teppichböden zahlt einen Preis für den alten Teppichboden und liefert zeitgleich den neuen Teppich. Hierbei steht der Gebrauch der Produkte, nicht der reine Besitz im Vordergrund. Ein anderes Beispiel ist die Produktion von Türgriffen, die besonders den weitverbreiteten Magnesiummangel beim Menschen berücksichtigen. In Zukunft werden Türgriffe produziert, die Magnesium abgeben, sodass neben dem gesundheitlichen Effekt auch die Einnahme von Magnesiumtabletten wegfiele. In der Art und Weise, wie die

Produkte hergestellt werden, soll auch die eingesetzte Energie zum Produktionsprozess passen. Die Autoren sind sich daher einig darin, in Zukunft ausschließlich mithilfe erneuerbarer Energien Produktionsprozesse zu betreiben (McDonough und Braungart 2013, S. 209 ff.).

3.8 7 weitere Faktoren

Nachfolgende Faktoren für Unternehmensinsolvenzen spielen mit Häufigkeiten zwischen 33 und 21 % eine eher untergeordnete Rolle im Unternehmen und werden daher nur kurz vorgestellt.

- Dominanz persönlicher über sachlicher Motivation
  Inhabergeführte Unternehmen haben oft keine brauchbare Nachfolgeregelung. Es existieren zu kurzfristige Planungs- und Analysezeiträume, die oft nicht über ein Jahr hinausgehen. Häufig gibt es auch Konflikte zwischen den Inhabern. Außerdem wird sich oft zu einseitig an den Forderungen bestimmter Kunden orientiert.
- Ungenügende Marktanpassung
  Hier geschehen oftmals Fehler in der Preispolitik. Auch wird die Globalisierung nur ungenügend berücksichtigt.
- Egozentrizität, fehlende Außenorientierung
  Hiermit ist gemeint, dass Gefahren oft verleugnet werden. Dies geschieht aus einem Gefühl der Omnipotenz heraus. Es herrscht eine ungenügende Kenntnis von Marktveränderungen. Außerdem existiert zu wenig Vertrauen zu den Mitarbeitern und zu den Lieferanten.
- Mangel an strategischer Reflexion
  Häufig genannte Themen:
  - keine vom Tagesgeschäft freigestellte Person für Strategieüberlegungen,
  - starre Bindung an bestimmte Lieferanten,
  - zu wenig Informationen über unternehmenspolitische und personelle Veränderungen bei den Hauptkunden,
  - Beschränkung auf den nationalen Markt.
- Personalprobleme
  Personalprobleme sind hauptsächlich verbunden mit nachfolgenden Punkten:
  - kein Mitarbeiterabbau bei rückläufigem Umsatz,
  - geringe Motivation der Mitarbeiter,
  - Konflikte mit den Mitarbeitern,
  - fehlende Identifikation der Mitarbeiter mit dem Unternehmen,
  - hohe Mitarbeiterfluktuation,
  - hoher Krankenstand,
  - kriminelle Mitarbeiter.

- Unkontrollierte Investition und Expansion
  Einmal werden zu geringe Investitionsmaßnahmen im Unternehmen durchgeführt. Es werden falsche Vertriebswege gewählt und das Risiko von Kooperationen und Unternehmensbeteiligungen wird falsch eingeschätzt. Außerdem werden Währungsrisiken falsch eingeschätzt und es gibt zu breit gefächerte, internationale Expansionen.
- Zu viel Wechsel
  Der Faktor mit dem geringsten Einfluss auf Insolvenzverhalten ist die überhastete Expansion und ein häufiger Wechsel in der Geschäftsführung.

Literatur

Badaracco JL (2002) Lautlos führen. Richtig entscheiden im Tagesgeschäft. Gabler-Verlag, Wiesbaden

Blake R, Mouton J (1978) The new managerial grid. GulfPub. Co., Houston

Bouwmann D (2007) Debitoren-Controlling ... was tun, wenn der Kunde nicht zahlt ... ? Verlag für Controlling Wissen AG, Offenburg

Britzelmaier B (2013) Controlling. Grundlagen, Praxis, Handlungsfelder. Pearson, München

Corsten H, Roth S (2012) Nachhaltigkeit als integriertes Konzept, In: Corsten H, Roth S (Hrsg) Nachhaltigkeit. Unternehmerisches Handeln in globaler Verantwortung, Springer Gabler, Wiesbaden

Disselkamp M (2012) Innovationsmanagement. Instrumente und Methoden zur Umsetzung im Unternehmen. Springer Gabler, Wiesbaden

Dittrich D (2013) Mit der smarten Fabrik effizient und flexibel produzieren. Hessen-Umwelttech NEWS (3): S. 3

Domschke W, Scholl A (2005) Grundlagen der Betriebswirtschaftslehre – Eine Einführung aus entscheidungsorientierter Sicht. Springer-Verlag, Berlin, Heidelberg, New York

Drucker P (1986) Innovationsmanagement für Politik und Wirtschaft. ECON, Düsseldorf

Eberhardt I (2006) F&E-Controlling in hochtechnologieorientierten, mittelständischen Unternehmen unter besonderer Berücksichtigung der Technologiefrühaufklärung, In: Lingnau V (Hrsg) Einsatz von Controlling-Instrumenten im Mittelstand. Josef-Eul-Verlag, Köln

Eglau HO, Kluge J, Meffert J, Stein L (2000) Durchstarten zur Spitze. Campus Verlag, Frankfurt am Main

Euler Hermes Kreditversicherung (2006) Ursachen von Insolvenzen. Gründe für Unternehmensinsolvenzen aus der Sicht von Insolvenzverwaltern, Wirtschaft Konkret, Bd. 414. Veröffentlichung der Euler Hermes Kreditversicherungs AG, Hamburg

Gabler Wirtschaftslexikon (www.wirtschaftslexikon.gabler.de)

Grill, Perczynski (2006) Wirtschaftslehre des Kreditwesens, Bildungsverlag EINS, Troisdorf

Horváth P (2006) Controlling. Verlag Franz Vahlen, München

Internationaler Controller Verein e.V. (2007) Controller und Controlling

von Känel S (Hrsg) (2008) Kostenrechnung und Controlling. Grundlagen, Anwendungen, Excel-Tools. Haupt Verlag, Bern, Stuttgart, Wien

Kaplan RS, Norton DP (1993) Putting the Balanced Scorecard to Work. Harvard Business Review (9–10)

Koreimann D (1999) Management. Oldenburg Wissenschaftsverlag GmbH, München

Lackner M (2012) Talent-Management spezial. Hochbegabte, Forscher, Künstler... erfolgreich führen. Gabler-Verlag, Wiesbaden

Lippe, Esemann, Tänzer (2001) Das Wissen für Bankkaufleute, Das umfassende und praxisorientierte Kompendium für die Aus- und Weiterbildung. Gabler-Verlag, Wiesbaden

McDonough W, Braungart M (2013) The Upcycle. Beyond Sustainability – Designing for Abundance. North Point Press, New York

Preißler PR (2007) Controlling. Lehrbuch und Intensivkurs. Oldenburg Verlag, München, S 33

Schaefer S (2012) Nachhaltigkeitskommunikation aus der Perspektive des Controllings. In: Corsten H, Roth S (Hrsg) Nachhaltigkeit, Unternehmerisches Handeln in globaler Verantwortung, Springer. Gabler-Verlag, Wiesbaden

Schmeisser W, Hannemann G, Krimphove D, Toebe M, Zündorf H (2012) Finanzierung und Investition. UVK Verlagsgesellschaft mbH, Konstanz

Schmidt A (2008) Kostenrechnung. Grundlagen der Vollkosten-, Deckungsbeitrags- und Plankostenrechnung sowie des Kostenmanagements, Kohlhammer, Stuttgart

Schreyögg G, Koch J (2010) Grundlagen des Managements. Basiswissen für Studium und Praxis. Gabler-Verlag, Wiesbaden

Staab J (2003) Finanzkommunikation mithilfe des Ratings, In: Achleitner AK, Everling O (Hrsg) Rating Advisory, mit professioneller Beratung zum optimalen Bonitätsurteil, Gabler-Verlag, Wiesbaden

Staab J (2013) Erneuerbare Energien in Kommunen, Energiegenossenschaften gründen, führen und beraten. Springer Gabler-Verlag, Wiesbaden

Thommen JP, Achleitner AK (2007) Allgemeine Betriebswirtschaftslehre, umfassende Einführung aus managementorientierter Sicht. Gabler-Verlag, Wiesbaden

Tolkmitt V (2007) Neue Bankbetriebslehre, Basiswissen zu Finanzprodukten und Finanzdientleistungen. Gabler-Verlag, Wiesbaden

Urban B (2012) Debitoren- und Kreditorenbuchhaltung. Haufe-Verlag, Freiburg, München

Varnholt N, Lebefromm U, Hoberg P (2009) Kostenrechnung und operatives Controlling. Betriebswirtschaftliche Grundlagen und Anwendung mit SAP ERP. Oldenburg, München

Vollmuth H (2007) Kennzahlen. Rudolf Haufe Verlag, Planegg/München

Wagner SM, Weber J (2007) Beschaffungscontrolling: Den Wertbeitrag der Beschaffung messen und optimieren. Wiley-VCH, Weinheim

Welch J, Byrne JA (2003) Jack: Straight from the Gut. Business Plus, Warner Books, New York

Ziegenbein K (2007) Controlling. Friedrich Kiehl Verlag, Ludwigshafen (Rhein)

4 Was bei der Beauftragung von Unternehmensberatungen zu beachten ist

Unternehmer, die die beschriebenen Maßnahmen im Betrieb umsetzen möchten, stehen oft vor der Frage, ob sie dafür entweder eigene Personalressourcen nutzen oder aber das Know-how eines Beraters einkaufen. Dieses Kapitel will zu dieser Entscheidungsfindung beitragen.

4.1 Typische Merkmale von KMU

Zunächst einmal macht es Sinn, die typischen Merkmale kleiner und mittelständischer Unternehmen im Gegensatz zu größeren Unternehmen herauszuarbeiten. In der Literatur findet man die Einteilung in qualitative Kriterien und quantitative Indikatoren.

Während die quantitativen Indikatoren sich meist auf die Beschäftigungszahl, den Umsatz und die Bilanzsumme beziehen, können qualitative Kriterien im Besonderen die Charakteristika von KMU herausstreichen. Die quantitativen Indikatoren von KMU wurden in Abschn. 1.2 dargestellt, sodass im Folgenden nur die qualitativen Kriterien aufgeführt werden sollen:

Im Zentrum der Begriffsbestimmung steht eine stärkere Verknüpfung von Unternehmensleitung und Eigentum, als dies bspw. bei kapitalmarktorientierten Unternehmen der Fall ist. Traditionell wurden die qualitativen Definitionsversuche in objektive und subjektive Abgrenzungskriterien klassifiziert. Objektive Unterscheidungskriterien erweisen sich als direkt oder über Hilfsmaßstäbe zählbar oder statistisch erfassbar und beruhen auf äußerlich sichtbaren Tatbeständen wie z. B. der Rechtsform und der Organisationsstruktur. Die subjektiven Merkmale umfassen hingegen Zielvorstellungen, Leitbilder und Verhaltensweisen, die dem „typischen mittelständischen Unternehmen" zugeschrieben werden können. Typische qualitative Merkmale von KMU sind:

- Autonomie des Unternehmens (objektiv),
- Entscheidungszentralisation (objektiv),

- Geringer Formalisierungsgrad, Vorherrschen informeller Kommunikationskanäle (objektiv),
- Unternehmen als alleinige Einkommensquelle für Kapitalgeber (objektiv),
- Vorherrschende Organisationsstruktur: Ein-Linien-Organisation, seltener Stab-Linien-Organisation (objektiv),
- Unternehmen durch seine Unternehmerpersönlichkeit geprägt (subjektiv),
- Fähigkeit zur Erbringung individualisierter, differenzierter Leistungen (subjektiv),
- Kurzfristige Orientierung im Vordergrund des Denkens und Handelns (subjektiv),
- Fähigkeiten zur Erstellung von Leistungen nach Maß (subjektiv).

Für eine Qualifizierung der kleinen und mittleren Unternehmen ist es nicht erforderlich, dass stets alle Kriterien erfüllt sind. Je weniger die Merkmale allerdings erfüllt sind, desto mehr kann das zu betrachtende Unternehmen einem Großunternehmen ähneln (Foyer 2013, S. 15 ff.).

In der (Beratungs-)Literatur liegt der Schwerpunkt meist auf Großunternehmen. Dies hat wohl damit zu tun, dass die großen Beratungsunternehmen, wie z. B. McKinsey oder Accenture, für größere Unternehmen tätig sind. Die vorhandene Literatur wird folglich durch entsprechende Unternehmen geprägt. KMU werden für viele Fragestellungen somit von vornherein ausgeschlossen. Beratungsunternehmen, die ihre Dienstleistungen im strategischen Bereich anbieten, sind darüber hinaus zu teuer und nur für Tagessätze zu haben, für die eine Mandatierung nicht lohnt.

4.2 Beratungsbedarf und Beratungsverhalten von KMU

Eine rein strategische Beratungsleistung, wie sie von großen Beratungsunternehmen angeboten wird, ist für KMU aus Kostengründen meist nicht sinnvoll. Dennoch ist es für sie wichtig, sich im Wettbewerb der Zukunft und auf neuen Spielfeldern zu bewähren.

Früher war das Spielfeld, auf dem Unternehmen zum Wettbewerb antraten, durch Branchen mit eindeutigen Produkt-Marktabgrenzungen definiert. So gehörte z. B. ein Unternehmen des Hochbaus der Baubranche an, und die Produkte, die es anbot, waren Hochbauleistungen, die in Ausschreibungen nachgefragt wurden und, wenn alles korrekt ablief, einem exakten Kosten-Nutzen-Vergleich durch den Auftraggeber ausgesetzt waren. Das Unternehmen verfügte über erfahrene und langjährige Mitarbeiter mit solider Ausbildung im Hochbau und fühlte sich der Baubranche zugehörig und ihren Spielregeln verbunden. Innovationen beschränkten sich auf die Erschließung neuer Regionalmärkte und Kundenzielgruppen, die bessere Erstellung des angefragten Bauwerks durch Produkt- und Prozessinnovationen und, bei freien Kapazitäten, auf Vorratsproduktion.

Heute, in Zeiten der gebrochenen Wertschöpfungsketten, arbeitet kaum ein Hochbauer mehr mit eigenen Bauarbeitern, sondern mit Subunternehmern und hat durch die Austauschbarkeit dieser Wertschöpfungsstufe nur noch geringe Möglichkeiten, Kosten- oder andere Wettbewerbsvorteile zu erzielen. Er muss sich daher Spielfelder – sprich Wert-

4.2 Beratungsbedarf und Beratungsverhalten von KMU

schöpfungsstufen oder ganze Geschäftsfelder – suchen, die ihm die Möglichkeit bieten, sich vom Wettbewerb abzusetzen und Margen zu erzielen, die eine positive Weiterentwicklung seines Unternehmens langfristig erlauben. Eine Möglichkeit hierzu ist etwa, die klassische Baubranche zu verlassen und branchenübergreifende Problemlösungen anzubieten. Das könnte z. B. das Angebot an anspruchsvolle Großunternehmen sein, deren Problem, gute Arbeitskräfte zu finden, durch Schaffung besonders attraktiver Büroarbeitsplätze in hervorragender Infrastruktur mit umfangreichen begleitenden Serviceleistungen zu lösen. So ist aus dem Bauunternehmer ein Projektentwickler und Dienstleister geworden, das Produkt besteht nicht mehr aus Beton und aufeinander geschichteten Steinen, sondern ist eine komplexe Kombination vieler unterschiedlicher innovativer Wertschöpfungsstufen.

Der Kampf um Marktanteile in vergleichbaren Gewerken weicht der kreativen Lösung neuer Probleme mit neuen Methoden. Der direkte Wettkampf „Hochbauer gegen Hochbauer" weicht dem Kampf um attraktive Kunden und Projekte mit neuen Ideen und Leistungskombinationen. Ungelöste Probleme und unerfüllte Träume wird es immer geben, und daher sind den Möglichkeiten, neue Spielfelder zu entwickeln, für mittelständische Unternehmen mit ihrem Engagement, ihrer Flexibilität und Kreativität kaum Grenzen gesetzt. Abbildung 4.1 zeigt, wie ein traditionelles Unternehmen durch Erweiterung

	Auf eine Branche ausgerichtet	Auf mehrere Branchen ausgerichtet	Universell ausgerichtet auf Kulturen, Gesellschaft, Ökologie
Entdeckt neue Probleme und löst sie	Kreativer Branchenspezialist	Kreativer Systemveränderer	Gesellschafts- und Kulturveränderer
Löst bekannte Probleme mit neuen Ansätzen	Innovativer Branchenspezialist	Querschnittsinnovator	Gesellschaftsinnovator
Löst bekannte Probleme mit bekannten Ansätzen	Klassischer Branchenspezialist	Multi	Universalist

Abb. 4.1 Ansätze für die Entwicklung neuer Geschäftsmöglichkeiten (Quelle: v. Widau und Koenen 2008, S. 31)

Tab. 4.1 Beispiel für die Entwicklung neuer Geschäftsmöglichkeiten für ein Bauunternehmen

Entwickelt Preiswerthaus und bietet an	Entwickelt Preiswerthaus und bietet zusammen mit großem Möbelversandhaus an	Entwickelt neue Wohnformen für Bürger Brandenburgs und Berlin zum gesellschaftlichen und ökonomischen Miteinander
Entwickelt Zuganker zur Baugrubenabstützung	Bietet Projektentwicklung für Industrie und Verwaltung mit neuen Infrastruktur-Konzepten an	Entdeckt besonders vorteilhafte Lagen und Konzepte für Altenheime und betreibt diese
Klassischer Bauunternehmer	Bietet Wohn-, Verwaltungs- und andere Projektentwicklungen an	Bietet „Bio-Häuser" mit ökologischen Vorteilen an

seines Leistungsangebotes und seines Selbstverständnisses neue Geschäftsmöglichkeiten erschließen kann.

In Tab. 4.1 ist dies für ein traditionelles Bauunternehmen beispielhaft dargestellt.

Die Erfolgsfaktoren im Wettbewerb verändern sich mit den Spielfeldern. Durch das Überschreiten klassischer Branchengrenzen treten die branchenspezifischen Erfolgsfaktoren in den Hintergrund. Zum Tragen kommen jene Erfolgsfaktoren, die den neu gebildeten Geschäftsfeldern gerecht werden, das heißt die neuen Angebotskombinationen für den Kunden attraktiv machen und dem Anbieter somit zu Wettbewerbsvorteilen gegenüber schon bestehenden Angeboten verhelfen. Die Gegenüberstellung klassischer (Branchen-)

Tab. 4.2 Typische Erfolgsfaktoren früher und heute

Früher	Heute
Produkt- und Prozess-Know-how	Innovationsstärke und Technologiemanagement
Stückkosten	Geldwerter Vorteil für den Kunden
Einkaufsmacht	Qualität der Netzwerke und Allianzen
Relative Marktanteile und Scale-Effekte	Verteidigungsfähigkeit der Alleinstellung
Servicequalität	Gesamte Liefer- und Produktqualität
Lieferzeit	Reaktionsgeschwindigkeit und Flexibilität
Image und Markenstärke	Transparenz der Leistungsvorteile, Präsenz
Wertschöpfungstiefe als Nachteil	Wertschöpfungstiefe als Vorteil[b]
Kompetente Branchenspezialisten als Mitarbeiter	Kreative Generalisten als Mitarbeiter
Mitarbeiter-Status und Gehalt	Kick und erfolgsabhängige Bezahlung
Funktionierende DV	IT-Management up to date
Stabile Kundenbeziehungen	Gutes Kundenportfolio-Management
Branchen-AGB[a]	Individuelle Verträge
Attraktivität als Marke	Attraktivität als Arbeitgeber
Technologiebesitz	Kompetente, kreative Leistungsträger

[a] AGB – Allgemeine Geschäftsbedingungen; [b] Oft unter Voraussetzung innovativer Rationalisierungs-/Automatisierungsinvestitionen

Erfolgsfaktoren mit einigen neuen branchenübergreifenden Erfolgsfaktoren in Tab. 4.2 zeigt die generelle Entwicklung.

Neue Strategien und Erfolgsfaktoren erfordern die Veränderung von Strukturen und Abläufen in mittelständischen Unternehmen. Die Veränderung des Wirtschaftslebens durch Globalisierung, technologischen Fortschritt, Quantensprünge bei Informations- und Kommunikationsmöglichkeiten, gesellschaftliche Veränderungen und Wertewandel und – last not least – verschärfte ökologische Rahmenbedingungen verlangen auch vom Mittelstand die Entwicklung neuer Strategien und die Bedienung neuartiger Erfolgsfaktoren (v. Widau und Koenen 2008, S. 27 ff.).

So bleibt den Unternehmen dringend angeraten, sich aufgrund der im Vorfeld aufgeführten Veränderungsprozesse immer neu die Frage zu stellen, ob man das ein oder andere selbst intern in Angriff nimmt oder einen externen Spezialisten als Berater mit heranzieht. Dies sollte im Einzelfall entschieden werden. Ein Eingehen auf spezielle Beratungsinstitute wie ein Fokus auf einzelne Branchen würde den Rahmen des vorliegenden Buches sprengen.

Daher wird in Abschn. 4.3 nur noch die Fördermittelthematik angesprochen, die es dem Unternehmer etwas erleichtert, den für KMU nicht immer einfachen Schritt der Konsultation externer Berater tatsächlich zum Wohle des Unternehmens zu erwägen.

4.3 Beratungszuschüsse für KMU

Die folgende Auswahl von Förderprogrammen für Unternehmensberatungsleistungen soll einen Eindruck von der Vielfalt der Fördermöglichkeiten geben, ist aber keineswegs als abschließende Aufzählung zu verstehen und erhebt daher auch keinen Anspruch auf Vollständigkeit. Insbesondere die Programme 4 und 5 berücksichtigen Schwierigkeiten eines Unternehmens, die in Kap. 5 beschrieben werden.

1. Regionales Wirtschaftsförderungsprogramm (Zuschuss), Zielgebiet Nordrhein-Westfalen
   Unternehmen, die mindestens fünf Jahre alt sind, können über das regionale Wirtschaftsprogramm Beratungsleistungen in erheblichem Umfang bezuschussen lassen. Förderfähig sind betriebswirtschaftliche, organisatorische und technische Beratungen. Dazu gehören unter anderem folgende Beratungsleistungen:
   - Neuausrichtung der Finanzstrukturen,
   - Umstrukturierungsmaßnahmen,
   - Erschließung neuer Absatzmärkte,
   - Unternehmensnachfolge,
   - Übernahme durch Belegschaftsinitiativen,
   - Beratungen zur Gewährung einer Landesbürgschaft, einer stillen Beteiligung oder einer Garantie des Landes Nordrhein-Westfalen.

Anträge müssen vor Beginn der Beratung gestellt werden. Der Berater muss spätestens im Zuge der Antragsstellung seine Qualifikation nachweisen. Voraussetzung ist, dass er mindestens zwei Jahre Berufserfahrung hat.

Zuschüsse gibt es bis maximal 50.000 €. Anträge sind direkt an die NRW.Bank zu richten (www.nrwbank.de).

2. Förderung unternehmerischen Know-hows für kleine und mittlere Unternehmen sowie freie Berufe durch Unternehmensberatungen (Zuschuss)

   Das Förderprogramm hat zum Ziel, bislang fehlendes wirtschaftliches Know-how in kleine und mittlere Unternehmen zu transportieren, um diese am Markt konkurrenzfähig zu machen oder zu halten.

   Förderfähig sind Beratungsleistungen zu drei Themenbereichen:
   - Allgemeine Beratungen zu Wirtschaft, Finanzen, Personal, Organisation, Unternehmensführung und Qualitätsmanagement,
   - Spezielle Beratungen zu Technologie und Innovation, Außenwirtschaft, Kooperation, Mitarbeiterbeteiligung, Fachkräftegewinnung und -sicherung, Aufbau unternehmensinterner Schutzsysteme (Compliance), Arbeitsschutz, Unternehmensübergabe,
   - Besondere Beratungen zu Umweltschutz, Unternehmerinnen, Vereinbarkeit von Familie und Beruf, Migration.

   Im Rahmen der Beratung ist ein Soll-Ist-Vergleich anzustellen. Darauf aufbauend sind Maßnahmen zu erarbeiten, die im Geschäftsbetrieb praktisch umgesetzt werden müssen. Insgesamt muss es eine konzeptionelle Beratung sein. Ausgeschlossen sind gutachterliche Stellungnahmen, Beratungen, die den Verkauf von anderen Dienstleistungen bzw. Waren nach sich ziehen, Beratungen zu Rechts- und Versicherungsfragen sowie Steuerberatung. Gleichfalls ausgeschlossen ist die Erstellung von Internetseiten und Werbematerialien.

   Antragsteller muss ein mindestes ein Jahr altes KMU sein, und der Zuschuss beläuft sich auf 1.500 Euro pro Beratungsthema, zwei Beratungsthemen pro Themenbereich und maximal 9.000 Euro.

   Die Antragstellung erfolgt online beim Bundesamt für Wirtschaft und Ausfuhrkontrolle (www.bafa.de).

3. Gründercoaching Deutschland (Zuschuss)

   Das Programm „Gründercoaching Deutschland" ist ein klassisches Beratungsprogramm für Unternehmen bis zum fünften Jahr nach der Gründung. Nicht antragsberechtigt sind Existenzgründer, die überwiegend Unternehmensberatung oder landwirtschaftliche Primärerzeugnisse anbieten oder im Sektor Fischerei und Aquakultur tätig sind. Förderfähig sind vielfältige Coaching-Themen in den Bereichen Wirtschaft, Finanzen und Organisation. In der Praxis sucht man zunächst einen Gründercoach aus der KFW-Beraterbörse (www.beraterboerse.kfw.de) aus. Dann sollte man ein, zwei kostenlose Erstgespräche führen, um einen geeigneten Berater zu finden. Anschließend kann man gegebenenfalls einen Antrag bei der örtlichen Wirtschaftsförderung oder IHK stellen. Zuständigkeiten kann man auf der Online-Antragsplattform www.rp-suche.de per Postleitzahlensuche finden.

Antragsteller sind KMU, die einen Zuschuss von 50 bis 90 % erhalten können, höchstens jedoch 4.500 €.

4. Runder Tisch – Beratung von Unternehmen in Schwierigkeiten (Zuschuss)

Ziel ist die Konsolidierung von Unternehmen in Schwierigkeiten, um diese wieder stabil an den Markt zu bringen. Die Beratung soll wirtschaftliche Schwachstellen identifizieren und Maßnahmen zur Überwindung der Schwierigkeiten entwickeln. Auf dieser Basis ist eine Fortführungsprognose abzugeben. Ausgeschlossen sind Betriebe, die eine Insolvenz beantragt haben oder bei denen das Insolvenzverfahren läuft bzw. die Verpflichtung zur Einleitung eines Insolvenzverfahrens besteht. Zum Thema Insolvenzverfahren siehe auch Kap. 6 im Buch.

Zur Zielgruppe gehören Unternehmen mit KMU-Status, die in eine wirtschaftliche Schieflage geraten sind. Gute Marktchancen müssen vorhanden sein. Der Betrieb muss gemäß Kriterien der EU als „Unternehmen in Schwierigkeiten" eingestuft werden können. Die Beratung läuft gegebenenfalls unter Einbeziehung des jeweiligen Regionalpartners ab, der als Moderator am runden Tisch die Vorgehensweise mit den Beteiligten abstimmt. Die Beratung muss innerhalb von sechs Monaten nach erteilter Zusage abgeschlossen sein. Der Zuschuss beträgt maximal 1.600 €.

5. Turnaround-Beratung (Zuschuss)

Das Förderprogramm „Turnaround-Beratung" wird in der Regel im Anschluss an den Runden Tisch genutzt. Ziel ist die Wiederherstellung der Wettbewerbs- und Leistungsfähigkeit eines Unternehmens.

Gefördert werden Beratungsmaßnahmen zu allen wirtschaftlichen, finanziellen und organisatorischen Fragen eines Unternehmens. Anhand einer aktuellen Schwachstellenanalyse (Anmerkung: diese kann davor im Programm „Runder Tisch" erarbeitet werden) sollen konkrete Maßnahmen zur Wiederherstellung der Wettbewerbs- und Leistungsfähigkeit umgesetzt werden. Die erforderliche Schachstellenanalyse darf nicht älter als acht Wochen sein. Der Durchführungszeitraum für die Turnaround-Beratung beträgt acht Monate.

Antragsberechtigt sind KMU mit Sitz in Deutschland. Sie müssen nachweislich mindestens ein Merkmal eines Unternehmens in Schwierigkeiten im Sinne der EU erfüllen. Dieser Sachverhalt ist von einem unabhängigen Berater zu bescheinigen. Unternehmen, die ihre Geschäftätigkeit oder ihre Zahlungen eingestellt haben oder bei denen ein Insolvenzverfahren beantragt bzw. eröffnet worden ist, werden nicht gefördert (Rohwedder 2013, S. 58 f., 79 ff.).

Literatur

Foyer C (2013) Beratungsbedarf und Beratungsverhalten kleiner und mittlerer Unternehmen. NMP-Verlag, Bayreuth

Rohwedder M (2013) Praxishandbuch Fördermittel. Wegweiser für kleine und mittlere Unternehmen. Erich Schmidt Verlag, Berlin

v. Widau PG, Koenen F (2008) Paradigmenwechsel im Wettbewerb mittelständischer Unternehmen, In: Sommerlatte T (Hrsg) Handbuch der Mittelstandsberatung, Auswahl und Nutzen von Beratungsleistungen

Restrukturierung und Sanierung 5

Die Sanierung ist ein anspruchsvoller Bereich, der ohne einen professionellen Ansatz und Systematik, insbesondere in der Umsetzung der Maßnahmenkataloge, nicht erfolgreich bewältigt werden kann. Dieses Kapitel gibt einen allgemeinen Überblick der komplexen Thematik. Im Sanierungsfall oder bei einer Insolvenz sollten Unternehmer unbedingt auf externe Berater zurückgreifen, da Fehlentscheidungen hier schnell existenzbedrohlich sind.

5.1 Grundlagen

Erkennt ein Unternehmen bereits die Entstehungsphase einer Krise und reagiert es frühzeitig, so wird dieser Fall sehr häufig gar nicht als Krisen- oder gar Sanierungsfall betrachtet: Das Unternehmen erholt sich, bevor die harten Boten der Krise oder der Sanierung Einzug halten.

Erstaunlich ist auch die Tatsache, dass der objektive Eintritt einer Krise oder Sanierung oft entweder negiert oder sogar bewusst verleugnet wird, obwohl die Anzeichen dafür unübersehbar sind, anstatt mit professionellem Krisenmanagement in die offene Kommunikation mit allen Beteiligten zu gehen, nicht zuletzt, um das Bewusstsein für die Notwendigkeit eines Change Managements offenzulegen.

All dies führt dazu, dass zu spät auf Krisen reagiert wird und daher die Chancen der erfolgreichen Umsetzung einer Sanierung sinken oder durch fortgeschrittenen Ertrags- und Liquiditätsmangel nicht nur aus Zeitgründen unmöglich werden. Der Faktor Zeit ist einer der entscheidenden in der Unternehmenssanierung: Der Endpunkt des Unternehmenslebens – die Insolvenz – ist gesetzlich vorbestimmt, und daher bleiben für Krisenanalyse, Problemfindung, Lösungsgenerierung und Lösungsumsetzung nur noch begrenzte Zeit übrig. Insofern stellt sich die Frage, ob die Zeit bei einer Rückwärtsterminierung ausreichend ist, um die Unternehmensfortführung zeitgerecht zu schaffen. Hinzu kommt, dass Sanierungsprofis oft zu spät ins Boot geholt werden, was ebenfalls die knappe Ressource Zeit stark beansprucht.

Eine Unternehmenssanierung erfolgt niemals nach Patentrezept oder durch Abarbeiten eines Standardsanierungsprogramms. Vielmehr hat jeder Sanierungsfall eine Vielzahl eigener Prämissen und ist einzigartig. Genau deswegen kommt der Rolle des Sanierungsmanagers eine Schlüsselfunktion zu: Er analysiert das Unternehmen, stellt die Sanierungsstrategie auf und generiert daraus die Sanierungseinzelmaßnahmen. Dabei ist neben Sanierungserfahrung (um die „Baustellen" des Unternehmens zu erkennen) auch die Sanierungstheorie (ohne Kenntnis aller Sanierungsbausteine und -tools können diese auch nicht in Erwägung gezogen werden) sowie Lösungskreativität (für den Aufbau der Gesamtsanierung) notwendig.

Eine sogenannte Vollsanierung umfasst demnach sowohl die finanzwirtschaftliche, die betriebswirtschaftliche als auch die juristische Dimension. Zeitlich sind verschiedene Sanierungsphasen abzugrenzen. Das bedeutet, dass eine umfassende Sanierung im operativen Zeithorizont zunächst die Beseitigung des Cash-Burn, dann die Erreichung des Break-Even-Points anstrebt, um danach im strategischen Horizont die Wiederherstellung der uneingeschränkten Wettbewerbsfähigkeit und eines positiven Unternehmenswertes zum Ziel zu haben.

Um eine Vollsanierung durchzuführen, muss zunächst eine detaillierte Krisenanalyse durchgeführt werden, welche aus der Krisenarten-, Krisenstadium- sowie Krisenursachenanalyse besteht. Dieser folgt dann eine Unternehmensanalyse auf Managementebene (Abteilungsebene). Deren beider Erkenntnisse münden in die Generierung von Sanierungsmaßnahmen, mit dem Ziel, **alle** Probleme des Unternehmens mit Lösungsansätzen zu versehen und diese in sehr kurzer Zeit im Unternehmen umzusetzen. Dies geschieht nicht nur durch „Beratergutachtenstellung" sondern vielmehr durch teamorientiertes Coachen und Implementierung stabiler, neuer Unternehmensprozesse, welche letztendlich dazu führen müssen, dass das Unternehmen nach Ausscheiden des Sanierungsmanagers optimal läuft und alle Probleme dauerhaft behoben sind.

Der Verlauf sowie die Handlungsoptionen innerhalb einer Unternehmenskrise bilden sich auf der Zeitschiene vom strategischen bis zum operativen Bereich und hinsichtlich der Krisenart von der Stakeholder-, der Strategie-, der Produkt- und Absatz- über die Ergebniskrise bis hin zur Liquiditätskrise ab.

Der Endpunkt einer Unternehmenskrise ist entweder die erfolgreiche Sanierung durch Wiederherstellung der strategischen Wettbewerbsfähigkeit, also das langfristige Überleben des Unternehmens, oder die Insolvenz/Liquidation, also das Sterben des Unternehmens. Die Insolvenz ist ein Unternehmenszustand, der durch eine Unternehmenssanierung vermieden werden sollte, da zum einen eine sehr hohe Fremdbestimmung durch Insolvenzverwalter und Gläubiger und zum anderen ein sehr hohes Risiko durch Kundenabwanderung usw. besteht (Hohberger und Damlachi 2014, S. 1 ff.).

5.2 Das Restrukturierungskonzept

Das Restrukturierungskonzept wird in der Praxis häufig zunächst als Grobkonzept ausgelegt und verfolgt grundsätzlich zwei wesentliche Ziele:

- Sicherung der kurzfristigen Überlebensfähigkeit (operative Restrukturierung),
- Sicherung und Ausbau der nachhaltigen Wettbewerbsfähigkeit (strategische und finanzielle Restrukturierung).

Um diese Ziele zu erreichen, bedarf es eines zweigleisigen Vorgehens. Kurzfristig muss im Rahmen der operativen Restrukturierung eine schnelle Lösung der akuten Liquiditätsprobleme herbeigeführt werden. Mittelfristig muss das Unternehmen tiefgreifende interne und marktbezogene Veränderungen umsetzen, um sich im globalen Wettbewerb zu behaupten. Dies geschieht im Zuge einer strategischen und finanziellen Restrukturierung.

In der Phase der Bestandsaufnahme wird durch Analyse interner und externer Daten die Ist-Situation des Unternehmens transparent dargestellt. Dieser Schritt sollte möglichst innerhalb weniger Wochen vollzogen werden, da die Stakeholder zügig Informationen über die Sanierungsfähigkeit erwarten. Auf Basis der Bestandsaufnahme und der dabei gewonnenen Kenntnisse sollten kurzfristig Maßnahmen eingeleitet werden, die eine drohende Illiquidität bzw. Überschuldung des Unternehmens verhindern. Die Bestandsaufnahme liefert zugleich den Ansatzpunkt für die Ableitung der Restrukturierungsziele (Brunke und Klein 2012, S. 54 f.).

5.2.1 Operative Restrukturierung

Zunächst liegt der Schwerpunkt der Restrukturierung darauf, kurzfristig das Überleben des gefährdeten Unternehmens zu sichern. Oft drohen Illiquidität, Überschuldung oder zumindest die Anzeige des Verlustes des halben Grundkapitals nach § 92 Aktiengesetz (AktG). Es gilt, innerhalb weniger Wochen Maßnahmen einzuleiten, um die Liquidität zu sichern und die Eigenkapitalausstattung zu verbessern. Zur Sicherung der Liquidität sehen sich viele Krisenunternehmen einerseits gezwungen, nicht betriebsnotwendige Vermögensgegenstände und teilweise auch profitable Beteiligungen zu veräußern. Darüber hinaus ist andererseits Liquidität aus dem operativen Geschäft zu gewinnen. Dabei müssen Vorräte abgebaut und ausstehende Forderungen eingetrieben werden. Die Banken unterstützen je nach Lage im Einzelfall diesen Prozess mit individuellen Angeboten wie Stillhalteabkommen, Tilgungsaussetzung, Sanierungszinsen oder Forderungsverzichten, um eine Insolvenz zumindest vorläufig zu vermeiden.

Während der operativen Restrukturierung werden die Ziele zur Liquiditätssicherung und Ergebnisverbesserung festgelegt. Dabei kommt dem Benchmarking eine entscheidende Bedeutung zu. Man unterscheidet zwischen internem Benchmarking (beispielsweise

Zeitreihenentwicklung von Kennzahlen) und externem Benchmarking (etwa Renditevergleichen oder Benchmarking von kapitalmarktorientierten Mindestrenditen wie z. B. gewichteten Kapitalkosten). Wichtig ist ein Vergleich mit den Werten der „Klassenbesten" (Best Practice), um dauerhaft erfolgreich am Markt agieren zu können.

Für eine qualifizierte Krisenbewältigung ist es von entscheidender Bedeutung, dass die Sanierungsziele realistisch definiert werden und der erforderliche Anpassungsbedarf unter Berücksichtigung dynamischer Komponenten, wie z. B. des jährlichen Rationalisierungsdrucks oder anstehender Veränderungen auf der Umsatzseite (z. B. bei Preis, Produktmix, Absatz), präzise ermittelt wird (Brunke und Klein 2012, S. 55).

5.2.2 Strategische und finanzielle Restrukturierung

Langfristig kann ein krisengeschütteltes Unternehmen seine Wettbewerbsfähigkeit nur dann zurückgewinnen, wenn es die hausgemachten Probleme löst, die Defizite bei den betrieblichen Prozessen überwindet und sich im Markt- und Wettbewerbsumfeld zukunftsgerichtet positioniert. Hier setzt die strategische Restrukturierung an. Um das Unternehmen im Wettbewerb neu zu positionieren, wird zunächst mittels einer Geschäftsfeldanalyse geprüft, in welchen Märkten das Unternehmen mit welchen Produkten wie vertreten ist. Für jedes identifizierte Geschäftsfeld wird eine eigenständige Marktstrategie formuliert. Dabei müssen die Stärken und Schwächen des Unternehmens sowie alle wettbewerbsrelevanten Faktoren berücksichtigt werden (Brunke und Klein 2012, S. 56).

Die Analyse der Positionierung zu sanierender Unternehmen im Markt hat folgende Ergebnisse gebracht (Geschäftsfeldanalyse): (Hohberger und Damlachi 2014, S. 43 f.)

- Es erfolgte eine Diversifikation in nicht beherrschbare Geschäftsfelder.
- Es erfolgte die Verdrängung in Marktnischen und damit unter die kritische Betriebsgröße.
- Im verkaufsfähigen Produktprogramm stehen vorwiegend Produkte, welche sich im Produktlebenszyklus in der Reifephase befinden.
- Das Unternehmen hat keine eindeutige, klar formulierte und im Unternehmen kommunizierte Strategie.
- Unüberlegte Maßnahmen der Vergangenheit waren strategiekonvers (Z. B. Kostensenkung durch Vernachlässigung der Qualitätssicherung oder Aufbau einer zweiten Marke am Markt oder Preissenkung zum Zwecke vermeintlicher Absatzsteigerung bzw. als Sofortmaßnahme).

Für die strategische Restrukturierung sind zwei Schritte erforderlich: (Hohberger und Damlachi 2014, S. 44)

- Analyse der strategischen Krise mit Marktpositionierung der Produkte (welcher Markt in welchem Zeitraum mit welchem Produkt in welcher Produktlebenszyklusphase) und Geschäftsfelddefinition mit Marktstrategieformulierung inklusive Zielvorgaben,
- Ausrichtung der Aufbau- und Ablauforganisation auf die neue Zielvorgabe.

Bestimmt wird die strategische Restrukturierung durch folgende Faktoren und strategische Grundrichtungen: (Hohberger und Damlachi 2014, S. 44)

1. Faktoren
   - Wettbewerbsintensität nach Porter (Wettbewerber in der Branche, potentielle neue Konkurrenten, Substitutionsprodukte, Verhandlungsmacht von Kunden, Verhandlungsmacht von Lieferanten),
   - Branchentyp (homogener und heterogener Typ mit geringer oder hoher Differenzierungsmöglichkeit, Markttransparenz oder -intransparenz sowie gleichartigen oder unterschiedlichen Unternehmenstypen),
   - Situation des Krisenunternehmens (bisherige Unternehmensstrategie, Wettbewerbsposition, Zustand der Unternehmensstruktur („structure follows strategy"), Kapital- und Liquiditätsstatus).
2. Grundrichtungen
   - Strategierichtung (Beibehaltung der Marktposition, Umpositionierung, Neupositionierung),
   - Wettbewerbsverhalten (Marktführerstrategie, Marktherausfordererstrategie, Marktnischenbearbeitungsstrategie),
   - Art der Marktbeeinflussung (Preis-Mengen-Strategie, Präferenzstrategie).

Eine hohe Bedeutung haben die finanzwirtschaftlichen Sanierungsmaßnahmen, die als Exkurs detaillierter vorgestellt werden.

Exkurs: Finanzwirtschaftliche Sanierungsmaßnahmen
Oft werden die finanzwirtschaftlichen Sanierungsmaßnahmen mit grundsätzlichen Sanierungsmaßnahmen gleichgestellt und beziehen sich nur auf bilanzielle Eigen- und Fremdfinanzierung sowie auf die Liquiditätssicht. Es ist jedoch ausdrücklich zu betonen, dass auch Unternehmen ohne Liquiditätsschwierigkeiten – z. B. durch laufende Gesellschafterbareinlagen, sehr hohes Eigenkapital oder eine normale Ertragslage – Sanierungsfälle sein können. Dies ist auch oft in den Frühstadien der Sanierung (z. B. Stakeholderkrise) zu beobachten. Ein Unternehmen mit existenzgefährdenden ablauforganisatorischen Schwierigkeiten kann auch bei normaler Ertragslage als Sanierungsfall gelten.

Der Schwerpunkt der finanzwirtschaftlichen Sanierungsmaßnahmen besteht zumeist in der zusätzlichen Kapitalbeschaffung, welche in der Praxis aufgrund des hohen Risikopotenzials zu sanierender Unternehmen sowie aufgrund rechtlicher Beschränkungen wie z. B. dem Kreditwesengesetz (KWG) schwer realisierbar sind.

Bilanziell sind nach einer empirischen Untersuchung folgende Merkmale im Finanzierungsverhalten zu sanierender Unternehmen vorhanden:

- Verminderte Investitionstätigkeit und Anpassung des Anlagevermögens,
- Erhöhung der Finanzanlagen,
- Erhöhung des Vorratsvermögens,
- Senkungen der Materialeinsatzquote konnten nicht durchgesetzt werden,
- Reduzierung der Mitarbeiterzahl führte nicht zur finanziellen Entlastung,

- Kapitalerhöhungen werden entweder im frühzeitigen oder sehr späten Verlauf der Krise durchgeführt,
- Verlustabdeckung erfolgt durch Auflösung von Rücklagen und stillen Reserven,
- Zusätzliches Kapital wird nicht durch Banken sondern Dritte finanziert,
- Verhandlung mit Gläubigern über die Reduzierung von Kreditrückzahlungen, Moratorien, Schuldenerlass.

Sanierungsmaßnahmen nach Sachgebieten:

Liquidität
Zur Stabilisierung der Liquidität sind folgende Maßnahmen denkbar und möglich:

- Bareinlage des Gesellschafters als Haftungskapitalerhöhung oder Darlehen
- Öffentliche Finanzierungshilfen wie LfA-Darlehen, Landesbürgschaften
- Bankdarlehen
- Umschuldung von Darlehen mit längerer Laufzeit/geringerer Tilgung
- Kapitalerhöhung über Venture Capital, Beteiligungsgesellschaften und neue Gesellschafter
- Abbau von Forderungsbeständen durch Mahnwesen, Inkasso, Factoring, Zahlungszielverkürzung, höhere Skonti und schnellere Fakturierung
- Sale-and-Lease-Back
- Aufbau von Lieferantenverbindlichkeiten durch Zahlungszielnutzung, -erweiterung und -aufschub sowie Sammelrechnungen
- Scheck- und Wechselzahlungen bei Verbindlichkeiten
- Steuerstundung und Steuervollstreckungsaufschub
- Aushandlung eines Zinsverzichtes für gestundete Steuern
- Erlass von Säumniszuschlägen beim Finanzamt und den Sozialversicherungsträgern
- Stundung und Vollstreckungsaufschub von Sozialversicherungsbeiträgen
- Zeitversetzte Zahlung der Arbeitgeberanteile zur Sozialversicherung mit längstens drei Monaten Verzug möglichst ohne Bürgschaft des Geschäftsführers für offene Beiträge
- Herabsetzung der Einkommensteuer-, Körperschaftsteuer und Gewerbesteuervorauszahlungen bei den entsprechenden Trägern (Finanzamt, Gemeinde)
- Verrechnung von Steuerzahlungen und -guthaben, vor allem bei Konzernstrukturen
- Zeitliche Nutzung von vorsteuer- und mehrwertsteuerwirksamen Buchungen in der Finanzbuchhaltung, jedoch unter Beachtung von Handelsgesetzbuch (HGB) und Grundsätzen ordnungsgemäßer Buchführung (GoB)
- Zins- und Kapitalerlass und Tilgungsstundung oder Tilgungsaussetzung

- Schuldenerlass
- Finanz- und Liquiditätsplanung sowie -disposition durch (tägliches) Cash-Management
- Verkauf von nicht betriebsnotwendigem Vermögen
- Abschluss von Sicherheitenabgrenzungsverträgen zwischen Kreditinstituten und Warenkreditversicherern zur Vermeidung der Kürzung von Kreditlimits

Kapital
Zur Stärkung der Kapitalstruktur stehen folgende Möglichkeiten bereit:

- Bareinlagen und Gesellschafterdarlehen des Gesellschafters als Haftungskapitalerhöhung gegebenenfalls mit vorausgehender Kapitalherabsetzung nach §§ 229 ff. Aktiengesetz (AktG) und §§ 58aff. GmbHG
- Öffentliche Finanzierungshilfen wie LfA-Darlehen, Landesbürgschaften
- Umwandlung von Krediten in Eigenkapital (Debt-Equity-Swap). Hierbei bringt ein Gläubiger im Rahmen einer Kapitalerhöhung seine Forderungen als Sacheinlage in das zu sanierende Unternehmen ein.
- Bankdarlehen
- Kapitalerhöhung über Venture Capital, Genussrechtskapital, Beteiligungsgesellschaften und neue Gesellschafter
- Zeichnung von neuem Aktienkapital mit oder ohne Agio
- Kapitalerlass mit schriftlichem, zweiseitigen Vertrag zwischen Schuldner und Gläubiger nach § 397 BGB
- Rangrücktrittsvereinbarung nach §§ 19, 39 Insolvenzordnung (InsO) mit den beteiligten Banken zum Zwecke der Nicht-Passivierung der zurücktretenden Kreditforderung in der Überschuldungsbilanz (Wirkung entspricht der des Eigenkapitals) gegebenenfalls mit Besserungsklausel
- Auflösung von Sonderposten mit Rücklageanteil
- Entnahmen aus Rücklagen § 272 HGB
- Kapitalherabsetzung (ordentliche und vereinfachte nach AktG und GmbHG)

Ertrag
Zur Veränderung der Ertragssituation können folgende Sanierungsmaßnahmen relevant werden:

- Auflösung stiller Reserven durch Zuschreibung oder Sale-and-Lease-Back
- Verkauf von Anlage- und Umlaufvermögen

- Verkauf von nicht betriebsnotwendigem Vermögen
- Veränderung der Abschreibungsart und -höhe
- Änderung der Bewertungsmaßstäbe unfertiger und fertiger Erzeugnisse
- Preiserhöhung
- Retouren- und Gutschriftenreduktion
- Prüfung der Make-or-Buy-Entscheidung zur Deckungsbeitragserhöhung
- Verlustverrechnung durch Takeover eigenkapitalstarker Unternehmen (M&A)
- Verbindlichkeitenreduktion durch Vergleich (außerordentlicher Ertrag)
- Forderungsverzicht durch Gläubiger und Gesellschafter
- Abschluss von Debitorenkreditversicherungen zur Realisierung ausgefallener Forderungen
- Realisierung eines außerordentlichen Ertrages durch Eintritt des Pensionssicherungsvereins außerhalb oder innerhalb des Insolvenzverfahrens. Hat das Unternehmen Rückstellungen für unverfallbare betriebliche Altersversorgungen der Arbeitnehmer gebildet und kann die Rückstellungsauflösung die Überschuldung und damit der Insolvenzgrund beseitigt werden, so ist der Eintritt des Pensionssicherungsvereins in jedem der beiden Fälle indifferent. Eine Übernahme der Pensionsverpflichtungen durch den Pensionssicherungsverein kann in solchen Fällen verhandelt werden; regelmäßig wird der Pensionssicherungsverein jedoch nur bei Rückstellungen in der Höhe mehrere Millionen Euro verhandlungsbereit sein, wobei die Eintrittspflicht bei einer wirtschaftlichen Notlage im Gesetz zur betrieblichen Altersversorgung (BetrAVG) gesetzlich geregelt ist.
- Realisierung von nicht rückzahlbaren Zuschüssen aus öffentlichen Förderprogrammen von KfW, LfA etc.
- Außergerichtlicher Vergleich nach § 379,779 BGB als Erlassvergleich, Stundungsvergleich (Moratorium), Stufenvergleich, Eventualvergleich, Teilvergleich, Beteiligungsvergleich oder Liquidationsvergleich

Aufwand
Folgende Sanierungsmaßnahmen wirken sich auf den Aufwand aus:

- Ausgabestopp
- Investitionsstopp
- Aufwandsprüfung aller GuV Positionen mit Aufwandsreduktion oder -eliminierung. Alle Aufwendungen sollten kritisch vor dem Hintergrund der tatsächlichen Betriebsnotwendigkeit des Aufwandes meist unter Einsicht der Originalrechnungsbelege und Hinterfragung der Aufwendungen bei den Mitarbeitern geprüft

werden. Dabei müssen alle Einzelbuchungen auf dem jeweiligen Sachkonto in der Finanzbuchhaltung akribisch analysiert werden. Maßgabe ist dabei der Leitsatz: „Was wird benötigt, um den operativen Betrieb des Unternehmens nicht lahmzulegen?" Hohes Einsparungspotenzial bergen nachfolgende Aufwendungen:

- Materialaufwand und Fremdleistungen
  Hier sind insbesondere die Verwendung standardisierter Rohmaterialien sowie die Reduktion technisch aufwendiger Verarbeitungen und die Verminderung von Ausschuss oder Verderb zu nennen.
- Personal
  Als Sofortmaßnahmen gelten eine befristete Lohnkürzung, die Einrichtung von Arbeitszeitkonten sowie der Verzicht auf Urlaubs- und/oder Weihnachtsgeld und Kurzarbeit. Mittelfristig werden Personalentlassungen unvermeidbar sein.
- Mietaufwendungen
  Dabei ist vor allem als Sofortmaßnahme die unbefristete oder befristete Mietkürzung als Beitrag der Vermieter zu benennen. Hintergrund der Argumentation ist, langfristig weiterhin Mieter zu bleiben durch Mietsenkung und Überwindung der Krise; nötigenfalls kann dies unter Vornahme einer frühzeitigen Verlängerung des Mietvertrages vorgenommen werden, um dem Vermieter mehr Sicherheit zu geben. Dies ist auch für den Vermieter im Vergleich zur Durchsetzung seiner vollen Mietansprüche gerechtfertigt, da bei Nichtdurchführung der Maßnahme eine mögliche Folge die Insolvenz und damit der Leerstand seines Objektes wahrscheinlich ist. Für eine Mietkürzung empfiehlt sich ein Modell nach folgendem Beispiel: Befristete Mietkürzung auf sechs Monate um 50 %. Befristete Mietkürzungen sind vor allem für die Reduktion aufgelaufener Verluste durch Einmalerträge geeignet. Die Praxis hat gezeigt, dass derartige, schriftliche Anfragen meist positiv verhandelt werden können.
- Fuhrpark
  Für den geleasten Fuhrpark gilt ebenso wie für alle anderen Leasingverträge: In Zeiten des Verlustes ist der Abfluss von Leasingraten unrentabel und voll liquiditätswirksam, da sowieso keine Ertragssteuern anfallen. Demnach sollte aus folgenden Gründen von einem Fahrzeugleasing abgesehen werden:
  • Der Leasinggeber muss bei einem Full-pay-out-Vertrag auch den Wertverlust des Fahrzeugs mit verdienen. Dieser ist jedoch gerade in den ersten drei Jahren am höchsten, also exakt in der Laufzeit des Leasingvertrages. Der Wertverlust von Neufahrzeugen beträgt bei Mittelklassewagen innerhalb der ersten drei Jahre ca. 50 %, in der Oberklasse auch bis 70 % vom Neuwert.

- Weiterhin werden zumeist am Laufzeitende mit der Fahrzeugrückgabe Einmalzahlungen in nicht unerheblicher Höhe für Mehrkilometer und/oder Schäden am Fahrzeuge, welche bei Betriebsfahrzeugen meist vorhanden sind, fällig; diese müssten normalerweise auf die Laufzeit verteilt mit einkalkuliert werden.
- Da der Leasinggeber Eigentümer und Bilanzierungspflichtiger ist, wird der Abschluss einer Vollkaskoversicherung mit hohen Beiträgen zur Pflicht.

Dem steht der Kauf von Fahrzeugen mit folgenden Vorteilen gegenüber:

- Bei Kauf von zwei- bis dreijährigen Fahrzeugen ist der höchste Wertverlust bereits „verbraucht" und das Kfz ist günstig zu erwerben. Hier rechnet sich vor allem eine Rückstufung der Fahrzeugklasse auf die Mittelklasse im unteren Preisbereich sowie mit Dieselmotor, wie sie oftmals von ausländischen Kfz-Herstellern günstig am Gebrauchtwagenmarkt zu finden sind. Erwirbt man ein derartiges Fahrzeug für 10.000 Euro, so hat sich das Fahrzeug bereits im Vergleich mit der monatlichen Leasingrate eines neuen, gehobenen Mittelklassewagen in Höhe von 500 Euro nach 15 Monaten amortisiert und steht dann im Eigentum des Unternehmens, während im Leasingfalle dann die Ersatzbeschaffung ansteht.
- Der Zinsaufwand für eine eventuell aufzunehmende Finanzierung plus der anfallenden Abschreibung auf das bilanziell zu aktivierende Fahrzeug ist nahezu identisch mit der Leasingrate, demnach ertragswirksam gleich zu behandeln. Allerdings ist die Abschreibung nicht liquiditätswirksam und somit in der Krise ein wichtiger Faktor für die Gewinnung von Liquidität.

Als weiter Alternative zum Leasing stehen günstige All-inclusive-Fahrzeug-Vermietungen zur Verfügung. Hier werden Fahrzeuge in relativ geringen Vertragslaufzeiten (1 Jahr) inklusive Versicherung, Steuer, Service, etc. zu Preisen angeboten, welche in etwa in der Höhe der Leasingrate liegen.

– Werbung/Marketing
Im Bereich Werbung und Marketing ist grundsätzlich die Erreichbarkeit der anzusprechenden Kundengruppen über die bisher genutzten Werbemedien zu prüfen. Die Annonce in der Regionalzeitung eines international tätigen Industrieunternehmens ist dennoch oft vorzufinden und demnach zu eliminieren. Eine Summierung von kleineren Beträgen ergeben sich oft aus Werbemaßnahmen wie Give-aways oder Weihnachtskarten bzw. Weihnachtsgeschenken, welche nur geringe Kundenaufmerksamkeit erregen und kaum Kundenbindung erzeugen. Auch empfiehlt sich die Budgetierung von Werbe- und Marketingsaufwendungen.

– Sonstige betriebliche Aufwendungen
Resultat sollten sowohl Kürzungen, wie z. B. Reduktion der Raumreinigungsintervalle oder Wechsel der Telefongesellschaft, als auch Eliminationen sein,

> wie z. B. Vertragskündigungen von Zeitschriften, Mitgliedschaften, Eigendruck von Drucksachen wie Geschäftspapier, etc.
> - Versicherungscheck
> Unabhängige Versicherungsmakler bzw. Versicherungsverbände bieten eine Prüfung der Versicherungsleistungen auf Günstigkeit an. Dabei analysieren sie die bestehenden Versicherungen und stellen sie dem jeweils günstigen Marktangebot gegenüber. Dieser Service ist bei entsprechendem Abschluss kostenlos und führt in der Regel zu Minderausgaben in der Größenordnung von 10 bis 30 %.
> - Einkaufspreis-, Skonti und Rabatt(nach-)verhandlungen mit Lieferanten
> - Alternativlieferantensuche
> - Zinserlass bzw. Verhandlung eines Sanierungszinssatzes mit den beteiligten Banken (Hohberger und Damlachi 2014, S. 45 ff.)

5.3 Erfolgsfaktoren für einen Turnaround

Klare Projektspielregeln sind der Erfolgsgarant von Restrukturierungsprojekten. Aus diesem Grund ist dringend zu empfehlen, bereits zu Beginn eines Projekts einer externen Beratung mit der Geschäftsleitung eindeutige und bindende Verhaltensregeln zu vereinbaren:

Regel 1: Das Projekt erhält die uneingeschränkte Unterstützung durch das Management. Einmal gefasste Beschlüsse werden öffentlich wirksam gemacht und danach nicht mehr infrage gestellt.

Regel 2: Das Projekt hat höchste Priorität. Das Management stellt sicher, dass zeitnah eine Projektorganisation mit ausreichend Kapazitäten bereitgestellt wird. Termine sind einzuhalten. Niemand versteckt sich hinter dem Tagesgeschäft.

Regel 3: Zügige Schaffung von Transparenz. Alle Unterlagen werden vollständig ausgehändigt und untersucht, um spätere Überraschungen zu vermeiden. „Heilige Kühe" werden ausdrücklich zur Untersuchung freigegeben.

Regel 4: Offene und stets zeitnahe Kommunikation. Von Anfang an gilt es, eine klare externe wie interne Kommunikation zu pflegen. Ein offener Umgang mit Kontroversen hilft, Umsetzungsbarrieren bereits im Vorfeld zu vermeiden.

Regel 5: Frühzeitige Realisierung von „Quick Wins". Schnelle Erfolge motivieren. Daher empfiehlt es sich, das Einfache zuerst zu erledigen.

Regel 6: Straffer Restrukturierungszeitplan. Klare Fokussierung und kurz getaktete Maßnahmenpläne halten den notwendigen Druck in der Organisation aufrecht.

Regel 7: Konsequentes Umsetzungscontrolling. Ein entscheidender Erfolgsfaktor ist die Einrichtung eines Projektbüros, welches unter anderem für ein strenges Zeit- und Ergebniscontrolling Sorge trägt (Jeß und Kriesfalussy 2012, S. 128).

5.4 Hausgemachte Krisen

Im Nachgang allgemeiner oder gar globaler wirtschaftlicher Krisen lässt sich eine interessante Beobachtung machen: Allgemeine Wirtschaftskrisen werden von Unternehmen in Restrukturierungsprojekten häufig genannt, um die eigenen Probleme zu entschuldigen. Meist stellt sich heraus, dass die Ursachen und Auslöser von Unternehmenskrisen tatsächlich bereits deutlich früher zu finden sind und ganz anderen Zusammenhängen geschuldet waren.

Es empfiehlt sich daher, Krisenursachen so genau wie möglich zu untersuchen und alle Aussagen kritisch zu hinterfragen. Es ist Aufgabe des Externen zu erkunden, zu ergründen, zu erhellen und zu empfehlen. Und heute zunehmend auch verantwortlich (mit)umzusetzen (Jeß und Kriesfalussy 2012, S. 129).

Literatur

Brunke B, Klein J (2012) Turnaround/Restrukturierung von Unternehmen in Krisensituationen. In: Bamberger I, Wrona T (Hrsg) Strategische Unternehmensberatung, Konzeptionen – Prozesse – Methoden. Springer Gabler – Verlag, Wiesbaden

Hohberger S, Damlachi H (2014) Praxishandbuch Sanierung im Mittelstand. Springer Gabler – Verlag, Wiesbaden

Jeß GS, Kriesfalussy A (2012) Erfolgreich restrukturieren – In guten und in schlechten Zeiten. In: Bamberger I, Wrona T (Hrsg) Strategische Unternehmensberatung, Konzeptionen – Prozesse – Methoden. Springer Gabler – Verlag, Wiesbaden

Rohwedder M (2013) Praxishandbuch Fördermittel. Wegweiser für kleine und mittlere Unternehmen. Erich Schmidt Verlag, Berlin

Wenn die Insolvenz droht 6

Sind die im letzten Kapitel aufgeführten Maßnahmen nicht zielführend und verschlechtert sich die Lage des Unternehmens weiter, dann kommt man an der Anmeldung einer Insolvenz nicht vorbei. Nachfolgend wird zunächst das Insolvenzverfahren beschrieben, bevor das neue Insolvenzrecht angesprochen wird. Abschließend werden Gründe aufgeführt, warum oft der Insolvenzantrag zu spät gestellt wird und mit welchen Auswirkungen dies verbunden ist.

6.1 Das Insolvenzverfahren

6.1.1 Ziele des Insolvenzverfahrens und Insolvenzantrag

Das Insolvenzverfahren setzt an die Stelle von Vollstreckungsmaßnahmen einzelner Gläubiger eines Unternehmens ein gemeinschaftliches Verfahren aller Gläubiger. Durch die Einleitung eines Insolvenzverfahrens soll erreicht werden, dass

- das Vermögen des Schuldners gemeinschaftlich verwertet und der Erlös verteilt wird oder
- dass über die Aufstellung eines Insolvenzplans die Fortführung des Unternehmens ermöglicht wird.

Der Insolvenzantrag kann durch Gläubiger oder durch den Schuldner selbst beim Insolvenzgericht (grundsätzlich Amtsgericht am Landgerichtssitz) gestellt werden. Gründe für die Beantragung eines Insolvenzverfahrens sind:

- Zahlungsunfähigkeit,
- drohende Zahlungsunfähigkeit,
- Überschuldung.

Zahlungsunfähigkeit liegt vor, wenn der Schuldner nicht in der Lage ist, die fälligen Zahlungspflichten zu erfüllen. Zahlungsunfähigkeit ist anzunehmen, wenn der Schuldner die Zahlungen eingestellt hat.

Drohende Zahlungsunfähigkeit liegt vor, wenn der Schuldner voraussichtlich nicht in der Lage sein wird, die bestehenden Zahlungspflichten zum Zeitpunkt der Fälligkeit zu erfüllen. Drohende Zahlungsunfähigkeit wird mithilfe eines Finanzplans festgestellt, in den die bestehenden, jedoch noch nicht fälligen Verbindlichkeiten mit einbezogen sind.

Überschuldung liegt vor, wenn das Vermögen des Schuldners die bestehenden Verbindlichkeiten nicht mehr deckt. Der Insolvenzgrund Überschuldung gilt nur für juristische Personen.

Bei der Bewertung des Vermögens ist die Fortführung des Unternehmens zugrunde zu legen, wenn diese „nach den Umständen überwiegend wahrscheinlich" ist. Nur wenn davon ausgegangen werden kann, dass das Unternehmen auf Dauer existenzfähig ist und in absehbarer Zeit nicht mit der Auflösung gerechnet werden muss, dürfen die Fortführungswerte eingesetzt werden (Grill und Perczynski 2006, S. 450 f.).

Das neue Insolvenzrecht setzt an dieser Fragestellung an (Abschn. 6.2 und 6.4).

6.1.2 Ablauf des Insolvenzverfahrens

Das Insolvenzverfahren, das im Gegensatz zum Verbraucherinsolvenzverfahren als Regelinsolvenzverfahren bezeichnet wird, wird durch einen Insolvenzantrag beim zuständigen Amtsgericht eingeleitet. Das Gericht entscheidet anschließend, ob das Verfahren eröffnet oder eingestellt wird. Das Gericht kann bereits in der Entscheidungsphase Sicherungsmaßnahmen anordnen und einen vorläufigen Insolvenzverwalter einsetzen.

Mit der Eröffnung des Verfahrens bestimmt das Gericht den Insolvenzverwalter. Der Insolvenzverwalter erhält das Verwaltungs- und Verfügungsrecht über die Insolvenzmasse und führt das Unternehmen fort. Die Gläubiger müssen jetzt ihre Forderungen beim Insolvenzverwalter anmelden. Der Insolvenzverwalter bewertet das Vermögen des Schuldners, prüft alle Forderungen und stellt ein Verzeichnis aller Gläubiger auf.

Zur Insolvenzmasse zählt das gesamte Vermögen, das dem Unternehmer (Schuldner) zur Zeit der Eröffnung des Verfahrens gehört bzw. das er während des Insolvenzverfahrens erlangt. Die Insolvenzmasse dient der gemeinschaftlichen Befriedigung aller Gläubiger, die zum Zeitpunkt der Eröffnung des Insolvenzverfahrens einen Vermögensanspruch gegen den Schuldner haben.

Im Berichtstermin hat der Insolvenzverwalter der Gläubigerversammlung über die wirtschaftliche Situation des Schuldners und ihre Ursachen zu berichten. Insbesondere hat er darzulegen, ob Aussichten bestehen, das Unternehmen zu erhalten. Die Gläubiger können den Insolvenzverwalter beauftragen, einen Insolvenzplan auszuarbeiten. Zur Vorlage eines Insolvenzplans sind auch der Schuldner und der Insolvenzverwalter selbst berechtigt.

Ziel des Insolvenzplans ist, die Insolvenzgläubiger bestmöglich zu befriedigen und gegebenenfalls das Unternehmen zu sanieren. Von der Zielrichtung lassen sich folgende Insolvenzpläne unterscheiden:

- Sanierungsplan: Wiederherstellung der Ertragskraft des verschuldeten Unternehmens,
- Übertragungsplan: Verkauf des Unternehmens,
- Liquiditätsplan: Verwertung der Vermögensgegenstände des Unternehmens im Einzelnen.

Die Gläubigerversammlung entscheidet dann über die Annahme des vorgelegten Insolvenzplans und beschließt, ob das Unternehmen des Schuldners saniert, verkauft oder liquidiert wird (Grill und Perczynski 2006, S. 451 ff.).

6.1.3 Verwertung der Insolvenzmasse

Wenn die Gläubigerversammlung die Liquidation des Unternehmens beschlossen hat, muss der Verwalter unverzüglich das zur Insolvenzmasse gehörende Vermögen verwerten und den erzielten Erlös an die Gläubiger verteilen.

Nicht zur Insolvenzmasse gehören Gegenstände, die nicht Eigentum des Schuldners sind und deshalb ausgesondert werden. Ein Recht auf Aussonderung, das heißt auf Herausgabe ihres Eigentums, haben Eigentümer von Gegenständen, die dem Schuldner miet- oder leihweise überlassen worden sind. So können z. B. Leasinggeber sowie Lieferanten, die Waren unter Eigentumsvorbehalt geliefert haben, verlangen, dass ihnen ihr Eigentum zurückgegeben wird.

Ein Absonderungsrecht nach § 166 Abs. 1 der Insolvenzordnung (InsO) besteht für Gegenstände, die mit einem Pfandrecht belastet oder sicherungsübereignet sind. Diese Gegenstände fallen in die Insolvenzmasse und dürfen nur vom Insolvenzverwalter verwertet werden. Damit soll verhindert werden, dass Gläubiger nach Eröffnung des Insolvenzverfahrens dem Unternehmen Gegenstände entziehen, die für die einstweilige Fortführung des Unternehmens von Bedeutung sind. Der Erlös steht den Sicherungsnehmern zu.

Forderungen, die der Schuldner zur Sicherung eines Anspruchs abtreten hat, darf der Verwalter einziehen. Banken, die Sicherungsübereignungen oder Forderungsabtretungen als Kreditsicherheiten hereingenommen haben, können diese Sicherheiten im Insolvenzverfahren nicht mehr selbst verwerten (Grill und Perczynski 2006, S. 453).

6.2 Neues Insolvenzrecht

Der Zeitpunkt der Antragstellung ist entscheidend im Insolvenzverfahren. Mit der seit 1999 geltenden Insolvenzordnung hat der Gesetzgeber die Möglichkeit geschaffen, die Insolvenz bereits frühzeitig bei drohender Zahlungsunfähigkeit zu beantragen. Der Grund ist einfach: Inhaber und Insolvenzverwalter sollen eine reelle Chance erhalten, das Unternehmen, wenn irgend möglich, vor dem Untergang zu retten und damit so viele Arbeitsplätze und Vermögenswerte wie möglich zu erhalten. Schließlich wird die übergroße Mehrheit der Insolvenzanträge ohnehin durch den Schuldner selbst gestellt (Euler Hermes Kreditversicherung 2006, S. 8).

Die meisten Insolvenzverwalter konstatieren allerdings, dass die Möglichkeit der frühen Insolvenzantragsstellung viel zu selten genutzt wird: 72 % der Insolvenzverwalter glauben laut Euler Hermes-Studie, das geschehe zu spät, 23 % glauben, das geschehe nach einer gerade noch akzeptablen Wartezeit und nur 5 % der befragten Insolvenzverwalter sagen, die Anträge würden zum frühestmöglichen Zeitpunkt gestellt.

Dass die relativ neue Insolvenzordnung damit eines ihrer wesentlichen Ziele verfehlt, ergibt sich auch aus einem anderen Ergebnis der Befragung. Danach sagen 71 % der Experten, der Zeitpunkt der Antragstellung sei unverändert im Vergleich zum alten Konkursrecht. Nur 15 % meinen, die Anträge würden nun früher gestellt, aber 5 % glauben sogar, dies erfolge später als nach altem Recht. 9 % können diese Frage nicht beantworten – meistens, weil sie weniger als acht Jahre als Insolvenzverwalter arbeiten.

Fast einhellig sind die Insolvenzverwalter der Meinung, dass gefährdete Unternehmen viele Vorteile hätten, wenn sie einen Insolvenzantrag so früh wie möglich stellen würden: 96 % betonen, die Chancen das Unternehmen zu sanieren seien dann wesentlich größer. Auch ein emotionaler Gewinn bei Kunden, Lieferanten und Mitarbeitern wäre nach Ansicht der Experten eindeutig erkennbar: Sie wären weitaus stärker bereit, das Unternehmen zu unterstützen. 58 % der Befragten sind auch davon überzeugt, dass die Geschäftsführung Anregungen für Aktivitäten erhalten würde, an die sie vielleicht noch nie gedacht hat.

Neben den besseren Sanierungschancen gäbe es, so die befragten Insolvenzverwalter, etliche weitere Vorteile. So stünde möglicherweise mehr Masse zur Befriedigung der Gläubiger zur Verfügung, infolge geringerer Geldabflüsse wäre die Liquidität besser. Schließlich erhöhten sich auch das Vertrauen und die Bereitschaft der Gläubiger, konstruktiv mitzuwirken, die Banken wären eher bereit, die Zahlungsfähigkeit zu erhalten und auch die Haftungsrisiken wären geringer. Zudem müsste der Geschäftsführer nicht mit einem Ermittlungsverfahren rechnen (Euler Hermes Kreditversicherung 2006, S. 9 ff.).

6.3 Viele Insolvenzen wären vermeidbar

Viele Insolvenzen wären also vermeidbar, wenn die Insolvenzanträge früher gestellt werden würden. Aber weshalb zögern die Antragsteller?

Dass die Vorteile eines frühzeitigen Insolvenzantrags so selten von den Managern gefährdeter Unternehmen genutzt werden, führen die Insolvenzverwalter auf verschiedene Gründe zurück. Rationale Gründe spielen hier seltener eine Rolle. 58 % glauben, eine unzureichende Kenntnis der gesetzlichen Bestimmungen sei dafür verantwortlich. Auch die fehlende Sanktionierung einer verspäteten Antragstellung halten 60 % der Befragten für eine entscheidende Ursache.

Als viel maßgeblicher werden offensichtlich persönliche Abwehrstrategien wie Verleugnen oder Verschieben angesehen. Nicht selten wird die Situation als vorübergehende Krise eingeschätzt und nicht als Insolvenz. Häufig besteht auch lange die unrealistische Hoffnung, nach jahrelangen Erfolgen werde es schon irgendwann von selbst wieder aufwärts gehen.

Ebenfalls eine überwältigende Mehrheit der Insolvenzverwalter glaubt, die Angst, vor Bekannten oder in der Branche bloßgestellt zu werden, sei eine der wesentlichen Ursachen dafür, dass Insolvenzanträge noch immer sehr spät gestellt werden.

Die Konsequenz aus diesen Befunden ist klar: Wenn eine Veränderung zum Vorteil bedrohter Unternehmen erreicht werden soll, müssen zunächst emotionale Vorurteile abgebaut und negative Einstellungen zum Insolvenzverfahren überwunden werden. Psychologische Motive haben mehr Einfluss als sachliche, denn gerade die Geschäftsführer von kleinen und mittleren Betrieben sind häufig nicht „homo oeconomicus", sondern eher Handwerker, Techniker oder Ingenieur als Kaufmann (Euler Hermes Kreditversicherung 2006, S. 13).

6.4 Direkte Insolvenzgründe

Die drei in Abschn. 6.1.1 aufgeführten Gründe, die zur Beantragung eines Insolvenzverfahrens führen, sollen nachfolgend noch einmal näher beleuchtet werden. Zu beachten ist hierbei, dass der Hauptteil des vorliegenden Bandes, die Ursachenforschung nach Gründen, die zur Insolvenz führen, eben dann im Endresultat immer zwangsläufig zu diesen Folgen Zahlungsunfähigkeit und Überschuldung führen.

Daher ist es wichtig, dass der Unternehmer nicht nur die tieferen bereits beschriebenen Ursachen für Insolvenz kennt, sondern auch in Kenntnis gesetzt wird, wann er tatsächlich den Antrag stellen muss.

6.4.1 Zahlungsunfähigkeit

▶ **Definition** § 17 Insolvenzordnung (InsO)
Abs. 1: Allgemeiner Eröffnungsgrund ist die Zahlungsunfähigkeit:
Abs. 2: Der Schuldner ist zahlungsunfähig, wenn er nicht in der Lage ist, die bestehenden Zahlungspflichten zu erfüllen. Zahlungsunfähigkeit ist in der Regel anzunehmen, wenn der Schuldner seine Zahlungen eingestellt hat.

Die Zahlungsunfähigkeit ist in der Praxis einfach festzustellen. Sie liegt meist dann vor, wenn die Bank die Geschäftskonten „dicht" gemacht hat, also keine Zahlungen mehr erfolgen können, wenn das Unternehmen illiquide ist. Per Definition ist die Zeitpunktliquidität zu bestimmen.

Der Bundesgerichtshof hat im Jahr 2005 den Tatbestand der Zahlungsunfähigkeit präzisiert, was als „Jahrhunderturteil" gewertet wurde, da sowohl in der 1877 verabschiedeten

Konkursordnung als auch in der seit 1999 geltenden Insolvenzordnung der Tatbestand eher vage gefasst war:

„Eine Zahlungsunfähigkeit ist in der Regel anzunehmen, wenn 10 % der fälligen Verbindlichkeiten über einen Zeitraum von mehr als drei Wochen nicht erfüllt werden können. Beträge darunter werden lediglich als Zahlungsstockung angesehen."

Eine Verbindlichkeit ist fällig, wenn sie ernsthaft eingefordert wird. Damit ist der Begriff weicher als die übliche Definition der Fälligkeit, spätestens 30 Tage nach Rechnungsstellung (§ 271 BGB), und eröffnet Spielräume. Einerseits ist klar, dass fällige Forderungen durch eine wirksame schriftliche Stundungsabrede für die Frage der Zahlungsunfähigkeit nicht mehr zu berücksichtigen sind. Wenn nun in der Praxis fällige Zahlungen seit mehreren Monaten nicht eingefordert werden, kann man von einer konkludenten – still vereinbarten – Stundung ausgehen. Wenn es eng wird und die Sanierungsbemühungen aussichtsreich sind, könnte man dazu übergehen, für jeden Lieferanten eine Analyse der vergangenen Zahlungen durchzuführen. Wenn dabei z. B. herauskommt, dass bei einem Lieferanten Zahlungen jeweils 30 oder 50 Tage nach Fälligkeit ohne Probleme akzeptiert wurden, kann man für die aktuell fälligen Forderungen von derselben – still vereinbarten – Verlängerung des Zahlungszieles ausgehen. Solche Überlegungen sind jedoch mit Bedacht umzusetzen, da einerseits dem Bundesgerichtshof eine einzige ernsthafte Zahlungsaufforderung zur Fälligkeit reicht und im Regelfall die Zahlung nach Ablauf des Zahlungsziels uneingeschränkt fällig ist, andererseits die gravierenden Sanktionen betreffend Haftung und Strafbarkeit an den Eintritt der Zahlungsunfähigkeit geknüpft sind.

Zu den fälligen Verpflichtungen gehören nur Geldschulden. Die Inanspruchnahme eines bestehenden Kontokorrent-Kredits zählt hierzu ebenso wenig wie z. B. Löhne und Gehälter, die erst in den nächsten Tagen fällig werden, oder Gesellschafterdarlehen.

Für die Frage, in welcher Höhe der Schuldner leisten kann, sind nur seine liquiden oder seine kurzfristig liquidierbaren Mittel zu berücksichtigen. Hierzu gehört der eingeräumte und noch nicht komplett ausgeschöpfte Kontokorrent-Kreditrahmen, aber auch Vermögensgegenstände, die dann aber auch wirklich kurzfristig veräußerbar sein müssen.

Ist der Schuldner zahlungsunwillig, liegt hierin keine Zahlungsunfähigkeit.

Nach § 17 Abs. 2 S. 2 InsO besteht eine widerlegbare Vermutung für die Zahlungsunfähigkeit, wenn der Schuldner seine Zahlungen eingestellt hat (Hohberger und Damlachi 2014, S. 18 ff.).

6.4.2 Drohende Zahlungsunfähigkeit

▶ **Definition** § 18 Abs. 2 InsO

Der Schuldner droht zahlungsunfähig zu werden, wenn er voraussichtlich nicht in der Lage sein wird, die bestehenden Zahlungspflichten zum Zeitpunkt der Fälligkeit zu erfüllen.

Mit der drohenden Zahlungsunfähigkeit stellt die InsO einen Insolvenzverfahrensauslöser bereit, der nur für den Schuldner geschaffen wurde. Nur mit einem Eigenantrag des Schuldners löst die drohende Zahlungsunfähigkeit ein Insolvenzverfahren aus. Sie soll dem Bedürfnis des Schuldners Rechnung tragen, noch vor Eintritt der akuten Unternehmenskrise, in der die Handlungsmöglichkeiten zur Rettung des Unternehmens gegen Null gehen, im Schutz des Ordnungsverfahrens Gegenmaßnahmen einleiten zu können.

Drohende Zahlungsunfähigkeit wird auch als „Zeitraum-Illiquidität" beschrieben. Dabei soll die Wahrscheinlichkeit des Eintritts der Zahlungsunfähigkeit größer sein als der entgegengesetzte Fall.

Die drohende Zahlungsunfähigkeit kann mithilfe einer Ertragsfähigkeitsprognose ermittelt werden. Hierzu sei auf die einschlägige Literatur zu Insolvenzfragen verwiesen.

Um in den Genuss des seit 01.03.2012 möglichen Schutzschirmverfahrens zu gelangen, ist es erforderlich, dass der Schuldner droht, zahlungsunfähig oder überschuldet zu werden, es zum Zeitpunkt der Antragstellung aber noch nicht ist. Das Merkmal der drohenden Zahlungsunfähigkeit wird demnach dazu genutzt, den „redlichen Schuldner" zu privilegieren, der noch nicht zahlungsunfähig ist (Hohberger und Damlachi 2014, S. 20).

6.4.3 Überschuldung

Die Überschuldung ist ein Insolvenzgrund für juristische Personen, nichtrechtsfähige Vereine und Gesamthandsgemeinschaften mit beschränktem Haftungsfonds (z. B. GmbH & Co. KG, Nachlass). Dieser Insolvenzgrund wurde mit Rücksicht auf das Fehlen unbeschränkter Haftung geschaffen. Er soll aus Gründen des Gläubigerschutzes verhindern, dass beschränkt haftende Personenverbindungen und juristische Personen mit bereits aufgezehrtem Eigenkapital weiter am Rechtsverkehr teilnehmen.

Am 17.10.2008, also nur knapp einen Monat nach dem Insolvenzantrag des Investmenthauses Lehmann Brothers und dem Beginn der Finanzmarktkrise, trat das Finanzmarktstabilisierungsgesetz in Kraft. Durch dieses Gesetz wird der Begriff der Überschuldung zunächst für den Zeitraum vom 18. Oktober 2008–31. Dezember 2010, dann bis 31. Dezember 2013 verlängert wurde und nun ohne zeitliche Beschränkung gilt, gelockert. Der alte Überschuldungsbegriff gilt noch für Altfälle und wird aus diesem Grund im Folgenden ebenfalls erläutert.

6.4.3.1 Überschuldung (aktueller Rechtsstand)

▶ **Definition** § 19 Überschuldung:

(1) Bei einer juristischen Person ist auch die Überschuldung Eröffnungsgrund.
(2) Überschuldung liegt vor, wenn das Vermögen des Schuldners die bestehenden Verbindlichkeiten nicht mehr deckt, es sei denn, die Fortführung des Unternehmens ist

nach den Umständen überwiegend wahrscheinlich. Forderungen und Rückgewähr von Gesellschafterdarlehen oder aus Rechtshandlungen, die einem solchen Darlehen wirtschaftlich entsprechen, für die gemäß § 39 Abs. 2 zwischen Gläubiger und Schuldner der Nachrang im Insolvenzverfahren hinter den in § 39 Bs. 1 Nr. 1 bis 5 bezeichneten Forderungen vereinbart worden ist, sind nicht bei den Verbindlichkeiten nach Satz 1 zu berücksichtigen.

(3) Ist bei einer Gesellschaft ohne Rechtspersönlichkeit kein persönlich haftender Gesellschafter eine natürliche Person, so gelten die Absätze 1 und 2 entsprechend. Dies gilt nicht, wenn zu den persönlich haftenden Gesellschaftern eine andere Gesellschaft gehört, bei der ein persönlich haftender Gesellschafter eine natürliche Person ist.

Mit diesem mutigen, schnellen und sinnvollen Schritt will der Gesetzgeber die durch die Finanzmarktkrise zeitlich begrenzte hochwahrscheinliche Überschuldungssituation bei der Mehrzahl der Finanzmarktinstitute entschärfen. Andernfalls wären diese zur Vermeidung strafrechtlicher Konsequenzen gezwungen gewesen, Insolvenzanträge zu stellen, was hochwahrscheinlich einen immensen volkswirtschaftlichen Schaden angerichtet hätte.

Entscheidend ist die Fortführungsprognose. Ist die Prognose positiv, wird auch eine Überschuldung hingenommen.

Eine positive Fortführungsprognose ist gegeben, wenn zunächst der Wille des Unternehmens zur Fortführung besteht; dies ist bei der Liquidation des Unternehmens nicht der Fall. Weiterhin muss aus der Sicht des Entscheiders zum Zeitpunkt der Entscheidung die Finanzkraft des Unternehmens nach überwiegender Wahrscheinlichkeit mittelfristig zur Fortführung des Unternehmens ausreichen, die Fortführung im Vergleich zur Stilllegung überwiegend wahrscheinlich sein (Hohberger und Damlachi 2014, S. 21).

6.4.3.2 Überschuldung (Rechtsstand bis 17.10.2008)

▶ **Definition** § 19 Abs. 2 InsO:
Das Vermögen des Schuldners deckt die bestehenden Verbindlichkeiten nicht mehr.

Dieser Tatbestand ergibt sich nach herrschender Meinung nicht bereits aus der Handels- oder Steuerbilanz, sondern es ist zu diesem Zweck eine besondere Überschuldungsbilanz zu erstellen, in der die Vermögensgegenstände zu ihren Verkehrswerten den tatsächlich bestehenden Verbindlichkeiten gegenüberzustellen sind.

Nach dem herrschenden sogenannten zweistufigen Überschuldungsbegriff war die Feststellung der Überschuldung durch eine sogenannte Ertragsfähigkeitsprognose zu ermitteln, bei der anhand eines Liquiditätsplans die weitere mittelfristige Lebensfähigkeit (i. E. Zahlungsfähigkeit) des Unternehmens bewertet wurde. Eine positive Ertragsfähigkeitsprognose schließt danach jedoch nicht schon die Überschuldung aus, sondern sie ermöglicht nur, dass bei der Erstellung der Überschuldungsbilanz das Vermögen des Schuldners zu Fortführungswerten angesetzt werden kann. Besteht keine positive Ertragsfähigkeitsprognose, sind nach der InsO die Liquidationswerte zugrunde zu legen.

Auf die Ertragsfähigkeitsprognose kann dann verzichtet werden, wenn sich schon unter Fortführungswerten eine rechnerische Überschuldung ergibt.

Der Überschuldungstatbestand führt dazu, dass die Geschäftsführung beim Auftreten von Krisensignalen verpflichtet ist zu prüfen, ob die gesamten Aktiva zu Fortführungswerten noch die bestehenden Verbindlichkeiten decken (Hohberger und Damlachi 2014, S. 21 f.).

Wie die Zahlungsfähigkeit und Überschuldung festgestellt werden kann, wird an dieser Stelle nicht näher behandelt. Ausführungen hierzu finden Leser in der umfangreichen Literatur zum Thema Insolvenz.

Literatur

Euler Hermes Kreditversicherung (2006) Ursachen von Insolvenzen. Gründe für Unternehmensinsolvenzen aus der Sicht von Insolvenzverwaltern Wirtschaft Konkret, Bd. 414. Veröffentlichung der Euler Hermes Kreditversicherungs AG, Hamburg

Grill, Perczynski (2006) Wirtschaftslehre des Kreditwesens. Bildungsverlag EINS, Troisdorf

Hohberger S, Damlachi H (2014) Praxishandbuch Sanierung im Mittelstand, Springer Gabler – Verlag, Wiesbaden

Innovationsmanagement statt „Cost Cutting" 7

Wer zu spät an die Kosten denkt, ruiniert sein Unternehmen. Wer immer zu früh an die Kosten denkt, tötet Kreativität.
Philip Rosenthal, Deutscher Porzellanfabrikant und Design-Professor (Förster und Kreuz 2013, S. 87 f.)

An der Innovation – also dem Erfindergeist einerseits und an der verantwortlichen und nutzbringenden Anwendung andererseits – entscheidet sich unsere Zukunftstauglichkeit.
Bundeskanzler (1998–2005) Gerhard Schröder, 26. Januar 2004 (Disselkamp 2012, S. 15)

Innovative Unternehmen zeichnen sich durch eine kollektive Lernfähigkeit aus. Sie manifestiert sich im Wettbewerb durch hohes Engagement, hohe Effektivität der Mitarbeiter und eine überlegene Fähigkeit, schneller als andere das Unternehmen der Markt-, Kosten- und Technologiedynamik anzupassen.
Tom Sommerlatte (Disselkamp 2012, S. 61)

Etwas Grundsätzliches vorweg: Kosten im Unternehmen zu reduzieren, ist sicherlich immer sinnvoll. Allerdings hat der Autor dieses Buches schon oft festgestellt, dass, insbesondere wenn externe Beratungsunternehmen in den Betrieb geholt werden, es meist zunächst um die Reduzierung von Kosten geht. Das geht dann teils soweit, dass Kosten über ganze Abteilungen verteilt, nach dem „Rasenmäherprinzip" gleichmäßig verringert werden sollen.

Dieser Ansatz ist nicht kreativ.

Viel schwieriger ist es, insbesondere für Strategieberatungsunternehmen, an einer ganz anderen Stelle anzusetzen: Über neue Produkte und Dienstleistungen – Innovationen – Marktanteile auszubauen und den Ertrag/Umsatz zu erhöhen. Daher hat der Autor dieser eminent wichtigen Fragestellung ein eigenes Kapitel gewidmet.

In Abschn. 7.1 werden zunächst die Grundlagen für Innovationsmanagement im Unternehmen beschrieben, bevor in Abschn. 7.2 die wichtigste Ressource für Innovationen, die dazu passenden Mitarbeiter, beschrieben werden.

Abschnitt 7.3 zum Thema Fördermittel für Personalkosten im Bereich Innovationen rundet das Gebiet Innovationsmanagement ab.

Der letzte zu behandelnde Punkt in diesem Kapitel befasst sich mit besonders geeignetem Personal für innovative Unternehmen. Hier werden nicht nur die klügsten Mitarbeiter benötigt, sondern richtige „Querdenker", die es nicht immer in herkömmlichen Unternehmensstrukturen leicht haben.

Deshalb wird in einem Exkurs dieser seltenen „Spezies" nachgeforscht. Hochbegabte Mitarbeiter bringen durch ihre typischen Eigenschaften beste Voraussetzungen für Innovation in Unternehmen mit.

7.1 Grundlagen des Innovationsmanagements

Innovationen bestimmen das Leben. Die Suche nach dem Besseren zieht sich wie ein roter Faden durch die Geschichte der Biologie und der Menschheit. Innovationen sind ein wichtiger Erfolgsfaktor im immer intensiver werdenden Wettbewerb. Nur wem es immer wieder gelingt, sich von Neuem zu reproduzieren und neue Wettbewerbsvorteile zu gewinnen, wird langfristig überleben können. Dies gilt sowohl für Unternehmen, Organisationen, Teams und Beschäftigte als auch für staatliche Gemeinschaften.

Innovationen müssen nicht immer vollkommen neue Ideen betreffen. Der Begriff „Innovation" bedeutet vielmehr so viel wie „Einführung einer Neuerung" und geht auf das lateinische Wort „innovatio" zurück. Innovationen sind spürbare Verbesserungen für den Anwender. Sie sind geprägt durch eine besondere Eigenschaft, eine eindeutige Originalität und einen deutlichen Mehrnutzen für den Anwender. Meist wird der Begriff der Innovation nur auf technische Neuerungen bezogen. Es können aber auch methodische, strukturelle, soziale oder kulturelle Neuerungen sein. Innovationen sind auch bessere Arbeitsbedingungen, das Sorgen für eine intaktere Umwelt und das Einführen effizienterer Abläufe.

Während früher ein Unternehmen, das eine Innovation als Erstes erfolgreich einführte, lange Zeit eine hohe Innovationsrendite einstreichen konnte, ist heute der internationale Wettbewerb in vielen Branchen so scharf, dass die Unternehmen zur Aufrechterhaltung ihrer Marktposition dazu gezwungen sind, immer neue Innovationen zu schaffen. Innovationsmanagement ist für Unternehmen daher überlebenswichtig geworden (Disselkamp 2012, S. 11 ff.).

7.2 Mitarbeiter als wichtigste Ressource

Eine zentrale Rolle spielt der Mitarbeiter im Innovationsbereich und auch im Innovationsmanagement direkt. Es stellt sich dabei die Frage, wie in Zukunft Arbeit im Allgemeinen und Erwerbsarbeit im Besonderen organisiert werden soll.

Die Autoren Anja Förster und Peter Kreuz untersuchen in ihrem Buch mit dem provokanten Titel „Hört auf zu arbeiten! Eine Anstiftung, das zu tun, was wirklich zählt.", wie die Wirtschaft, die Arbeits- und Lebenswelt organisiert sein müsste, damit mehr Menschen wieder öfters im Leben ein „Funkeln in den Augen" haben. Sie fragen sich: Warum arbeiten wir eigentlich so, wie wir arbeiten? Was ist falsch daran? Was genau müsste anders sein? Wie sähen Unternehmen aus, in denen Menschen mehr das tun, was wirklich zählt? Wie sähe eine Gesellschaft aus, in der „arbeiten" einen ganz anderen Stellenwert hätte und nicht mehr als zwangsläufige, notwendige Unterbrechung des eigentlichen Lebens gewertet würde? Was wäre, wenn Arbeit lebenswert wäre? Und wie könnten wir die Begeisterung für unsere Arbeit wieder lernen? (Förster und Kreuz 2013, Klappentext)

Sicherlich lässt sich nicht jede Arbeit mit Sinn füllen, und gerade in der Produktion sowie der industriellen Arbeitsstruktur und auch in der Landwirtschaft gibt es Tätigkeiten, die eine gewisse Monotonie mit sich bringen. Auch Dienstleistungen werden in einer industriellen Arbeitsstruktur erbracht. Das heißt, sie werden in möglichst normierte und somit massenhaft reproduzierbare Teiltätigkeiten zerlegt. Ein Mitarbeiter funktioniert in diesem Bereich immer dann am Besten, wenn jeder sich ganz genau an seine Pflichten hält und seinen Job macht. Das gilt für die Putzfrau ebenso wie für den Bankberater oder den Mitarbeiter in der Einkaufsabteilung. Jeder soll bitte seine Arbeit machen, genau das tun, was von ihm erwartet wird, und in den vorgezeichneten Bahnen denken und handeln. Dann läuft es rund ...

Resultat dieser Form der Arbeitswelt ist, dass der Konsum nur noch eine Ersatzbefriedigung ist, weil hingenommen wird, dass die Arbeit im Alltag unbefriedigend ist.

Die andere Seite ist: Menschen können begeistert, idealistisch, enthusiastisch und voll bei der Sache sein, wenn sie kreativ sind. Diese Fähigkeit zur Kreativität ist in der Wirtschaft des 21. Jahrhunderts eine der wichtigsten und am dringendsten gefragten Eigenschaften.

Was die Unternehmen brauchen und was sie suchen, das ist sehr gut empirisch analysiert und dokumentiert, denn es geht nämlich auch um viel Geld. Mehr noch, es geht um die Zukunft der gesamten Menschheit, um die beruflichen Chancen der Kinder, um den Wohlstand in den nächsten Jahrzehnten. Verschiedene empirische Studien haben gezeigt, welche Anforderungen Arbeitgeber neben der formalen und fachlichen Kompetenz an Bewerber heute haben:

Initiative und Aktivität Im Englischen nennt man Menschen mit dieser Eigenschaft „self-starter", also Menschen, die keinen Antreiber brauchen, damit sie Leistungen erbringen.

Erkennen und Nutzen von Chancen Dazu müssen Menschen zu divergentem Denken in der Lage sein. Divergenz ist das Gegenteil von Konvergenz und heißt einfach „abweichend". Ein solches Denken weicht also von der Norm ab, sucht Lösungen jenseits des Gewohnten, Normalen, Durchschnittlichen, Üblichen: „thinking out of the box".

Um diese Fähigkeit auch einsetzen zu können, braucht es noch eine andere, nämlich **Risikobereitschaft**. Einer der stärksten Indikatoren für überragenden Erfolg in der Wirtschaft ist Risikobereitschaft.

Eigenverantwortung Damit ist sowohl die Selbstverantwortung für die eigene persönliche Entwicklung gemeint als auch die intrinsische Motivation, Ziele zu erreichen, und der Antrieb, alle dafür erforderlichen Maßnahmen selbst zu ergreifen.

Zielorientiertes Handeln Andere sagen dazu ergebnisorientiertes Handeln. Wer dazu willens und in der Lage ist, der stellt nicht die Tätigkeit selbst in den Mittelpunkt seiner Arbeit, sondern das Ergebnis dieser Tätigkeit. Das Resultat, die Wirkung, den Effekt. Dazu gehört auch nachhaltiges Denken und Handeln durch die Fähigkeit, die Dinge vom Ende her zu sehen, vom Ergebnis her gedanklich rückwärts auf den Beginn eines Prozesses zuzuschreiten.

Engagement und Ausdauer Um komplexe Aufgaben zu lösen, benötigen Menschen Beharrlichkeit und Durchhaltevermögen. Also die Fähigkeit, mit unveränderter Motivation den Weg zum Ziel weiterzuverfolgen, auch wenn dazu die Anstrengung über einen langen Zeitraum und gegen Widerstände aufrechterhalten werden muss. Widerstände, Gegenwind und Unerwartetes kommen in komplexen, nichtlinearen Arbeitsumgebungen ständig vor – und halten solche Menschen nicht auf. Dazu gehören auch Belastbarkeit, Fähigkeit zum Umgang mit ungewohnten Situationen, Konfliktfähigkeit und Frustrationstoleranz.

Lernfähigkeit und Lernbereitschaft Dazu müssen Menschen vor allem offen für Neues sein. Sie müssen bereit sein, scheinbar unverrückbare Überzeugungen und Dogmen infrage zu stellen und neue Ideen, Prozesse und Erfahrungen zu suchen. Ihre Grundhaltung ist geprägt durch Experimentierfreude und Neugierde.

Und nicht zuletzt: **Kreativität,** die Königsdisziplin unter den beruflich relevanten Fähigkeiten. Denn wer in der Lage ist, neue Ideen zu entwickeln, Altbekanntes auf neue Weise zu kombinieren, wer zu lateralem Denken fähig ist und es somit schafft, die ausgetretenen Pfade zu verlassen und neue Wege zu entdecken, der stärkt die Innovationskraft seines Unternehmens, der Wirtschaft, ja der ganzen Gesellschaft.

Diese Liste notwendiger Eigenschaften für den Mitarbeiter von morgen steht nahezu in vollkommenem Gegensatz zu dem, was unser Bildungssystem von den Schülern verlangt:

- Das komplette Bildungssystem ist methodisch immer noch auf Frontalunterricht ausgerichtet: Die Lehrer monologisieren und beschäftigen alle unter ihrer Aufsicht. Der Lehrer erteilt Anweisungen, er kontrolliert. Anweisung plus Kontrolle gleich Fabrik (siehe oben). Er teilt das Wissen aus wie Suppe mit der Suppenkelle.
- Aufgrund des Unterrichtssystems wird den Schülern vorwiegend Wissen vermittelt. Andere mindestens ebenso wichtigen Dinge wie Kreativität, emotionale Bildung, ästhetische Bildung oder konfliktlösende Intelligenz fallen unter den Tisch.

7.2 Mitarbeiter als wichtigste Ressource

- Das derzeitige Erziehungssystem basiert auf der Idee der wirtschaftlichen Nützlichkeit von Themen, weshalb es eine Hierarchie von Themengebieten gibt. Allerdings kennt jeder aus seiner eigenen Schulzeit, dass man von Dingen abgebracht werden sollte, die man für interessant hielt, und dass man zu Dingen gezwungen wurde, die andere für nützlicher oder sinnvoller hielten.
- Das eherne Prinzip der Gleichheit: Die Logistik in den Schulen verlangt, dass alle Schüler synchron im gleichen Zeitraum im genau gleichen Maße verbessert werden, sie müssen alle Stufen gemeinsam gehen. Wird die Bandbreite innerhalb der Klasse zu groß, zerstört das die synchrone Unterrichtsform. Darum werden die schnelleren Schüler ausgebremst, demotiviert und gelangweilt. Das Tempo richtet sich zwangsläufig nach den langsameren Schülern.
- Standardisierte Prüfungen: Alle werden über einen Kamm geschoren, völlig unabhängig von ihrer spezifischen Begabung, ihrer persönlichen Geschichte und ihrer unterschiedlichen biologischen Entwicklung.

Schulen sind organisiert wie Fabriken vor hundert Jahren. Die Lernfabriken halten Kinder in kargen Räumen gefangen, die den Sinnen keine Reize bieten. Sie teilen Kinder aufgrund willkürlicher Kriterien wie Alter und Prüfungsnoten in unflexible Kategorien ein. Sie lehren Kinder, auf den Klang einer Glocke ihre augenblickliche Beschäftigung fallen zu lassen und sich von einem Raum in den anderen zu begeben. Sie verbieten Kindern weitestgehend, ihre eigenen Entdeckungen zu machen, und versuchen stattdessen, ihnen vermeintliche Lebensgeheimnisse einzuimpfen.

Und diese Menschen treten danach ins Arbeitsleben ein und verfügen – wenn alles gut geht – über Kompetenzen fachlicher Art, Theorie und formale Fähigkeiten. Aber was ist mit den Kompetenzen, wie sie Unternehmen fordern?

Das Resultat: keine neuen Ideen. Mangelnde Innovationskraft. Kaum Motivation unter den Mitarbeitern. Fehlende Flexibilität und Krisenfestigkeit. Schwindende Perspektiven auf dem Weltmarkt.

Daher noch einmal: Der Leistungsanspruch an die Mitarbeiter erfordert echte Freiheit und echtes Vertrauen, denn nur wer Freiräume hat, kann kreativ, innovativ, risikobereit, experimentierfreudig und enthusiastisch sein.

Alles beginnt damit, dass Menschen mehr Verantwortung dafür übernehmen sollten, wie sie leben und arbeiten wollen. Jeder Einzelne muss sich fragen, inwieweit er sich dem gesellschaftlichen Druck einfach unterwerfen will. Tätigkeiten (bedeutsame Tätigkeiten genannt) mit einem hohen Grad an Selbstbestimmung sind anzustreben, sie geben das Gefühl, etwas zu tun, was einem selbst wichtig ist und Ziele, die persönlich am Herzen liegen.

Für Unternehmen sind in der globalen, durch Mobilität und das Internet vernetzten Wirtschaft solche bedeutsamen Tätigkeiten die Treiber von Differenzierung und Zukunftsfähigkeit. Bedeutsame Tätigkeiten machen Unternehmen und ihre Produkte einzigartig, ungewöhnlich und unaustauschbar. Häufig sind diese Tätigkeiten genau die Art von schöpferischer Arbeit, die das Geschäft voranbringt, zu neuen Produkten oder verbesserten Systemen und damit steigenden Gewinnen führt.

Diese veränderte Haltung hin zu einer Neudefinition der Arbeit ist nicht immer einfach, sich im Strom treiben zu lassen ist manchmal bequemer. Aber: Menschen, die stets im Mainstream schwimmen und konsequent auf Nummer sicher gehen, können keine großartigen Dinge leisten. Ganz im Gegenteil: Sie richten sich gemütlich in einer Atmosphäre der Mittelmäßigkeit ein und produzieren mittelmäßige Ideen, mittelmäßige Leistungen und mittelmäßige Ergebnisse (Förster und Kreuz 2013).

Im nächsten Abschnitt soll auf die Möglichkeit der Förderung insbesondere von Personalkosten für die Entwicklung von neuen Produkten und Verfahren eingegangen werden, bevor der Exkurs zu – aus der Sicht des Autors – besonders kreativen Mitarbeitern startet.

7.3 Fördermittel für die Entwicklung neuer Produkte und Verfahren

Da der Autor dieses Buches seit vielen Jahren als Unternehmensberater und im Besonderen als Fördermittelberater Unterstützung für innovative Unternehmen leistet, möchte er insbesondere auf bestimmte, auf kleinere und mittelständische Unternehmen zugeschnittene Programme hinweisen.

Hier ist zunächst das – nach Meinung des Autors – beste Instrument zu nennen, das vom Bundesministerium für Wirtschaft und Technologie aufgelegt wurde und eine Anteilsförderung zu Personalkosten wie Materialkosten und auch vergebenen Dienstleistungsaufträgen gewährt.

Bundesweit können Unternehmen bis zu einer bestimmten Größenklasse Förderungen beantragen. Damit soll erreicht werden, dass die Unternehmen zu mehr Anstrengungen für marktorientierte Forschung, Entwicklung und Innovationen angeregt werden.

Das Programm ZIM löst die alten Förderprogramme Pro Inno I und Pro Inno II ab, die vorher über fast 15 Jahre Fördermittel an geeignete Unternehmen vergeben hat.

Das ZIM umfasst dabei drei Fördermodule:

- ZIM-KOOP
  Fördermodul Kooperationsprojekte
- ZIM-SOLO
  Fördermodul Einzelprojekte
- ZIM-NEMO
  Fördermodul Netzwerkprojekte

Zusätzlich gibt es noch ein Modul, das bei der Umsetzung der F&E-Ergebnisse auf dem Markt zuständig ist:

- DL
  Innovationsunterstützende Dienstleistungen für KMU

Dieses Modul kann bei der Einbindung von externen Unternehmensberatungsleistungen eine Rolle spielen, da bis zu einer Höhe von 50.000 Euro Projektkosten, die die Beratung und Recherche innerhalb des Projekts betreffen, mit 50 % gefördert werden.

In den Fördermodulen ZIM-KOOP und ZIM-SOLO werden F&E-Projekte zur Entwicklung innovativer Produkte, Verfahren oder technischer Dienstleistungen ohne Einschränkung auf bestimmte Technologien und Branchen gefördert (Bundesministerium für Wirtschaft und Technologie 2011, S. 10).

Vor Antragstellung ist zu beachten, dass man zunächst einmal eine Projektskizze bei der Förderstelle einreichen sollte, bevor man sich die Mühe macht, den doch recht umfangreichen Antrag zu formulieren.

Die Projektdauer liegt erfahrungsgemäß zwischen ein und zwei Jahren und die maximale Höhe der Kosten, die bezuschusst werden, liegt bei jedem beteiligten Partner bei 350.000 Euro.

Da die Materialkosten per Zuschlag auf die vorhandenen Personalkosten zugerechnet werden, hat sich herauskristallisiert, dass üblicherweise zwei bis vier Personen in das jeweilige Projekt involviert werden, sei es teilweise oder auch voll.

Die genauen Richtlinien sind unter www.zim-bmwi.de aufgeführt.

Aufgrund der Fülle von landesweiten Programmen sei hier nur bspw. das hessische Innovationsförderprogramm „LOEWE" (www.innovationsfoerderung-hessen.de/dynasite.cfm?dsmid 2014) erwähnt, bei dem bis zu 49 % der Projektausgaben von Forschungs- und Entwicklungsprojekten, die in Kooperation mehrerer Partner bearbeitet werden, gefördert werden. „LOEWE – **L**andes-**O**ffensive zur **E**ntwicklung **W**issenschaftlich-ökonomischer **E**xzellenz" besteht seit 2008 und wird aus Landesmitteln finanziert. Die Hessen-Agentur fungiert dabei als Projektträger für das Hessische Ministerium für Wissenschaft und Kunst (HMWK). Bezuschusst werden Forschungsvorhaben, die durch kleine und mittlere Unternehmen (KMU) im Verbund mit Hochschulen und Forschungseinrichtungen aus Hessen realisiert werden.

Europaweite Programme, wie z. B. „Horizont 2020" (www.horizont2020.de) haben oft den Nachteil, dass sie für kleine und mittlere Unternehmen nur schwer umzusetzen sind. Neben der Antragstellung in englischer Sprache sind darüber hinaus in der Regel Partner aus dem europäischen Ausland einzubinden, was die Antragstellung weiter erschwert. Selbst der Autor dieses Buches, der schon viele Male bundesweite Programme wie ZIM, Pro Inno u. ä. begleitet hat, ist sich nicht sicher, ob sich der Aufwand für die Unternehmen wirklich lohnt. Hier müsste im Vorfeld ein Projektmanager eingestellt oder beauftragt werden, ohne dass man weiß, ob das Projekt überhaupt genehmigt werden wird.

Weiterhin seien noch Förderprogramme auf Darlehensbasis erwähnt, wie das ERP-Innovationsprogramm, das kleine Unternehmen und auch Freiberufler unterstützt, die sich mit der Entwicklung neuer Produkte, Produktionsverfahren oder Dienstleistungen beschäftigen. Die Antragstellung verläuft im Hausbankprinzip, die die Anträge an die KfW-Bankengruppe weiterleitet. Detaillierte Informationen sind im Internet unter www.kfw.de zu finden.

Mischformen wie der High-Tech Gründerfonds sind für Unternehmensgründer und junge Unternehmen mit einem Unternehmensalter von maximal einem Jahr vorgesehen und werden als Darlehen bzw. in Form einer Beteiligung an die Unternehmen vergeben. Ziel der Beteiligung soll die Herstellung eines Prototyps oder eines Machbarkeitsnachweises („proof of concept") sein. Mit der Beteiligung soll in wachstumsorientierte Produkte, Verfahren und Dienstleistungen mit hohem Risiko und Innovationsgrad investiert werden, die langfristig nutzbares Marktpotenzial erschließen. Begleitend zum Kapital werden Coachingmaßnahmen für das Management vermittelt. Hauptinvestor ist der Bund, daneben stehen die Kreditanstalt für Wiederaufbau (KfW) sowie 17 große Wirtschaftsunternehmen. Als Kredit gibt es zunächst maximal 500.000 €, später sind weitere 1,5 Mio. € möglich. Die Antragstellung läuft über die High-Tech Gründerfonds Management GmbH (www.high-tech-gruenderfonds.de) (Rohwedder 2013, S. 71 ff.).

Exkurs: Hochbegabte Mitarbeiter

> Ein gescheiter Mann muss so gescheit sein, Leute einzustellen, die viel gescheiter sind als er (John F. Kennedy (1917–1963, 35. Präsident der USA), Lackner 2012, S. 285).

Wissenschaftlich spricht man von Hochbegabung bei Menschen, die mindestens intelligenter sind, als 98 % der restlichen Bevölkerung. So haben ca. 2 % einen Intelligenzquotienten von mindestens 130. Dieser Teil der Bevölkerung kommt aus den unterschiedlichsten Schichten, es gibt darunter die unterschiedlichsten Berufe und Lebensläufe.

Da die hochbegabten Menschen oft feststellen, dass sich „Gleich zu Gleich" gerne gesellt, gibt es internationale Vereinigungen dieser Personen. Der bekannteste Verein ist Mensa, der ca. 130.000 Mitglieder weltweit hat. Allein in Deutschland gibt es derzeit ca. 10.000 Mitglieder, die sich zu den unterschiedlichsten Aktivitäten treffen.

Sicherlich gibt es Unternehmen, bei denen hochbegabte Mitarbeiter überrepräsentiert sind. So kann man davon ausgehen, dass es in Forschungseinrichtungen und unter Professoren mehr Hochbegabte gibt als bei einer Großbank. Überall wo es um Wissen und darüber hinaus Wissenserweiterung als wichtigste Ressource geht, findet man häufig Hochbegabte.

Solche Personen zu identifizieren ist nicht ganz einfach. Manche geben ihre Mitgliedschaften bei Mensa oder Intertel in ihrem Lebenslauf an. Dies ist z. B. in den USA nicht unüblich. Bereits bei der Identifizierung von möglicherweise hochbegabten Kindern haben es Personen wie Lehrer, Sozialpädagogen und selbst die Eltern schwer, dies sofort zu erkennen. Denn an den sehr guten Noten in der Schule erkennt man meist nur die Hochleister, die nach der Aussage von Deutschlands bekanntestem Hochbegabtenforscher Professor Dr. Detlef Rost von der Universität Marburg nur bei einem durchschnittlichen IQ von 117 liegen (www.fr-online.de/wissenschaft/hochbegabte-intelligenz-ist-kein-risikofaktor,1472788,27697398.html 2014). Diese Schüler sind meist sehr gut angepasst und bringen brillante Schulleistungen. Ähnliches wurde bei einer Studie unter britischen Professoren festgestellt. So kam man auch auf eben diesen durchschnittlichen IQ-Wert von 117, als man diese Professoren an einer englischen Universität einem IQ-Test unterzog. Auch Professor Rost ist überzeugt, „dass man mit ein bisschen überdurchschnittlicher Intelligenz hervorragende Leistungen erzielen kann."

Aber findet man hochbegabte Personen und kann sie für das Unternehmen gewinnen, kann man bei entsprechender Führung von ihnen exzellente Ergebnisse erwarten.

So sollte man im Unternehmen sowieso die bestmöglichen Mitarbeiter aufnehmen. Das klingt trivial und selbstverständlich, was es nicht immer ist. Bewusst oder unbewusst hat jeder Vorlieben und Vorurteile in mehr oder weniger starker Ausprägung und tendiert dazu, mit Menschen zusammenarbeiten zu wollen, die ihm ähnlich sind. Eine „gemeinsame Wellenlänge" ist wichtig, wenn das Verhältnis zwischen einem neuen Mitarbeiter und dessen Chef entspannt starten soll. So wäre es daher sinnvoll, aus Bewerbern die auszusuchen, die dem potentiellen Vorgesetzten und dem Team fehlen. Kaum etwas ist lähmender für eine Abteilung oder eine Firma – auch unter Berücksichtigung des Ziels „Innovation" – als ein absolut homogenes Team.

Auch wenn ein Kandidat für einen bestimmten Job überqualifiziert zu sein scheint, sollte man nicht zögern, ihn zum Gespräch einzuladen und eventuell einzustellen. Niemand ist „überqualifiziert", und man sollte erkunden, warum er sich auf die ausgeschriebene Stelle beworben hat. Natürlich besteht die Gefahr, dass er bald wieder abspringt, allerdings kann man einen neuen Mitarbeiter, der sich bewährt, auch rasch befördern und mit höheren Aufgaben betrauen.

Aber auch Mitarbeiter, die bereits im Unternehmen angestellt sind, können zu dieser Gruppe gehören – nur weiß es keiner.

Hochleistende Mitarbeiter, die hochbegabt sind, erkennt man oft an ihren selbst gewählten, anspruchsvollen und umfangreichen Aufgaben. Sie übernehmen freiwillig ein großes Leistungspensum. Die andere Gruppe der Hochbegabten, die Latenten, verbergen sich. Folgende Hinweise kann man bei der Suche nach einer eventuell vorhandenen Hochbegabung bei seinen eigenen Mitarbeitern heranziehen:

- Zeugnisse: Schulnoten können oft ein Indiz sein, vor allem, wenn es neben Schule und Studium zahlreiche Aktivitäten gab.
- Ungewöhnliche Lebensläufe: Viele Tätigkeiten, die scheinbar nicht zusammenhängen, deuten auf ein breites Interesse einer neugierigen Person hin.
- Vielseitige und außergewöhnliche Hobbys, um den „durstigen Geist" zu stillen
- Weitere Indizien: übersprungene Schulklassen, Studium unter der Mindestzeit

Als Unternehmer oder Führungskraft sollte man die „breite Masse" der Hochbegabten, die „latenten Talente" identifizieren und nutzen. Diese Menschen haben es sich im Leben bequem eingerichtet, sie führen ein unauffälliges Dasein. Die Bewältigung des beruflichen Alltags fällt ihnen leicht, und sie könnten mehr – mehr leisten für das Unternehmen, wenn man sie richtig führt (Lackner 2012, S. 285 ff.).

Allerdings sollte man eventuell auftretende Probleme, mit denen sich Menschen, die hochbegabt und zu außerordentlichen Leistungen fähig sind, öfters konfrontiert sind, nicht unter den Tisch kehren. Jeder, der aus der Reihe fällt oder aus dem allgemeinen Einerlei herausragt, sei es, er sieht anders aus, hat eine andere Weltanschauung, ist behindert oder auch hochbegabt, ist öfter von Mobbing betroffen als der „Otto Normalverbraucher". Viele Hochbegabte sind aufgrund ihrer feineren Sinneswahrnehmung obendrein auch noch hochsensibel und nehmen sich Mobbing besonders zu Herzen. Hier gibt es keinen Königsweg, um solchen dynamischen negativen Prozessen zu begegnen. Bekannt ist, neben dem schädigenden Einfluss auf den Gemobbten, dass in Betrieben, in denen es Mobbing gibt, viel Zeit und Energie verloren geht, die für sinnvollere Dinge verwandt werden sollte. Auch wirkt sich dies negativ auf den Zusammenhalt in Teams aus und wirft ein schlechtes Licht auf den Vorgesetzten, der dies in seiner Abteilung zulässt.

Auch hier sollte ein hochbegabter Mitarbeiter seine Grenzen kennen. Wenn es nicht hilft, die Peiniger zur Rede zu stellen und auch nach Meldung beim Vorgesetzten keine Besserung in Sicht ist, gibt es nur den Weg, den Betrieb zu verlassen und sich eventuell neu zu orientieren. Interessant ist, dass z. B. viele Mitglieder bei Mensa Freiberufler sind. So hat der ein oder andere dies neben der größeren Freiheit auch wegen obiger negativer Prozesse gewählt. Es macht sicher Sinn, den ein oder anderen wieder in ein Unternehmen zu integrieren, da dieser in einem größeren Verband seine Hochleistung besser entfalten kann als als Einzelkämpfer oder „one man show".

Ist ein hochbegabter Mitarbeiter im Unternehmen integriert und hat er nicht mit allzu vielen Routineaufgaben zu tun, dann kann er seine Spitzenleistung voll entfalten und wird damit zwangsläufig innovative Entwicklungen im Unternehmen anstoßen und erzeugen. Aber auch hier sei erwähnt, dass der ein oder andere keine Grenzen mehr für sein Schaffen sieht und die Gefahr besteht, dass er sich selbst „verheizt". Auch der Unternehmenslenker oder die Führungskraft muss aushalten, dass der Mitarbeiter unternehmerischer denkt als der Unternehmer selbst. Dies trifft natürlich auch für die Selbstausbeutung zu, die damit einhergeht.

Generell geht es beim effektiven Management von Hochbegabten darum, deren individuelle Stärken zu erkennen und zu nutzen. Zwar verfügt jeder Hochbegabte über ein unverwechselbares Bündel an Eigenschaften und Stärken, dennoch gibt es Charakteristika, die viele Hochbegabte teilen:

- Sie hinterfragen Regeln und Autoritäten,
- Sie denken kritisch,
- Sie bringen ungewöhnliche Ideen ein,
- Sie werden rasch ungeduldig mit Fehlern anderer. Dadurch wird ihnen häufig mangelnde soziale Kompetenz nachgesagt,
- Sie haben Schwierigkeiten mit Routineaufgaben, weil sie sich schnell langweilen und unzufrieden werden, aus einem Gefühl der Unterforderung heraus. Dadurch, dass sie diese vermeintlich einfachen Routineaufgaben nicht schaffen, entstehen starke Selbstzweifel.

Unternehmer und Führungskräfte sollten sich dessen bewusst sein und diese „Schwierigkeiten" als Chance nutzen. Ein Mitarbeiter, der Regeln kritisch hinterfragt und eigenständig denkt, kann Probleme analysieren und Lösungen ausarbeiten, die andere nicht sehen würden.

Charakteristika von Hochbegabten in Bezug auf die Berufswelt:

Denk- und Lernfähigkeit

- Zügiges Durchschauen von Ursache und Wirkung,
- Vergleichen von Situationen, Durchschauen von Prinzipien,
- Wissen und Prozesse standardisieren.

Arbeitsverhalten

- Intrinsische Motivation durch Wissensdrang,
- Streben nach Perfektion,
- Langeweile bei Routineaufgaben,
- Eigenverantwortliches Arbeiten,
- Bevorzugen komplexer Aufgaben,
- Hohes Arbeitstempo,
- Präferiertes Befassen mit etwas Neuem,
- Verfolgen einiger Themen parallel.

Sozialverhalten

- Akzeptieren von Meinungen erst nach Prüfung,
- Starker Gerechtigkeitssinn,
- Niedriges Toleranzniveau für langsam denkende und arbeitende Kollegen.

Daher sollte man hochbegabte Mitarbeiter dort einsetzen, wo sie ihre Stärken entfalten und weiterentwickeln können. Hochbegabte werden es in der Regel sehr schätzen, wenn man Stärken ausbaut, anstatt Schwächen bekämpfen zu wollen. Ihnen ist es wichtig, sich in ihrem „Metier" permanent selbst zu übertreffen, anstatt sich mit für sie weniger wichtigen Themen zu befassen.

Der Unternehmer oder die Führungskraft sollte es dem Hochbegabten ermöglichen, der Beste auf seinem Gebiet zu werden (Lackner 2012, S. 285 ff.).

Literatur

Bundesministerium für Wirtschaft und Technologie (2011) Zentrales Innovationsprogramm Mittelstand, Broschüre, Berlin

Disselkamp M (2012) Innovationsmanagement. Instrumente und Methoden zur Umsetzung im Unternehmen, Springer Gabler, Wiesbaden

Förster A, Kreuz P (2013) Hört auf zu arbeiten! Eine Anstiftung, das zu tun, was wirklich zählt. Pantheon-Verlag, München

http://www.fr-online.de/wissenschaft/hochbegabte-intelligenz-ist-kein-risikofaktor,1472788,27697398.html (Zugriff am 12.07.2014)

http://www.innovationsfoerderung-hessen.de/dynasite.cfm?dsmid=11767 (Zugriff am 15.07.14)

Lackner M (2012) Talent-Management spezial. Hochbegabte, Forscher, Künstler… erfolgreich führen. Gabler-Verlag, Wiesbaden

Rohwedder M (2013) Praxishandbuch Fördermittel. Wegweiser für kleine und mittlere Unternehmen. Erich Schmidt Verlag, Berlin

8   Unternehmenskrisen im Kontext globaler Entwicklungen

> Wem genug zu wenig ist, dem ist nichts genug.
> Epikur (www.die-klimaschutz-baustelle.de 2014)
>
> Die Welt hat genug für jedermanns Bedürfnisse, aber nicht für jedermanns Gier.
> Mahatma Gandhi (www.die-klimaschutz-baustelle.de 2014)
>
> Some dream to escape reality. Others dream to change reality for ever.
> Soichiro Honda, japanischer Unternehmer und Gründer Honda Corperation (Pauli 2011/2013)

In diesem letzten Kapitel soll die insbesondere betriebswirtschaftliche Seite der klein- und mittelgroßen Unternehmen in einen größeren Zusammenhang gestellt werden, der sich ja schon in der Einleitung des vorliegenden Bandes andeutete, sich durch die verschiedenen Kapitel zog und hier noch einmal in einem Blickwinkel von oben sozusagen seinen Abschluss findet. Der Autor dieses Bandes, selbst gelernter Dipl.-Volkswirt, hat doch ab und an unter dem Mainstream seiner Wissenschaft gelitten, der ihm einseitig und zu reduziert, weil modellhaft vorkam.

Daher kommen – nach Ausführungen zur Endlichkeit der Ressourcen unseres Planeten sowie der jetzt schon bedrohlichen Klimaentwicklung – Argumente zum kapitalistischen System sowie der Orthodoxie der Wirtschaftswissenschaften zu Wort. Abschließend wird eine mögliche Lösung aus den geschilderten Dilemmata dargestellt, die sicherlich keinen Anspruch auf Vollständigkeit hat, aber zumindest den einen oder anderen Unternehmenslenker zum Nachdenken anregen soll.

8.1   Klimawandel und Endlichkeit der Ressourcen

In vielen Ländern ist der Klimawandel bereits Realität. Auch hierzulande sind erste Veränderungen sichtbar: Extreme Wetterlagen bilden sich immer stärker heraus: Im Sommer wird es heißer, im Winter wird es deutlicher feuchtkalt. So war der letzte deutsche Winter 2013/14 wohl einer der zehn wärmsten seit Beginn der Aufzeichnungen im Jahre 1881. Mit 2,6 Grad übertraf die durchschnittliche Temperatur von Dezember bis Mitte Februar den langfristigen Mittelwert von 0,2 Grad deutlich (Behrens 2014, S. 1).

Spätestens, nachdem Ende August des Jahres 2005 der Hurrikan Katrina über den Südosten der USA hinwegfegte, einen Sachschaden von 80 Mrd. US-Dollar anrichtete und die Stadt New Orleans fast vollständig untergehen ließ, müsste auch dem größten Industrieland USA klar geworden sein, dass es nicht mehr so weitergehen kann. Dies zeigt auch der im Oktober 2012 über Nordamerika hinwegziehende Hurrikan „Sandy", der unter anderem die Stadt New York unter Wasser setzte.

Seither reihen sich weitere Umweltkatastrophen ein, wie auch direkt mit der fossilen Ausbeutung durch den Menschen verursachte Katastrophen, z. B. die Ölkatastrophe in Mexiko im Jahr 2010, als eine Ölbohrinsel Leck ging. So litt China im Sommer 2011 unter der schwersten Dürre seit Jahrzehnten. Mehr als vier Millionen Menschen hatten nicht genug Trinkwasser und mussten notversorgt werden. Die aufgrund solcher und ähnlicher Katastrophen einsetzenden Wanderbewegungen und entstehenden kriegerischen Auseinandersetzungen waren bereits 2008 im Buch „Klimakriege. Wofür im 21. Jahrhundert getötet wird." von Harald Welzer gut nachzulesen.

Da etwas mehr als die Hälfte der Menschheit in Städten lebt, sind diese überproportional für den Ausstoß von Treibhausgasen verantwortlich: Zwischen 60 und 70 % der Emissionen gehen von den Städten aus. Vor allem in den aufstrebenden Metropolen von Schwellenländern, etwa in Peking oder Bangkok, treibt der wachsende Wohlstand auch den Ausstoß von CO_2 nach oben. Jede zweite Metropole weltweit spürt bereits die Folgen der Erderwärmung und 93 % der Großkommunen fürchten einer Studie zufolge (Carbon Disclosure Projects) Risiken für die eigene Entwicklung durch den Klimawandel. Fast 80 % gehen zudem davon aus, dass der Klimawandel in Zukunft negative Konsequenzen auf die Wirtschaft habe (Staab 2013, S. 1 ff.).

Abbildung 8.1 zeigt eine Übersicht der größten Rückversicherung der Welt, Münchner Rückversicherungsgesellschaft, in der die weltweiten Schadensereignisse zwischen den Jahren 1980 bis 2013 aufgelistet sind. Die Übersicht spricht für sich und zeigt einen markanten Anstieg der Schadensereignisse an.

Von den auf der Erde verfügbaren Ressourcen Öl, Kohle, Gas und Uran ist zwar noch Kohle sehr reichlich vorhanden, aber der mit dem CO_2-Ausstoß der Kohle verbundene Temperaturanstieg beim weltweiten Klima zwingt die Staaten, auf andere Ressourcen umzusteigen. So empfiehlt der Weltklimarat IPCC in seinem letzten Bericht drei gleichwertige Optionen für den Klimaschutz. Neben den erneuerbaren Energien sind dies die Kernkraft und die CCS-Technik, die das Kohlendioxid aus den Schornsteinen traditioneller Kraftwerke abfangen und in unterirdischen Gesteinsformationen verpressen soll (Schrader 2014, S. 13). Diese Empfehlung trifft allerdings auf viele Kritiker, denen sich der Autor dieses Buches anschließt. An den erneuerbaren Energien kommt man nicht vorbei, sieht man die Gefahren eines atomaren Supergaus oder auch das Endlagerproblem, das nicht lösbar ist. Außerdem ist die CCS-Technik und die mit ihr verbundenen Risi-

8.1 Klimawandel und Endlichkeit der Ressourcen

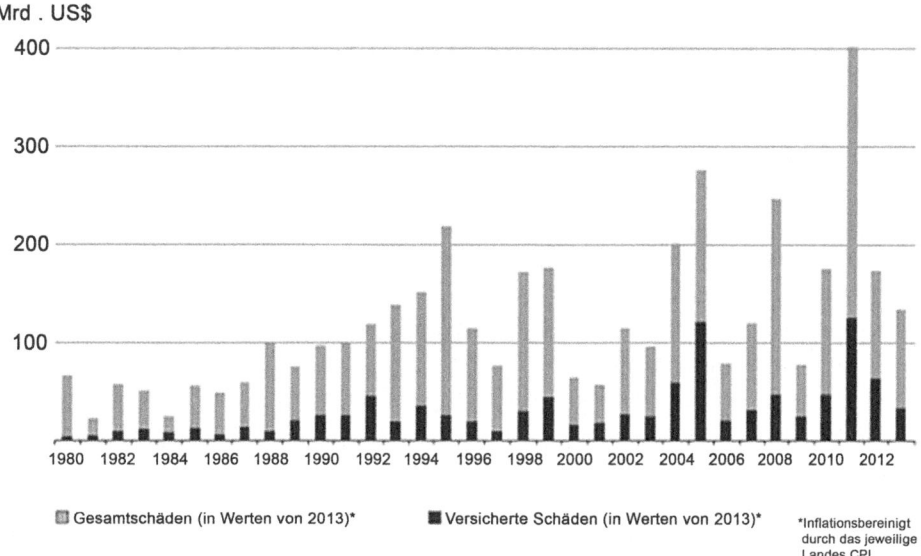

Abb. 8.1 Schadenereignisse weltweit 1980–2013 (Quelle: Münchener Rück 2014)

ken weitestgehend unbekannt. Wird CO_2 in alte Bergwerke oder Sandsteinformationen gedrückt, könnte dies womöglich Erdbeben auslösen oder Grundwasserschichten verderben.

Bezüglich des Klimawandels besteht die Gefahr einer unkontrollierten ökologischen Katastrophe, wenn es Umkipppunkte gibt (Tipping Points), nach denen man die Kontrolle über die weiteren Vorgänge im Ökosystem verliert. So sollte sich die Weltgemeinschaft für eine schnelle Reaktion entscheiden, mit einer kleinen Anzahl von einflussreichen Ländern (einer Art „Coalition of the Cooling"), die voranschreiten und denen sich andere Länder anschließen werden. In technischer Hinsicht wäre dieser Prozess recht einfach. Ganze 50 % der weltweiten Emissionen ließen sich durch den Beitritt von drei Staaten bzw. Gebieten kontrollieren (China, USA, Europa) (Gilding 2012, S. 175).

Die damit verbundenen strengeren Umweltvorschriften haben die Eigenschaft, dass strengere Regulierungen zum Schutze der Umwelt einen wesentlichen Wettbewerbsvorteil für ein Land darstellen, denn sie nutzen den Unternehmen mehr als dass sie den Geschäftserfolg behindern. Dieses Konzept ist als Porter-Hypothese bekannt. Wie der Harvard-Professor Michael Porter so brillant bewiesen hat, sorgen strengere Normen und Richtlinien seitens des Gesetzgebers dafür, dass die Wettbewerbsfähigkeit der Länder und Unternehmen gestärkt wird, nicht geschwächt (Gilding 2012, S. 194 ff.).

8.2 Kapitalismuskritik und Kritik am Mainstream der Wirtschaftswissenschaften

Sicherlich sind die im Hauptteil des Buches beschriebenen Gründe für Insolvenzen und deren Behebung wichtig für die Weiterentwicklung auf Unternehmensebene. In noch größerem Zusammenhang sind allerdings Fragen zu sehen, die sich mit der Art unseres Wirtschaftens überhaupt befassen. Ist der Mensch in der Lage, rein kapitalistische Systeme zu beherrschen? Oder wäre nicht ein nachhaltigeres Wirtschaften viel sinnvoller für den Planeten und damit auch für uns Menschen? Und wer möchte darüber hinaus in einem System leben, in dem die Gewinne privatisiert und die Verluste sozialisiert werden, wie in der Finanzmarktkrise geschehen?

Wenn man aktuellen Umfragen glauben kann, dann ist nur noch eine Minderheit der Bundesbürger überzeugt, dass es so weitergehen kann wie bisher. So gaben bei einer repräsentativen Erhebung des Meinungsforschungsinstituts Emnid vom August 2010 über 88 % der Bundesbürger an, dass sie sich eine neue Wirtschaftsordnung wünschen, da der Kapitalismus weder für „sozialen Ausgleich in der Gesellschaft" noch für den „Schutz der Umwelt" oder einen „sorgfältigen Umgang mit den Ressourcen" sorge (Wagenknecht 2011, S. 7).

Der Psychoanalytiker Wolfgang Schmidbauer kommt zu ähnlichen Ergebnissen: „Der Mensch ist zu schwach für den Kapitalismus." Und er fährt fort auf die Frage, wie viel Geld denn glücklich mache: „Wir leben in einer Luxuswelt. Unsere Autos haben zu viele PS, unser Essen ist zu üppig, die Leute haben Übergewicht, in einem modernen Haushalt wird zu viel Energie verbraucht. In Japan zeigt sich, wie hochriskant unser System ist. Es wäre besser, weniger zu verbrauchen. Ein Mitteleuropäer mit 10.000 Dingen ist im Schnitt unglücklicher als ein Brasilianer, der nur 200 Sachen besitzt. Je mehr einer hat, desto mehr kann er verlieren, desto mehr Ängste plagen ihn. Aber es ist unglaublich schwer, die Wachstumsideologie zurückzudrängen." (Interview mit Schmidbauer 2011, S. 26)

Auch der Ökonom Hans Christoph Binswanger plädiert für nachhaltiges Wachstum und verbindet den Ausstieg aus der Kernenergie mit einer Wirtschaftswende. Die lange vorherrschende Modellvorstellung von unserer Wirtschaft als einem geschlossenen Kreislauf müsse radikal geändert werden. Man müsse der Tatsache Rechnung tragen, dass die wirtschaftliche Produktion die Ökosphäre in mehrfacher Hinsicht belastet, ihr die natürlichen Ressourcen entnimmt, die Abfälle an sie abliefert und sie auch durch Ausbreitung der Wirtschaftssphäre verdrängt. Der wirtschaftliche Kreislauf weitet sich zu einer nach oben offenen Spirale aus. Die Folgerung daraus müsse sein, dass man auf moderatere Wachstumsentwicklungen kommt, weg von den globalen 4 bis 5 % hin zu 1 bis 2 % (Interview mit Binswanger 2011, S. 26).

Will man die Wirtschaftsordnung umstellen, kommt man an einer Neuordnung der Messgrößen für das Wirtschaftswachstum nicht vorbei. Wohlstand wird nur unzureichend abgebildet, das zeigen einfache Relationen, etwa dass bei Ressourcenverbrauch das Bruttosozialprodukt steigt. Umweltprobleme und Klimawandel ignoriert das Bruttoinlandsprodukt BIP völlig. Eine neue Definition der UNO könnte hier Verbesserungen bringen: So bildet der Human Development Index (HDI) neben dem BIP gleichgewichtig die durchschnittliche Lebenserwartung und den Bildungsgrad ab. Länder wie USA und Deutschland schneiden danach schlechter ab als bei der BIP-Messung, Frankreich und die skandinavischen Länder besser (Balser und Bauchmüller 2011, S. 19).

Man stellt sich sowieso – insbesondere als Wirtschaftswissenschaftler – die Frage, ob neben einer Veränderung der Messgrößen nicht sogar an Grundfesten der wirtschaftswissenschaftlichen Theorie gerüttelt werden müsste. Der amerikanische Anthropologe David Graeber, dessen Buch „Schulden" schon jetzt ein Klassiker insbesondere für die Occupy-Bewegung ist, deckt angestammte wirtschaftswissenschaftliche Grundsätze als Irrtum auf. In dem etwas weitschweifigen aber lesenswerten Buch enttarnt er Geld- und Kredittheorien der Wirtschaftswissenschaftler als Mythen, die die Ökonomisierung aller sozialen Beziehungen vorantreiben (Graeber 2012).

Das Modell des „homo oeconomicus", das der Autor dieses Buches noch in den 1990er Jahren lernen musste und nie akzeptieren konnte, ist mittlerweile obsolet. Der Mensch ist keine sich ständig optimierende Rechenmaschine, die nur auf ihren Vorteil bedacht ist. Vielmehr wird das menschliche Bewusstsein auch von altruistischen Motiven geleitet und ist manchmal schlichtweg irrational, wie man ja schon bei diversen Börsencrashs und auch in der jüngsten Finanzmarktkrise erkennen konnte, die von keinem der weltweit ca. eine Million agierenden Wirtschaftswissenschaftler vorausgesehen wurde.

Noch radikaler als die Vorstellungen des in den 1990er Jahren ausgebildeten Autors dieses Buches ist das Konzept der Postwachstumsökonomie, wie es der britische Wirtschaftswissenschaftler Tim Jackson oder der deutsche Volkswirtschaftsprofessor und Wachstumskritiker Niko Paech beschreiben (Jackson 2011; Paech 2012). Insbesondere Paech legt den Schwerpunkt in seinem Modell auf die Verringerung industrieller Wertschöpfungsketten und auf die Stärkung lokaler Selbstversorgungsmuster. Diese Art zu wirtschaften wäre genügsamer, aber auch stabiler und ökologisch verträglicher. Und sie würde darüber hinaus viele Menschen entlasten, denen im Hamsterrad der materiellen Selbstverwirklichung schon ganz schwindelig wird. Allerdings stehen die Postwachstumsökonomen den Bestrebungen zur Energiewende kritisch gegenüber, da hier Genügsamkeit im wirtschaftlichen Handeln und Einsparungspotenzial beim Energieeinsatz weitestgehend übersehen würde. Sicherlich kann man Entwicklungen hin zu einer arbeitsteiligen Industriegesellschaft nicht mit derartigen Lösungen unterstützen. Daher sind pragmatische Lösungen zunächst gefordert, um die Erde mit einem langfristigen Temperaturanstieg von 5 Grad[1] nicht gänzlich aus dem Ruder laufen zu lassen.

Schon Bertrand Russel, der 1872 geborene und 1970 in Wales gestorbene Philosoph, der 1955 zusammen mit Albert Einstein und anderen namhaften Wissenschaftlern das Russell-Einstein-Manifest verfasste, in dem zur Verantwortung in Wissenschaft und Forschung aufgerufen wurde, hat als sein innerstes Motiv die Sorge um den Fortbestand der Menschheit gesehen. So schreibt er: „Wir haben jetzt in der menschlichen Geschichte das

---

[1] Dies droht, wenn man den Befürchtungen innerhalb des UNO-Klimagipfels in Doha im November/Dezember 2012 Glauben schenken darf.

Stadium erreicht, in dem zum ersten Male das Fortbestehen des Menschengeschlechts davon abhängt, wieweit Menschen lernen können, sich sittlichen Überlegungen zu beugen (...). Unser Zeitalter ist düster, aber vielleicht werden gerade die Ängste, die es uns einflößt, zu einem Quell der Weisheit. Wenn das Wirklichkeit werden soll, dann muss die Menschheit in den gefährlichen Jahren, die ihr bevorstehen, der Verzweiflung zu entrinnen versuchen und sich die Hoffnung auf eine Zukunft lebendig erhalten, die besser ist als alles, was je gewesen ist. Das ist nicht unmöglich. Es kann Wirklichkeit werden, wenn die Menschen es nur wollen." Am Ende mündet sein politischer Appell wieder in den Bereich des Philosophischen:

> Das Notwendigste, was die Welt braucht, um glücklich zu werden, ist Einsicht (Weischedel 2007, S. 283 ff.; Staab 2013, S. 174 ff.)

8.3 Auf dem Weg zur Postwachstumsökonomie

Resümierend aus der insbesondere im letzten Kapitel vorgebrachten Kritik an unserem Wirtschaftssystem sowie den Wirtschaftswissenschaften, die uns mit in die Sackgasse geführt haben, wird ein Überleben der Menschheit nur möglich sein, wenn wir unsere Energiesysteme, unsere Art des Wirtschaftens und auch unsere Gesellschaft radikal umgestalten.

Paul Gilding fragt in seinem 2012 erschienenen Buch danach, wann es den „11. September des Klimawandels" geben wird (Gilding 2012, S. 141). Ein globales Handeln ist erforderlich und dabei ist jeder Einzelne ebenso aufgefordert, wie staatliche und supranationale Einrichtungen. Bereits jetzt ist eine neue gesellschaftliche Kraft entstanden, die, resultierend aus dem starken Mangel an Gestaltungsmacht auf nationaler, regionaler und lokaler Ebene, folgende gemeinsame Ziele formuliert: (Kliemann 2014, S. 18)

- Verknüpfung ökologischer und sozialer Problemstellungen (kein Gegeneinander-Ausspielen mehr),
- Abkehr vom Wachstumsparadigma,
- Abkehr von ressourcenintensiver Produktion und industrieller Landwirtschaft,
- Forderung nach mehr demokratischer Teilhabe und Mitgestaltung,
- Bevorzugung kleiner und dezentraler Lösungen mit kurzen Feedback-Schleifen, Re-Regionalisierung der Wirtschaftskreisläufe, Dezentralisierung, mehr Suffizienz und Resilienz,
- solidarische Strukturen innerhalb von Gesellschaften, zwischen den Geschlechtern und auch im Verhältnis zwischen globalem Norden und Süden.

Viele Menschen sind Gefangene in den alten Systemen und sehen sich nicht als bewusste Mitgestalter ihrer Lebenswelt. So schreiben die beiden Skidelskys – Vater Wirtschaftswissenschaftler, Sohn Philosoph – in ihrem Bestseller „Wie viel ist genug? Vom

Wachstumswahn zu einer Ökonomie des guten Lebens" von sogenannten Basisgütern des guten Lebens: (Skidelsky 2013, S. 208 ff.)

- Gesundheit,
- Sicherheit,
- Respekt,
- Persönlichkeit,
- Harmonie mit der Natur,
- Freundschaft,
- Muße.

Dabei ist das fortgesetzte Streben nach (Wirtschafts-)Wachstum für die Verwirklichung der Basisgüter nicht nötig, es kann sie sogar zerstören. Vielmehr sollte hier die Einzahlung auf das eigene Wachstumskonto eine Rolle spielen: Bildung, sozialen Kontakten und einem reichhaltigen kulturellen Betätigungsfeld gehören die Zukunft. Denn die wirkliche Verschwendung, mit der wir heute konfrontiert sind, ist nicht die Verschwendung von Geld, sondern die Verschwendung von Möglichkeiten von Menschen (Skidelsky 2013, S. 295).

Jeder Einzelne hat es in der Hand, etwa bei sich selbst und im eigenen Umfeld Änderungen herbeizuführen. Große Herausforderungen sind in Zukunft zu bewältigen. Globales Denken ist notwendig aber lokales Handeln von jedem Einzelnen unabdingbar. So schreibt man Albert Einstein jenen Satz zu: „Man kann ein Problem nicht mit der gleichen Denkweise lösen, mit der es erschaffen wurde." (www.die-klimaschutz-baustelle.de 2014)

Es ist zu hoffen, dass die Menschheit kreativ genug ist, mit einer neuen nachhaltigen Denkweise einmal den weiteren Klimawandel verhindern kann und Herausforderungen wie eine Umgestaltung unserer Energiesysteme und auch unserer Gesellschaft als Ganzes bewältigen wird.

Die nachfolgenden Generationen werden es uns danken.

Literatur

Balser, Markus/Bauchmüller, Michael: Armes reiches Land, in: Süddeutsche Zeitung vom 18. Januar 2011

Behrens, Christoph (19.2.2014) Winter ade, Süddeutsche Zeitung

Gilding P (2012) Die Klimakrise wird alles ändern – und zwar zum Besseren. Verlag Herder, Freiburg im Breisgau

Graeber D (2012) Schulden – Die ersten 5000 Jahre. Klett-Cotta, Stuttgart

Interview mit Hans Christoph Binswanger in der Süddeutschen Zeitung vom 11./12./13. Juni 2011

Interview mit Wolfgang Schmidbauer in der Süddeutschen Zeitung vom 15. April 2011

Jackson T (2011) Wohlstand ohne Wachstum – Leben und Wirtschaften in einer endlichen Welt. oekom Verlag, München

Kliemann, Christiane (21.07.2014) „Wir haben es satt", Süddeutsche Zeitung

Münchener Rück (2014)

Paech N (2012) Befreiung vom Überfluss – auf dem Weg in die Postwachstumsökonomie. oekom Verlag, München

Pauli, Prof. Gunter, The Blue Economy, Vorträge in Berlin 2011/2013, DVD, Videomitschnitt

Schrader, Christopher (17./18.4.2014) Von der richtigen Energie, Süddeutsche Zeitung

Skidelsky R, Skidelsky E (2013) Wie viel ist genug? Vom Wachstumswahn zu einer Ökonomie des guten Lebens. Verlag Antje Kunstmann, München

Staab J (2013) Erneuerbare Energien in Kommunen, Energiegenossenschaften gründen, führen und beraten. Springer Gabler-Verlag, Wiesbaden

Wagenknecht S (2011) Freiheit statt Kapitalismus. Campus Verlag, Frankfurt am Main

Weischedel W (2007) Die philosophische Hintertreppe. Die großen Philosophen in Alltag und Denken. Deutscher Taschenbuch Verlag, München

www.die-klimaschutz-baustelle.de (Zugriff am 10.07.2014)

Sachverzeichnis

A
ABC-Analyse, 110
Ablauforganisation, 104
absatzmarktorientiertes Portfolio, 24
Absatzmenge, 22, 115
Absatzvolumen, 22
Abschreibung, 41, 42, 45, 46, 83, 115
Abschreibungsbetrag, 45
Abschreibungsfinanzierung, 47
Absonderungsrecht, 151
Acid Test Ratio (ATR), 82
AG, 49, 50
Agenturenrating, 112, 113
Akkreditiv, 67
Akkreditivbasis, 72
Aktiengesellschaft, 45, 49
Aktiengesetz (AktG), 67
Aktiva, 157
aktive Vorstrukturierung, 89
Aktivseite, 40
AKV-Prinzip, 94
Akzeptkredit, 58, 59
Akzeptkreditvertrag, 59
allgemeine Geschäftsbedingungen (AGB), 72
Amortisation, 45
Analyse, 21
Analytical Hierarchy Process (AHP), 111
Anerkennung, 95
Anfangs- oder Errichtungsinvestition, 114
angewandte Forschung, 34
Angstindikator, 25
Anlagekosten, 55
Anlagencontracting, 64
Anlagenfinanzierung, 60
Anlagevermögen, 39, 40, 83, 114, 141
Annuität, 118

Anspruchsgruppe, 4
Anzahlung, 38
Anzahlungsgarantie, 60
Arbeitnehmer, 14
Arbeits- und Sozialrecht, 7
arbeitsbezogenes Bedürfnis, 98
Arbeitsgruppe, 96
Arbeitsplatz, 23
Arbeitswelt, 161
ATR, 82
Aufbau- und Ablauforganisation, 140
aufgaben- und zielbezogenen Tätigkeiten der Mitarbeiter, 106
Aufgabenfelder, 11
aufgabenorientiert, 88
aufgabenorientierter Führungsstil, 93
Aufgabenorientierung, 89, 90
Aufwendung, 42
Ausbildungsstand der Mitarbeiter, 25
Ausfallbürgschaft, 60
Ausfallrisiko, 69, 71
Auskunftei, 2, 70
Aussagefähigkeit, 110
Ausschuss, 25
Ausschüttung, 44
Außenfinanzierung, 43
Außenorientierung, 126
Außenstände, 74, 75
außergerichtlicher Vergleich, 144
außergerichtliches Mahnen, 75
autonome Gruppe, 108
autoritär, 85, 87
autoritäre Führung, 89
autoritäre, rigide Führung, 6
autoritärer Führungsstil, 87
Avalkredit, 60

B

Balanced Scorecard (BSC), 24, 25, 112
Bank, 39
Bankaval, 60
Bankenrating, 112
Bankguthaben, 38
Bankverbindung, 72
Barwert, 59
Basel, 7
Basiszinssatz, 77
Baugewerbe, 1
Bedürfnispyramide, 98
Beeinflussung, 106
Beharrlichkeit, 100, 103, 104, 162
Benchmark, 81
Benchmarking, 112, 139
Benefit Transfer, 111
Beratungsunternehmen, 130
Beratungszuschuss, 133
Bereichs- und Programmcontrolling, 34
Bereichscontrolling, 33
Berichtswesen, 11, 13
Berufspraxis, 11
Bescheidenheit, 99, 100, 102, 104
Bestandsaufnahme, 139
Beteiligungsfinanzierung, 49, 54
Beteiligungsfond, 54
Beteiligungsvergleich, 144
Betriebsausgabe, 63
Betriebsführungscontracting, 64
Betriebsgeheimnis, 29
Betriebskredit, 59
Betriebsprozess, 14
Betriebssicherheit, 115
Betriebsstatistik, 18
betriebswirtschaftliche Auswertung, 19
Betriebszweck, 17, 65
Bewegungsbilanz, 58
Bewirtschaftungskosten, 60
Bilanz, 14, 66, 83
Bilanzanalyse, 58
Bilanzgewinn, 45
Bilanzierungsrichtlinie, 16
Bilanzkennzahl, 63
Bilanzpolitik, 59
Bilanzsumme, 37, 129
Binnennachfrage, 2
biologischer Kreislauf, 125
Bloßstellung, 6

Bodenwert, 61
Bonität, 39, 45, 59, 65–67, 69, 79, 112
Bonitätsindex, 71
Bonitäts-Informations-System, 69
Bonitätsprüfung, 68, 70, 112
Bonitätsrisiko, 71
Börsencrash, 175
Brainstorming, 108
Branche, 86, 87, 122
Branchengrenze, 132
Branchenkennzahl, 40
Branchenrating, 59
Branchentyp, 141
Break-Even-Analyse, 28
Break-Even-Menge, 29
Break-Even-Punkt, 28, 29, 138
Bruttoinlandsprodukt BIP, 174
Bruttosozialprodukt, 174
BSC, 25, 26
Buchführung, 18
Buchhaltung, 66
Budget, 19
Budgetierungsprozess, 13
Bürgschaft, 57, 60
BWA, 19

C

Carbon Disclosure Project, 172
Carbon Footprint, 110
Cash-Burn, 138
Cash-Cycle-Management, 44
Cashflow, 36, 41–45, 56, 64, 81, 82, 84, 119
Cashflow-Orientierung, 56
Cashflowrate, 81
Cashflow-Umsatzverdienstrate, 81
Cashmanagement, 68
Cash-Out-Flow, 44
Cash-Pooling, 44
CCS-Technik, 172
Change Management, 137
Charakter, 100
Charisma, 100
Charting-Technik, 108
CO_2, 173
Codierungssystem, 124
Conergy, 1
consideration, 89
Contracting, 62, 64
Contracting-Modell, 64

Contractor, 64
Controller, 31
Controlling, 2, 6, 9, 10, 16, 17, 19, 20, 23, 24, 33, 36, 80, 110–112
Controlling-Aufgabe, 34, 35
Controllinginstrument, 110
Controllingmaßnahme, 36
Controllingprozess, 35
Cost Benefit Analysis, 111
Cost Cutting, 159
Cradle to Cradle, VII, 121, 125
Creditreform, 1, 2

D
Darlehen, 56, 142
Darlehensvertrag, 61
Datenbasis, 20
Datenmenge, 116
Days Inventory Held (DIH), 83
Days Payables Outstanding (DPO), 83
Days Sales Outstanding (DSO), 74, 81
Debitor, 69, 74
Debitorenbestand, 81
Debitorenbuchhalter, 73, 74
Debitorenbuchhaltung, 73, 74
Debitorenmanagement, 5, 6, 67
Debitorenüberwachung, 68, 73, 75
Debitorenumschlag, 80
Debitorenumschlagsdauer, 80, 81
debt mezzanine, 62
Debt-Equity-Swap, 143
Deckung, 29
Deckungsbeitrag, 18, 28
Deckungsbeitragsrechnung, 19
Deckungsgrad 1, 40
Deckungsgrad 2, 40
Deckungsgrad 3, 40
Degenerationsphase, 23
Delegation, 92, 94
delegieren, 85, 94
demokratischer Führungsstil, 87, 88
Desinvestition, 47, 48
Desinvestitionserlös, 48
Dezentralisierung, 33
Dienstleister, 29, 131
Dienstleistung, 23, 29, 130, 159
Dienstleistungsbereich, 1
DIH, 83
direkte Führung, 85

direkte Kommunikation, 107
direkte Methode, 80
direkter Insolvenzgrund, 153
diskontfähiger Wechsel, 38
Disposition, 14
Diversifikation, 63, 140
Diversifikationsinvestition, 115
Dokumentation, 14
DPO, 83
drei Dimensionen, 3
Dreisäulenmodell, 3
drohende Zahlungsunfähigkeit, 150, 151, 154
Druck, 85, 93
DSO, 81
Durchlaufzeit, 25
dynamisch, 86
dynamische Verschuldungsregel, 43
dynamischer Verschuldungsgrad, 42, 84
dynamisches oder mehrperiodiges Verfahren, 116
dynamisches Verfahren, 116, 118

E
echtes Factoring, 66
Economies of Redesign, 4
Edelmetall, 48
Effizienz, 11, 85
eG, 50
Eigenbeteiligung, 61
Eigenfertigung, 29, 30, 32
Eigeninitiative, 91
Eigenkapital, 37, 39, 40, 43, 45, 49, 55, 63
Eigenkapitalfinanzierung, 55
Eigenkapitalgeber, 63
Eigenkapitalquote, 42, 54, 63
Eigenkapitalrendite, 25, 37, 55
Eigenkapitalrentabilität, 37
Eigenkapitalverzinsung, 55, 56
Eigentümer, 47
Eigentumsvorbehalt, 151
Eigenverantwortung, 162
Einführungsphase, 22
eingetragene Genossenschaft, 49
Einkauf, 44
Einkaufspreis, 32
Einsparcontracting, 64
Einspruch, 79
Einzelinvestition, 116
Einzelunternehmen, 45

Einzugsliquidität (EL), 82
elektronische Datenverarbeitung, 106
Emission, 173
empowerment, 91
Energie, VII
Energie- und Ressourceneffizienz, 124
energieeffiziente Technologie, 65
Energieeffizienz, 65
Energiegenossenschaft, 65
Energiewende, 175
Engagement, 162
Enterprise-Ressource-Planning (ERP), 20
Entscheidungsregel, 117
Entscheidungszentralisation, 129
Entschuldungsdauer, 84
Entwicklung, 34
Entwicklungsprojekt, 34
equity mezzanine, 62
Erderwärmung, 172
erfolgreiche Kommunikation, 109
Erfolgskontrolle, 12
Erlös, 28, 29, 116
Erlösstruktur, 117, 118
erneuerbare Energie, 125
ERP-Innovationsprogramm, 165
ERP-Kredit, 62
ERP-Programm, 62
ERP-System, 20
Ersatzinvestition, 46, 114
Ertragsfähigkeitsprognose, 156, 157
Erweiterungsinvestition, 114
Erzeugnisfixkosten, 29
EU, 2
Euler Hermes, 5
Eurokrise, 65
europäischer Zahlungsbefehl, 78
europäisches Mahnverfahren, 78
Eventualvergleich, 144
Existenzgründer, 134
Existenzgründung, 62
Expansion, 127
Expansionsphase, 54
Exportstärke, 2
externer Faktor, 6
externer Spezialist, 133
externes Benchmarking, 140
externes Rating, 59, 104, 112
externes Rechnungswesen, 16, 19

F
F&E, 34
F&E-Aktivität, 35
F&E-Bereichscontrolling, 35
F&E-Budgetierung, 35
F&E-Controller, 34
F&E-Controlling, 34, 35
F&E-Planung, 35
F&E-Prozess, 34
F&E-Strategiecontrolling, 35
Factoring, 62, 66, 69, 72, 73
Factoringgesellschaft, 66, 73
Fair play, 86
Fairness, 86
Faktorenanalyse, 7, 104
Faktura, 72
Fakturierung, 69, 72
Fälligkeit, 154
Feedback, 95, 96
Fertigung, 44
Fertigungsverfahren, 44
Finanzbuchhaltung, 17, 18
finanzielle Restrukturierung, 140
Finanzierung, 45, 46, 55, 56, 65
Finanzierungscontracting, 64
Finanzierungskosten, 74
Finanzierungslücke, 6, 43
Finanzierungsrechnung, 17
Finanzinvestition, 114
Finanzkommunikation, 112
Finanzkrise, VII
Finanzmarktkrise, 155
Finanzmarktrisiko, 27
Finanzmarktstabilisierungsgesetz, 155
finanzmathematische Vorgehensweise, 116
Finanzmittel, 46, 47
finanzwirtschaftliche Sanierungsmaßnahme, 141
Firmenfusion, 92
Firmenwert, 86
Fixkosten, 28–30, 32
Flexibilisierung der Arbeitszeit, 108
Flexibilität, 21, 29, 115, 163
flüssige Mittel, 38, 39
Folgeinsolvenz, 7
fondsgebundene Kapitalflussrechnung, 58
Fondsgesellschaft, 54
Fördermittel, 2, 160, 164
fördern und entwickeln, 94

Förderprogramm, 133–135
Forderungen, 67, 72, 82, 84
Forderungs- und Liquiditätsmanagement, 69
Forderungsausfall, 67, 69
Forderungslaufzeit, 81
Forderungsmanagement, 26, 67–69, 74, 84
Forderungsmanager, 69
Förderungsprogramm, 62
Forderungsquote, 82
Forderungsverkäufer (Forfaitist), 65
Forfaiteur, 65, 66
Forfaitierung, 62, 65, 66
Forfaitist, 66
formal, 105
formale Kommunikationssystem, 105
Formalziel, 11
formelle Kommunikationsträger, 107
Forschung, 34
Forschung und Entwicklung (F&E), 33
Forschungs- und Entwicklungskosten, 22
Fortführungsprognose, 156
Fortschritt, 102
Freiberufler, 168
Fremdbezug, 30, 32
Fremdbezugskosten, 31
Fremdbezugspreis, 31
Fremdfinanzierung, 55, 56
Fremdfinanzierungsanteil, 55
Fremdkapital, 37, 39, 40, 42, 44, 55, 84
Fremdkapitalzinsen, 37, 42
Frustrationstoleranz, 162
Führung, 84
Führungsaufgabe, 85
Führungsdilemma, 90
Führungsinstrument, 84, 87, 93
Führungskraft, 36, 96, 103
Führungsprinzip, 91
Führungsproblematik, 99
Führungsprozess, 13, 89
Führungsstil, 84, 86, 87, 92
Führungstechnik, 84, 87, 91, 92
Führungsverhalten, 84

G

Gebietskörperschaft, 64
Geduld, 102
Gefahrenbewusstsein, VII
Gefühlsreaktion, 102
Gelddarlehen, 56
Geldflussrechnung, 17
Geldschulden, 154
Gemeinkostenwertanalyse, 27
Gemeinsinn, 103
Genossenschaft, 64, 65
Genussrechtskapital, 49, 54, 143
Genussschein, 62
Gerechtigkeit, 3
Gericht, 77
gerichtliches Mahnverfahren, 75, 78, 79
Gerichtsvollzieher, 78
Gesamtkapital, 37
Gesamtkapitalrentabilität, 37
Gesamtkosten, 33
Gesamtverband der Deutschen
    Versicherungswirtschaft, 1
geschäftsfähig, 57
Geschäftsfeldanalyse, 140
Geschäftsfeld-Ressourcen-Portfolio, 24
Geschäftsführung, 11, 26
Geschäftsjahr, 14, 18, 36
Geschäftsprozess, 25
Geschäftsstrategie, 20
Gesellschaft, 54
Gesellschafter, 23, 55
Gesetz zur Kontrolle und Transparenz im
    Unternehmensbereich (KonTraG), 67
gesteuerte Gruppe, 108
gewerblicher Anschaffungskredit, 61
Gewinn, 25, 28, 37, 41, 42, 45, 50, 116
Gewinn- und Verlustrechnung (GuV), 41, 58
Gewinnausschüttung, 81
Gewinnminderung, 46
Gewinnrücklage, 45
Gewinnschwelle, 28, 29
Gewinnspanne, 49
Gewinnthesaurierung, 45
Gewinnvergleichsrechnung, 117
Gewinnvortrag, 45
Gewinnzone, 54
Give-away, 146
Gläubiger, 7, 47, 77, 138, 150, 151
Gläubigerversammlung, 151
globales Denken, 177
Globalisierung, 107, 126, 133
GmbH, 49, 50, 67
Größenklasse, 2
Großinsolvenz, 1
Grundbesitz, 61

Gründercoach, 134
Gründercoaching Deutschland, 134
Grundlagenforschung, 34
Grundpfandrecht, 57
Grundrechnung, 20
Grundschulden, 60, 61
Gruppe, 88, 96
Gruppenarbeit, 96
Gruppendynamik, 97
gruppendynamische Übung, 109
Güter, 29
Gutschrift, 72, 73

H
Haftung, 50
Handel, 1
Handelsregister, 71
Handelswechsel, 59
Händler, 2
Harmonie, 98
Hartnäckigkeit, 103
Hebelwirkung, 55
hedonischer Preisansatz, 111
Hemmungszeit, 78
Herausforderung, 103
Herstellkosten, 19
Herstellungskosten, 19
High-Tech Gründerfond, 166
Hoch, VII
Hochbegabung, 166, 167, 169
Horizont 2020, 165
Human Capital, 114
Human Development Index (HDI), 175
Humanvermögen, 114

I
Ideal, 102
Idee, 163
Illiquidität, 67, 139
Image, 132
Indikator, 42
indirekte Führung, 85
indirekte Methode, 80
Industrie 4.0, 121, 124, 125
Industriedarlehen, 61
informales Kommunikationssystem, 105
Information, 106
Informationsbeschaffung, 10, 70
Informationsmanagement, 110

Infrastruktur, 131
initiating structure, 89
Inkasso, 5, 45, 69
Inkassobüro, 77
Inkassounternehmen, 67
Innenfinanzierung, 41, 43
Innenfinanzierungsmöglichkeit, 47
Innovation, 35, 91, 130, 159, 160, 167
Innovationscontrolling, 35
Innovationsfähigkeit, 25
Innovationsmanagement, 23, 26, 35, 159, 160
Innovationsprozess, 35
Innovationsrendite, 160
innovatives Handeln, VII
Insolvenz, 1, 2, 5, 9, 54, 67, 70, 113, 135, 137–139, 149, 151, 153, 157, 174
Insolvenzantrag, 149, 150, 152
Insolvenzfaktor, 9
Insolvenzfall, 7
Insolvenzgefahr, VII
Insolvenzgläubiger, 151
Insolvenzgrund, 121
Insolvenzmasse, 150, 151
Insolvenzordnung (InsO), 151, 152
Insolvenzplan, 151
Insolvenzpraxis, 5
Insolvenzrecht, 6, 149, 150
Insolvenzursache, 2, 5, 7, 9
Insolvenzverfahren, 6, 71, 135, 149–151, 155, 156
Insolvenzverwalter, 5–7, 138, 150–152
Instinkt, 102
Integrität, 86
intelligentes Energiemanagement, 125
Interaktion, 109
interne Zinsfußmethode, 118, 120
interne Zinsfußmethode (dynamisch), 120
internes Benchmarking, 139
internes Rechnungswesen, 16, 19, 20
Internet, 163
Intervention, 96
Intrapreneurship, 91
investieren, 114
Investition, 41, 45, 55, 83, 114, 115
Investitions- und Finanzplanung, 80
Investitionscontrolling, 13
Investitionsfehler, 113
Investitionskredit, 58, 60, 61
Investitionskredite an die Landwirtschaft, 61

Sachverzeichnis

Investitionskredite an Selbstständige, 61
Investitionskredite aus fremden Mitteln, 62
Investitionsobjekt, 40
Investitionsrechnung, 17, 19
Investitionsstopp, 144
Investitionsvolumen, 113
investiver Cash-In-Flow, 47
Investmentaktiengesellschaft, 54
Investmentgesellschaft, 54
Investor, 56, 64, 65
ISO, 112

J
Jahresabschluss, 15, 38
Jahresabschlussanalyse (Bilanzanalyse), 58
Jahresfehlbetrag, 42
Jahresüberschuss, 41, 42
juristische Person, 57
Just-in-Time-Produktionsverfahren, 44

K
Kalkulation, 18
Kalkulationszinssatz, 119–121
kalkulatorische Vorgehensweise, 116
Kapazität, 29, 32
Kapazitätsabgleich, 35
Kapazitätseinheit, 32
Kapazitätsengpass, 30, 32
Kapazitätserweiterung, 46
Kapazitätserweiterungseffekt, 46
Kapital, 37, 39, 44, 54–56, 63, 66
Kapitalanlage, 37
Kapitalbeschaffung, 141
Kapitalbindung, 44, 63, 115
Kapitaleinsatz, 118
Kapitalerhöhung, 142, 143
Kapitalerlass, 143
Kapitalflussrechnung, 58
Kapitalgeber, 49
Kapitalgesellschaft, 15, 45, 46, 54
Kapitalgewinn, 37
Kapitalisierungszinsfuß, 60
Kapitalismus, 174
kapitalmarktorientiertes Unternehmen, 15, 129
Kapitalrücklage, 45
Kapitalwert (KW), 118, 119
Kapitalwertformel, 119
Kapitalwertmethode, 118–121
Kapitalwertmethode (dynamisch), 118

Kasse, 38
Kennzahl, 19, 36–43, 79, 80, 110, 112
Kennzahlensystem, 80
Kennziffer, 39, 58, 74
Kernelemente der Nachhaltigkeit, 4
KfW, 62
KG, 49
Klage, 79
Kläger, 79
Klimaentwicklung, 171
Klimawandel, VII, 171, 172, 177
Klugheit, 101
KMU, 23, 33, 34, 129, 130, 133, 135
Know-how, 114
Know-how-Verlust, 31
Kohäsion, 96
Kommanditgesellschaft, 49
Kommanditgesellschaft auf Aktien, 49
Kommunikation, 104, 105, 108, 109, 147
Kommunikation an externe Stelle, 105
Kommunikation an hierarchisch gleichgestellte Personen und Instanzen, 105
Kommunikation an nachgeordnete Instanzen und Personen, 105
Kommunikation an übergeordnete Instanz, 105
Kommunikationsabsicht, 106
Kommunikationsbeziehung, 107
Kommunikationsdiagramm, 107
Kommunikationsmittel, 106
Kommunikationsobjekt, 106
kommunikationsorientierter Führungsstil, 108
Kommunikationspartner, 106, 107
Kommunikationsprozess, 106
Kommunikationssystem, 105
Kommunikationstraining, 109
Kompetenz, 7, 89, 104
Kompromiss, 100, 103
Konditionenmanagement, 67
Konflikt, 98
Konfliktfähigkeit, 162
Konkurrent, 22
Konkurrenz, 93
Konkursrecht, 152
konstruktive Kritik, 95
Konsum, 161
Konsument, 22
kontingente Bewertung, 111
Kontokorrent, 79, 80
Kontokorrentkredit, 38, 58, 59, 70

Kontrolle, 11, 93, 94
Kontrollfunktion, 14
kontrollieren, 94
Kooperationsprinzip, 4
Kosten, 17, 28, 29, 31, 159
Kosten- und Leistungsrechnung, 18
Kostendeckung, 23
Kostendenken, VII
Kostenmanagement, 27
Kosten-Nutzen-Analyse, 111
Kostenrechnung, 12, 13, 17, 18, 83
Kostensenkung, 140
Kostenvergleich, 30
Kostenvergleichsrechnung, 117, 118
Kostenvergleichsrechnung (statisch), 117
Krankenstand, 25
kreative Lösung, 101
Kreativität, 93, 104, 161, 162
Kredit, 55–57, 69
Kreditanstalt für Wiederaufbau (KfW), 62, 166
Kreditfähigkeit, 57
Kreditfinanzierung, 55
Kreditfinanzierungskosten, 74
Kreditinstitut, 15, 61, 67
Kreditlimit, 70, 71
Kreditmanagement, 67
Kreditnehmer, 57, 58, 61
Kreditprogramm, 62
Kreditversicherer, 5
Kreditversicherung, 67, 69
Kreditvertrag, 57
Kreditwesengesetz (KWG), 57, 141
kreditwürdig, 39
Kreditwürdigkeit, 42, 43, 57, 60, 81
Kreditzinsen, 55
Kreislaufprinzip, 4
Krise, VII, 137, 148
Krisenanalyse, 137, 138
kritisches Feedback, 95
kumulierter Energieaufwand (KEA), 110
Kunde, 29, 69, 72, 74
Kundenbindung, 11, 25
Kundenbonität, 71
kundenerhaltend, 76
kundenorientiert, 25
Kundenzufriedenheit, 11, 25
kurzfristige Forderung, 38, 39
kurzfristige Liquiditätsanalyse, 38
kurzfristige Verbindlichkeiten, 38, 39

L

Lagerbestand, 44, 83
Landesbürgschaften, 143
langfristiges Fremdkapital, 40
lautlos führen, 99, 101
lautlos Führender (quiet leader), 99
lautlose Tugend, 100
Leasing, 62, 65
Leasinggesellschaft, 65
Leasingnehmer, 65
Leasingvertrag, 145
Lebenszyklus, 22, 23
Lebenszyklus-Analyse, 21, 22
Legalität, 3
Legitimität, 3
Leistung, 98
Leistungsdruck, 93
Leistungsgarantie, 60
Leistungsprozess, 122
Leistungsrechnung, 17
Leistungsrisiko, 27
Leistungsverhalten, 87
Leistungsziel, 11
Leitbild, 3
Leverage, 55
Leverage-Effekt, 37, 55
LfA-Darlehen, 143
Lieferantenkredit, 67
Liefersperre, 71
Lieferung, 38
Life Cycle Assessment (LCA), 110
Life Cycle Costing, 110
lineare Abschreibung, 46
Liquidation, 48, 151
Liquidationsvergleich, 144
Liquidationswert, 115
liquide Mittel, 79, 84
Liquidität, 36, 38–40, 43–45, 65–70, 72, 79, 82, 84, 139, 142, 152
Liquidität 1. Grades, 38
Liquidität 2. Grades, 38
Liquidität 3. Grades, 39
Liquiditätskennzahl, 82
Liquiditätskrise, 138
Liquiditätsmanagement, 68, 70, 84
Liquiditätsmanagement (Cashmanagement), 68
Liquiditätsplan, 79, 80, 151, 156
Liquiditätsplanung, 68, 70, 79
Liquiditätsreserve, 36, 48

Liquiditätsschwierigkeit, 39
Liquiditätssicherung, 139
Liquiditätssteuerung, 68
Liquiditätsverbesserung, 6
Loewe, 1
Logistik, 4
Lohmann-Ruchti-Effekt, 46
Lohnkürzung, 145

M
Macht, 98
Mahnbescheid, 78, 79
Mahngebühr, 75–77
Mahngericht, 78
Mahnkosten, 77
Mahnstufe, 76, 77
Mahnung, 69, 72, 75, 77
Mahnverfahren, 69, 77, 78
Mahnvorschlagsliste, 75
Mahnwesen, 66, 69, 74–76
Mahnwesen/Inkasso, 68
Make-or-Buy-Entscheidung, 29, 31, 32, 144
Management, 10, 11, 21
Management by communication, 105
Managementfehler, 5
Managementteam, 97
Managerial Grid, 89
mangelnde Unternehmensplanung, 5
Mängelrüge, 66
Manufacturing Execution System, 124
Marketing, 116, 123, 146
Markt, 2, 54
Marktanalyse, 54
Marktanpassung, 126
Marktanteil, 23, 159
Marktbeeinflussung, 141
Marktbeobachtung, 121
Markteinführung, 49
Markteintritt, 34
Marktforschung, 45
Marktnischen, 140
Marktposition, 160
Marktrisiko, 27
Marktsegment, 25
Marktstrategie, 140
Materialeinsatzquote, 141
Materialwirtschaft, 116
materielle Kreditwürdigkeit, 57
materielles Anlagevermögen, 114

Meeting, 101
Mehrproduktunternehmen, 29
Menschenführung, 84
menschlicher Klebstoff, 98
Metaplanübung, 108
Mezzanine-Finanzierung oder Nachrangdarlehen, 62
Mezzanine-Kapital, 54, 62, 63
Mietkürzung, 145
Minderheitsbeteiligung, 49
Mischfinanzierung, 43
Mission, 86, 93
Mitarbeiter, 36
Mitarbeiterfluktuation, 126
Mitarbeitermotivation, 94
Mitarbeiterzufriedenheit, 11
Miteigentümereigenschaft, 49
Mittelherkunft, 44
mittelständisches Unternehmen, VII
Mittelstandskredit, 61
Mobbing, 168
Mobilität, 163
Moderator, 108
Monatsbedarf, 32
Moratorium, 144
Motivation, 25, 85, 93, 98, 104, 126, 163
Motivationskiller, 96
Mut, 103

N
Nachfolgeregelung, 126
nachhaltig, 174
nachhaltige Entwicklung, 109
Nachhaltigkeit, 3, 26, 60, 109
Nachhaltigkeitskommunikation, 104, 109, 110, 112
Nachhaltigkeits-Reporting, 110
Nachrangdarlehen, 62, 63
nachrangiges Darlehen, 54, 60, 61
Nachrichtensystem, 105
natürliche Person, 57
negatives Feedback, 95, 96
Nennwert, 59
Nettoverschuldung, 84
Neues Insolvenzrecht, 151
Neugründung, 63
Nominalgüterzyklus, 44
Non-Profit-Organisation, 92
Normalinvestition, 120

Notverkauf, 48
Nutzungsdauer, 118
Nutzwertanalyse, 111

O
Occupy-Bewegung, 175
offene Handelsgesellschaft, 49
offenes Factoring, 66
Offenlegungspflicht, 14
Öko-Effizienz-Kennzahl, 112
Ökologie, 26
ökologisch, 3
ökologisches Ziel, 11
ökonomisch, 3
operative Planung, 13, 28
operative Restrukturierung, 139
operativer Cashflow, 44, 45
operatives Controlling, 28, 33
operatives F&E-Bereichscontrolling, 35
OPOS-Buchhaltung, 68
Optimierung, 33
Outputziel, 11
Outsourcing, 45, 67
Overengineering, 35

P
Partizipation, 50
Partizipation am Entscheidungsprozess, 87
partizipative Bewertungsansatz, 111
Patent, 29
Pensions-Sicherungs-Verein (PSVaG), 1, 47
Person, 89
Personalaufbau, 54
Personalführung, 84
Personalproblem, 126
Personalwesen, 116
personelles Risiko, 27
Personenbezug, 89
Personengesellschaft, 45, 49
personenorientierte Führungskraft, 88
personenorientierter Führungsstil, 88
Personenorientierung, 90
persönliche Kreditwürdigkeit, 57
Pfandrecht, 57, 151
Pick your battles, 103
Plan-GuV, 80
Plankostenrechnung, 19
planmäßige Desinvestition, 48
planmäßige Liquidation, 48

Planung, 11, 28
Planungshorizont T, 118
Planungsinstrument, 35
Planungskontrolle, 12
Planungsprozess, 20, 35
Planungsrechnung, 19
Play my rules and you get, what you want, 88
Porter-Hypothese, 173
Portfolio-Analyse, 23
Portfolio-Mischung, 23
Portfolio-Theorie, 23
positives Feedback, 95
Postwachstumsökonomie, 176
PPP, 62, 64
PPP-Finanzierung, 63
Preis, 28
Preiskampf, 23
Preispolitik, 126
Pro Inno, 164, 165
Problem, 98
Produkt, 23, 29, 32, 37, 39
Produktentstehungsphase, 34
Produktentwicklung, 54
Produktgruppen-Bereich, 29
Produktinnovation, 22, 23, 27
Produktion, 4, 122
Produktion als Fertigung, 122
Produktion als Leistungserstellungsprozess, 122
Produktionsablauf, 44, 121
Produktionsanlage, 114
Produktionsapparat, 30
Produktionsbereich, 116
Produktionsmanagement, 123
Produktionsplanung, 121, 123, 124
Produktionsstätte, 29
Produktionssteuerung, 123, 124
Produktionszeit, 32
Produktivität, 25
Produktkonzept, 54
Produktlebenszeit, 124
Produktlebenszyklus, 34, 140
Produktmix, 29
Produktqualität, 123
Prognose, 21
Programmkredit, 61
Projekt, 97
Projektarbeit, 109
Projektentwickler, 131

Projektentwicklung, 132
Projektfinanzierung, 56
proof of concept, 166
Prozess, 29
Prozesskostenrechnung, 27, 110
Prozessorientierung, 35
PSV, 1
Public-Private-Partnership, 62

Q
Qualität, 26
Qualitatives Rating, 59
Qualitätsprüfung, 73
Qualitätssicherung, 125
Querdenker, 160
Quick Ratio, 82
Quick Wins, 147

R
Rangdynamik, 98
Rangordnung, 91
Rating, 58, 59, 65, 67, 112, 113
Ratingagentur, 113
Rationalisierung, 44
Rationalisierungsinvestition, 114
Rationalisierungsmaßnahme, 44
Reagibilität, 107
Realgüterzyklus, 44
realistisch, 102
Realkredit, 60
Rechnung, 72, 73
Rechnungsausfertigung, 66
Rechnungslegung, 14
Rechnungsstellung, 69, 70
Rechnungswesen, 12–14, 17, 20, 21, 45, 67
rechtliches und politisches Risiko, 27
Rechtsanwalt, 77
Rechtsform, 14
Redundanz, 97
Regel, 103
Regionales Wirtschaftsförderungsprogramm, 133
reglementiert, 86
Regulierungsvorschrift, 7
Reifephase, 22
Reinvestition, 46
Rendite, 37, 55
Renditegröße, 37
Renditezahl, 37

Rentabilität, 18, 25, 36, 66, 68, 79
Repetierfaktor, 123
Respekt, 86
Ressource, 91, 160, 171, 172, 174
Ressourcenausbeutung, VII
Ressourcenknappheit, 124
ressourcenorientierte Portfolio-Analyse, 24
ressourcenorientiertes Portfolio, 24
Ressourcenverfügbarkeit, 24
Restrukturierung, 137, 139
Restrukturierungskonzept, 139
Restrukturierungsmaßnahme, 7
Restrukturierungsziel, 139
rigide Führung, 84
Risiko, 26, 27, 54
Risikoanalyse, 70, 71
Risikobereitschaft, 21, 162
Risiko-Chancen-Analyse, 111
Risikohandhabung bzw. -steuerung, 27
Risikoidentifikation, 27
Risikoidentifizierung, 27
Risikokapitalgesellschaft, 54
Risikoklasse, 71
Risikomanagement, 26, 27, 56, 67
Risikomanagementsystem, 67
Risikoreduzierung, 27
Risiko-Rendite-Relation, 63
Risikosteuerung / Risikoabsicherung, 70
Risikovermeidung, 27
Rollenverständnis der Führungskraft, 108
Rücknahmeverpflichtung, 125
Rückstellung, 38, 41–43, 46, 47
Runder Tisch, 135

S
Sachinvestition, 114
Sachziel, 11
Sale-and-Lease-Back, 142
Sanierung, 6, 63, 137
Sanierungsbaustein, 138
Sanierungsfall, 138
Sanierungsplan, 151
Sanierungsstrategie, 138
Sanierungstheorie, 138
Sanierungsziel, 140
Sättigungsphase, 22
säumiger Schuldner, 75
Scheck, 38
schlechte Unternehmensführung, 5

Schnittstelle, 19, 35, 98
SCHUFA („Schutzgemeinschaft für allgemeine Kreditsicherung"), 71
Schulden, 56
Schuldenerlass, 143
Schuldentilgung, 43, 81
Schuldner, 48, 75, 77–79, 151
Schuldnerverzeichnis, 71
Schuldscheindarlehen, 61
Schuldtitel, 78
Schuldwechsel, 38
Schutzrecht, 29
Schutzschirmverfahren, 155
Schwachstellenanalyse, 135
Scorecard, 22, 26
Scorekarte, 69
Seed-Phase, 54
Selbstbeherrschung, 101
Selbstfinanzierung, 47
Selbstführung, 85
selbstlernende Fabrik, 124
Selbstmanagement, 85
Selbstorganisation, 91
Selbstständigkeit, 91
self-liquidating, 59
self-starter, 161
Sender und Empfänger, 106
Sensitivitätsanalyse, 111
sequenzialisieren, 91
Serviceleistung, 131
Shareholder, 45
Sicherheit, 60, 61, 69
Sicherungsabtretung, 57
Sicherungsübereignung, 57, 61
Skontiquote, 83
Skonto, 74, 83
Skontoabzug, 83
Skontoertrag, 83
Smart Grid, 125
smarte Fabrik, 124
Solon, 1
Sonderrechnung, 20
Sorgfaltspflicht, 26
sozial, 3, 26
soziales Ziel, 11
Sozialwissenschaft, 3
Stakeholder, 4, 110, 112, 139
Stakeholderkrise, 141

standardisierter Investitionskredit (Programmkredit), 60, 61
Start-Up-Phase, 54
Startups, 86
statisches oder einperiodiges Verfahren, 116
statisches Verfahren, 118
Statistik, 19
Steuerberater, 63
Steueroptimierung, 65
Steuervorteil, 63
stille Beteiligung, 49, 54, 62
stille Gesellschaft, 49
stille Reserve, 143
stilles Factoring, 66
Stoff- und Energiefluss, 111
Stoff- und Energieflussrechnungen (SEFR), 110
Stoffstrommanagement, VII
Strategie, 2, 21, 86
strategische Planung, 13, 20, 23
strategische Restrukturierung, 140
strategische und finanzielle Restrukturierung, 139
strategischer Plan, 20
strategisches Controlling, 21
strategisches F&E-Controlling, 35
strategisches Risiko, 27
Struktur, 26
Struktur- und Anpassungsmaßnahme, 62
Stückkosten, 31, 118
Stückkostenvergleich, 118
Stufenvergleich, 144
Suhrkamp, 1

T
Takeover, 144
Taktik, 100
Target Costing, 27, 110
Team, 96–98
Teamarbeit, 96
Teambuilding, 96, 98, 99
Teamführung, 96
Teamwork, 96
technischer Fortschritt, 115
Technologie, 29, 62
Technologie-Portfolio, 24
teilautonome Gruppe, 108
Teilvergleich, 144
Terminplanung, 109
thinking out of the box, 161

Tief, VII
Tilgung, 42, 60
Tilgungsdauer, 84
Titel, 78
transaktionaler Führungsstil, 88
transformativer Führungsstil, 89
Transparenz, 104, 111, 147
Turnaround, 147
Turnaround-Beratung, 135

U
Überschuldung, 139, 144, 150, 155–157
Überschuldungsbilanz, 156
Übertragungsplan, 151
Überwälzen von Risiken, 27
Umlaufgeschwindigkeit, 66
Umlaufvermögen, 39, 40, 114
Umsatz, 25, 29, 37, 66, 73, 81, 83, 129
Umsatzerlös, 36, 42, 81
Umsatzrentabilität, 37
Umsatzrückgang, 23
Umsatzsicherung, 27
Umsatzsteuerrecht, 73
Umschuldung, 142
Umsetzungscontrolling, 147
Umstellungsinvestition, 115
Umwelt, 13
Umwelt- und Sozialverträglichkeit, 3
Umweltanalyse, 23, 24
Umweltbelastung, VII
Umweltkatastrophe, 172
Umweltschutz, 62, 124
ungenügende Transparenz, 104
Universität Mannheim (ZIS), 5
unkontrollierte Investition, 127
Unternehmen, 10, 11, 13, 14, 25, 36, 47, 71
Unternehmensanalyse, 23, 24, 58, 138
Unternehmensberatung, 129
Unternehmensbeteiligungsgesellschaft (UBG), 54
Unternehmensentwicklung, 13
Unternehmensfinanzierung, 54
Unternehmensfixkosten, 29
Unternehmensführung, 16, 67, 84
Unternehmensinsolvenz, VII, 126
Unternehmenskrise, 138, 171
Unternehmensleitbild, 93
Unternehmensleitung, 18
Unternehmensplanung, 9

Unternehmensregister, 71
Unternehmenssanierung, 137
Unternehmenswert, 43
Unternehmenswertmaximierung, 43
Unternehmensziel, 10, 17
Unternehmergesellschaft, 49
unternehmerisches Handeln, 3
Unternehmungsinformation, 21

V
variable Kosten, 31
Venture Capital, 54, 142, 143
Verantwortung, 163
Verantwortungsprinzip, 4
Verband der Vereine Creditreform, 70
Verbindlichkeiten, 38, 39, 82, 84, 142, 154
Verfahren, 116
Vergleichswert, 36
Verhaltensgitter, 89
Verhaltenskorrektur, 106
Verjährung, 77, 78
Verjährungszeit, 78
Verkaufspreis, 29, 32
Verlust, 28, 42, 50
Verlustabdeckung, 142
Vermögen, 39
Vermögenswert, 26, 38
Verschuldung, 43
Verschuldungsgrad, 43
Versicherungsunternehmen, 15
Vertrag, 72
Vertragsgestaltung, 68, 70
Vertrauen, 96
Vertrieb, 2, 44, 73
Vertriebskosten, 30
Verzinsung, 37, 61
Verzug, 72
Verzugsschaden, 77
Verzugszinsen, 75–77
Virtual Water, 110
Vision, 3, 86, 93, 102
Volkswirtschaft, VII
Vollsanierung, 138
vollstreckbarer Titel, 78
Vollstreckung, 78
Vollstreckungsbescheid, 78
Vollstreckungsgericht, 78
Vollstreckungstitel, 78
Vorgabe, 36

Vorkasse, 71
Vorrat, 39, 40, 83
Vorratsvermögen, 141
Vorsteuer, 73
Vorstrukturierung, 89

W

Wachstum, 26, 54
Wachstumsparadigma, 176
Wachstumspfad, VII
Wachstumsphase, 22
Währungsrisiko, 127
Währungsrisikomanagement, 68
Warenkreditversicherung, 72
Wechsel, 59
Wechselkredit, 59
Weltklimarat IPCC, 172
Werbung, 45, 146
Werkzeug, 100
Wert, 85, 89, 103
Wertelandschaft, 85
wertorientiert, 85
Wertpapier, 48
Wertschätzung, 3
Wertschöpfung, 39
Wertschöpfungskette, 124, 130
Wertschöpfungsstufe, 130
Wettbewerbsfähigkeit, 34, 138
Wettbewerbsfaktor, 34
Wettbewerbsumfeld, 25
Wettbewerbsvorteil, 132
Wiederkaufsrate, 25
Wirtschaft, 41
wirtschaftlich Handelnder, 3
Wirtschaftlichkeit, 36
Wirtschaftlichkeitskontrolle, 14
Wirtschaftsanwalt, 63
Wirtschaftsauskunftei, 70
Wirtschaftsethik, 99
Wirtschaftskrise, 148
Wirtschaftsprüfer, 27
Wissenschaft, 10
Wissenstransfer, 108, 109
Working-Capital, 39
Working-Capital-Management (WCM), 44
Working-Capital-Rechnung, 44
Work-Life-Balance, 85
Workshops, 99

Würde, 86

Z

zahlungsbedingte Aufwendung, 42
zahlungsbedingter Ertrag, 42
Zahlungsbedingung, 72, 74
Zahlungsbereitschaft, 48
Zahlungserinnerung, 75
Zahlungsfähigkeit, 38, 68, 70, 157
Zahlungsfrist, 72
zahlungsunfähig, 154
Zahlungsunfähigkeit, 68, 149, 150, 153–155
Zahlungsverhalten, 74
Zahlungsverkehr, 68
Zahlungsverpflichtung, 38, 79
Zahlungsverzug, 76
Zahlungsziel, 69, 74, 154
Zeitmanagement, 85
Zeitraum-Illiquidität, 155
Zeitwert, 48
Zentrum für Insolvenz und Sanierung, 5
Zero-Base-Budgeting, 27
Ziel, 19, 36
Zielerreichung, 94
Zielgröße, 39
Zielkostenmanagement (Target Costing), 19
zielorientiertes Handeln, 162
Zielvorgabe, 93
Zielvorstellung, 94
ZIM, 164, 165
ZIM-KOOP, 164, 165
ZIM-NEMO, 164
ZIM-SOLO, 164, 165
Zinsen, 37, 42, 55, 56, 59, 66, 115, 119
Zinsertrag, 70
Zinsfußmethode, 121
Zinssatz, 120
Zinsverlust, 70
Zufriedenheit, 25
zukunftsbezogene Analyse, 58
Zulieferer, 29
zunehmende Automation, 106
Zurückhaltung, 99–102, 104
Zuwachsrate, 22
Zwangsvollstreckung, 78
zweidimensionales Konzept, 89
zyklisch, 86

The manufacturer's authorised representative in the EU is Springer Nature Customer Service Centre GmbH, Europaplatz 3, 69115 Heidelberg, Germany. If you have any concerns regarding our products, please contact ProductSafety@springernature.com

Printed and bound by CPI Group (UK) Ltd, Croydon, CR0 4YY

25/03/2026

02078212-0007